I CHING

El libro de los cambios

Richard Wilhelm

I CHING

El libro de los cambios

EDICIONES OBELISCO

Si este libro le ha interesado y desea que le mantengamos informado de nuestras publicaciones, escríbanos indicándonos qué temas son de su interés (Astrología, Autoayuda, Ciencias Ocultas, Artes Marciales, Naturismo, Espiritualidad, Tradición...) y gustosamente le complaceremos. Puede consultar nuestro catálogo en www.edicionesobelisco.com

Colección Magia y ocultismo
I Ching. El libro de los cambios
Richard Wilhelm

1.ª edición: mayo de 2025

Traducción: *Equipo editorial*
Maquetación: *Isabel Also*
Corrección: *Elena Morilla*
Diseño de cubierta: *Enrique Iborra*

Edita: Ediciones Obelisco, S. L.
Collita, 23. 25. Pol. Ind. Molí de la Bastida
08191 Rubí - Barcelona - España
Tel. 93 309 85 25
E-mail: info@edicionesobelisco.com

ISBN: 978-84-1172-241-4
DL B 1973-2025

Printed in India

Introducción a la primera edición

El *Libro de los Cambios* fue en un principio una colección de signos para fines oraculares. Los oráculos se usaban en la antigüedad en todas partes, y los más primitivos entre ellos se limitaban a las respuestas Sí y No. Así también en el *Libro de los Cambios* se basa esta decisión oracular. El «Sí» se indicaba con una línea entera ⚊, el «No» con una línea partida ⚋. Sin embargo, muy pronto parece haber existido la necesidad de una mayor diferenciación, y de las líneas simples surgieron combinaciones por duplicación, a las que luego se añadió un tercer elemento de línea, dando lugar a los llamados ocho signos. Estos ocho signos se consideraban imágenes de lo que ocurría en el Cielo y en la Tierra. En ello prevalecía la concepción de una transición continua de uno a otro, así como en el mundo había una transición continua de las apariencias.

⚌ ⚏ ⚎ ⚍

A esto se añadió un tercer tipo de trazo, que dio lugar a los ocho signos conocidos como trigramas. Estos trigramas se interpretaban como representaciones de los fenómenos celestiales y terrenales. El concepto fundamental era el de una transición continua entre los estados, reflejando cómo en el mundo los fenómenos están en constante cambio. Así surge la idea central de las mutaciones. Los ocho signos representan estados de transición, imágenes que están en constante movimiento. La atención no se centraba en los objetos en sí, como era común en el pensamiento occidental, sino en los movimientos y cambios de los objetos. Por tanto, los ocho signos no son representaciones de cosas concretas, sino de sus tendencias y dinámicas.

Estos ocho signos también tienen múltiples expresiones. Representan procesos naturales que corresponden a su esencia. Además, simbolizan una estructura familiar abstracta: un padre, una madre, tres hijos y tres hijas. Esta representación no tiene un carácter mitológico, como el panteón griego, sino que es abstracta, enfocada en funciones en lugar de objetos concretos. Al revisar estos ocho símbolos, que forman la base del *Libro de los Cambios*, encontramos la siguiente disposición:

	Nombre	**Cualidad**	**Imagen**	**Familia**
☰	*Ch'ien Kien* Lo Creativo	Fuerte	Cielo	Padre
☷	*K'un Kuk* Lo Receptivo	Abnegado	Tierra	Madre
☳	*Chen Dschen* Lo Suscitativo	Movilizante	Trueno	Primer hijo
☵	*K'an Kan* Lo Abismal	Peligroso	Agua	Segundo hijo
☶	*Ken Ken* El Aquietamiento	Quieto	Montaña	Tercer hijo
☴	*Sun Sun* Lo Suave	Penetrante	Viento Madera	Primera hija
☲	*Li Li* Lo Adherente	Luminoso	Fuego	Segunda hija
☱	*Tui Dui* Lo Sereno	Alegría	Lago	Tercera hija

Así, los hijos representan el elemento móvil en sus diversas etapas: el inicio del movimiento, el riesgo asociado al movimiento, el descanso y la culminación del movimiento. Las hijas, por su parte, simbolizan el aspecto de la devoción en sus diferentes fases: la penetración suave, la claridad y adaptación, y la calma serena.

Para añadir aún más diversidad, estas ocho imágenes se combinaron rápidamente, resultando en un total de 64 signos. Estos 64 signos están formados por combinaciones de seis trazos, que pueden ser continuos o discontinuos. Estos trazos son cambiantes: cada vez que un trazo cambia, el estado que representa también se transforma. Por ejemplo, consideremos el doble signo de *Kun*, que simboliza la recepción o la Tierra.

Representa la naturaleza de la Tierra y la poderosa entrega; en el transcurso del año, corresponde al otoño tardío, cuando todas las fuerzas vitales se encuentran en reposo. Si cambiamos la línea inferior, obtenemos el signo *Fu*, que simboliza el Retorno.

Representa el trueno, el movimiento que regresa a la Tierra durante el solsticio, simbolizando el retorno de la luz. Como se ilustra en este ejemplo, no todos los trazos necesitan cambiar. La transformación depende completamente del carácter del trazo. Un trazo que posee una carga positiva máxima se transforma en su opuesto, el negativo; mientras que un trazo positivo de menor fuerza permanece inalterado, al igual que los trazos negativos.

Ahora bien, ¿cuáles son los trazos que están cargados de tal grado de positividad o negatividad que experimentan una mutación? Esto se detalla en el segundo libro, capítulo IX de la primera sección del *Gran Tratado* y en la sección especial sobre adivinación. Aquí se establece que las líneas positivas se designan con el número nueve, mientras que las negativas con el número seis. Los trazos que permanecen inalterados y que únicamente contribuyen a la construcción del signo sin un significado especial interno se representan con los números siete u ocho, respectivamente. Por lo tanto, cuando el texto menciona: «al comienzo un nueve», indica que si el trazo es positivo en el inicio y está representado por un nueve, esto significa: «…». En contraste, si está representado por un siete, no se toma en cuenta para el oráculo. Lo mismo aplica para los «seises» y «ochos».

En nuestro ejemplo anterior, el signo *Kun*, lo Receptivo, se compone de la siguiente manera:

8 en la parte superior	— —
8 en quinto lugar	— —
8 en cuarto lugar	— —
8 en tercer lugar	— —
8 en segundo lugar	— —
6 al principio	— —

Por lo tanto, los cinco trazos superiores se ignoran, y sólo el trazo marcado con el número seis tiene un significado. A través de su transformación, el estado de *Kun*, lo Receptivo, cambia al estado de *Fu*, el Retorno. De esta manera, se establece una serie de estados simbólicamente representados que pueden fusionarse entre sí a través del movimiento de sus líneas. Sin embargo, esto no siempre ocurre; si un signo está compuesto únicamente por trazos representados por los números siete y ocho, no experimenta mutación, y sólo se considera su estado global.

A la ley de la transformación y a las imágenes de los estados de cambio, tal como se presentan en los 64 signos, se añadió un elemento adicional. Cada situación requiere una forma especial de actuar para poder adaptarse a ella. En cualquier circunstancia, un modo de acción es el correcto, mientras que otro es incorrecto. Aparentemente, el curso de acción correcto trae fortuna, mientras que el equivocado conlleva desgracia. La cuestión decisiva era: ¿qué curso de acción es el adecuado en cada caso? Esta pregunta transformó al *I Ching* de un simple libro de adivinación a un compendio de sabiduría.

Cuando un adivino le dice a su cliente que en ocho días recibirá una carta con dinero de América, el único recurso es esperar a que llegue la carta… o no. El destino se manifiesta independientemente de las acciones humanas. Por ello, la adivinación, en su forma básica, carece de significado moral. En China, por primera vez, surgió alguien insatisfecho con los signos que predecían el futuro y planteó la pregunta: «¿Qué debo hacer?» Esta pregunta llevó al *I Ching* a convertirse en un libro de sabiduría. El rey Wen, que vivió alrededor del año 1000 a. C., y su hijo, el duque de Chou, realizaron esta transformación. Proporcionaron a los signos y líneas, que antes sólo servían para adivinar el futuro, consejos claros para actuar correctamente. Así, el hombre se convirtió en cocreador de su destino; sus acciones se convirtieron en factores decisivos en los eventos mundiales, especialmente cuando lograba reconocer los indicios de los acontecimientos a través del *Libro de los Cambios*. Lo importante eran los indicios. Mientras las cosas están en sus primeras etapas, pueden ser guiadas. Una vez que han alcanzado su pleno desarrollo y sus consecuencias, se convierten en fuerzas poderosas y el hombre se vuelve impotente frente a ellas. Así fue como el *Libro de los Cambios* se convirtió en un tipo muy especial de libro de profecías. Sus signos y líneas, en sus movimientos y transformaciones, reflejan misteriosamente los movimientos y transformaciones del macrocosmos. Mediante el uso de los tallos de milenrama, se puede obtener una visión general de las condiciones. Una vez se tiene esta visión, las palabras del libro proporcionan información sobre cómo actuar en consonancia con el tiempo.

Para nuestra sensibilidad moderna, el método de seccionamiento de tallos de milenrama puede parecer extraño. Este proceso era considerado misterioso en el sentido de que, a través de esta división, el inconsciente recibía la oportunidad de entrar en acción. No todos tienen la misma capacidad para consultar al Oráculo. Esto requiere una mente clara y tranquila, receptiva a las influencias cósmicas ocultas en los discretos tallos del oráculo, que, como productos del mundo vegetal, tienen una conexión especial con la vida primordial. Procedían de plantas sagradas.

Sin embargo, lo que ha adquirido una importancia aún mayor es el uso del *Libro de los Cambios* como texto sapiencial. Lao Tzú conoció este libro, que inspiró algunos de sus aforismos más profundos. De hecho, todo su mundo de pensamiento está impregnado de las enseñanzas del libro. Kung Tse también conoció el *Libro de los Cambios* y meditó sobre él. Probablemente escribió algunas de las explicaciones y transmitió otras en forma de enseñanzas orales a sus discípulos. Este libro de transformaciones, editado y comentado por Kung Tse, es el que ha llegado hasta nuestros días.

Si examinamos los puntos de vista fundamentales que impregnan uniformemente el libro, encontramos muy pocos, pero profundamente significativos. La idea central del *I Ching* es la de transformación. En las *Conversaciones*, se relata que el maestro Kung se detuvo junto a un río y dijo: «Todo fluye como este río, sin detenerse, día y noche». Esto encapsula la idea de transformación. La perspectiva de quien ha reconocido la transformación ya no se enfoca en los objetos individuales que pasan, sino en la ley eterna e inmutable que subyace en todo cambio. Esta ley es el *Tao* para Lao Tzú, el Curso, el Uno en todos los muchos. Para manifestarse, requiere una decisión, un ajuste. Este principio fundamental es el gran principio primordial de todo lo que existe: *Tai Chi*, en realidad, la viga maestra. La filosofía posterior ha dedicado gran atención a este principio primordial. *Wu Chi*, el principio primordial, se representaba como un círculo, y *Tai Chi* simbolizaba entonces la luz y la oscuridad, el Yin y el Yang, conceptos que también tuvieron relevancia en la India y Europa ☯. Sin embargo, las especulaciones de tipo gnóstico-dualista son ajenas a la idea original del *I Ching*. Este ajuste se refiere simplemente a la viga maestra, el trazo, la línea. Con esta línea, que en sí misma es una, entra en el mundo la dualidad. Al mismo tiempo, arriba y abajo, derecha e izquierda, adelante y atrás: en resumen, el mundo de los opuestos.

Estos opuestos se conocen como Yin y Yang, y se convirtieron en un punto de inflexión particularmente durante las dinastías Tsin y Han en los siglos anteriores a nuestra era, cuando surgió toda una escuela de pensamiento sobre Yin y Yang, que despertó un gran interés. En esa época, el *Libro de los Cambios* se utilizaba ampliamente como libro de hechizos, y se le atribuían muchas cosas que originalmente no estaban relacionadas con él. La doctrina del Yin y el Yang, que postula lo femenino y lo masculino como principios fundamentales, también causó revuelo en la ciencia occidental. Se suponía que había arquetipos fálicos y sus correspondientes asociaciones. Para gran decepción de tales descubridores, se debe aclarar que en las palabras Yin y Yang no hay indicios de esto. Yin, en su significado original, se refiere a algo turbio o nublado; Yang significa en realidad: banderas ondeando al Sol, pancartas, es decir, algo iluminado y brillante. Estos términos se trasladaron para describir el lado iluminado y el lado oscuro (es decir, sur y norte) de una montaña o río (donde, curiosamente, el lado sur que da al río es oscuro, es decir, Yin, y el lado norte, que refleja la luz, es luminoso, es decir, Yang). A partir de aquí, las expresiones se transfirieron al *Libro de los Cambios*, aplicándose a los dos estados básicos cambiantes del ser manifiesto. Cabe señalar que estas expresiones no aparecen en el texto del libro en este sentido, ni en los comentarios más antiguos, sino sólo en el *Gran Tratado*, que en algunas de sus partes ya está bajo influencia taoísta. En el comentario sobre la Decisión, se habla, en lugar de Yang y Ying, de lo firme y lo blando.

Sin embargo, es innegable que la existencia se construye a partir del cambio y la transición de estas fuerzas, de modo que el cambio es, en parte, una transición permanente de una a otra, y en parte, un proceso cíclico de acontecimientos complejos interrelacionados, como el día y la noche, el verano y el invierno. Pero este cambio no carece de sentido, ya que, de otro modo, no podría ser comprendido. Depende de la ley continua, la ley, el Sentido (*Tao*).

La segunda idea fundamental del *Libro de los Cambios* es su doctrina de las ideas. Los ocho signos no sólo presentan imágenes de objetos, sino también de estados de transformación. Esto se relaciona con la concepción expresada tanto en las enseñanzas de Lao Tzú como en las de Kung Tse, que sostiene que todo lo que ocurre en el mundo visible es el efecto de una «imagen», de una idea en el ámbito invisible. En este sentido, todos los acontecimientos terrenales no son más que una réplica, por así decirlo, de un acontecimiento suprasensible, una réplica que, en términos de curso temporal, se manifiesta después del acontecimiento suprasensible. Estas ideas son conocidas por los santos y sabios, quienes, a través de la intuición directa, tienen contacto con las esferas más altas. Así, estos santos están en condiciones de intervenir decisivamente en los acontecimientos mundiales. De esta manera, el ser humano establece una conexión entre el Cielo, el mundo suprasensible de las ideas, y la Tierra, el mundo físico de la visibilidad, formando una trinidad de poderes primordiales.

Ahora bien, esta doctrina de las ideas se aplica en un doble sentido. El *Libro de los Cambios* muestra imágenes de los acontecimientos y, con ellas, el devenir de las situaciones en su estado naciente. Al reconocer estos gérmenes con su ayuda, se aprende a prever el futuro, de la misma manera en que se comprende el pasado. Así, las imágenes en las que se basan los signos sirven de modelo para la acción adaptada a las circunstancias temporales que sugieren.

Pero no sólo la adaptación al curso de la naturaleza es posible de este modo. En el *Gran Tratado* (sección II, capítulo II), también se realiza un intento muy interesante de vincular la creación de todas las instituciones culturales de la humanidad con tales ideas e imágenes. Independientemente de la validez de las aplicaciones específicas, la idea fundamental aquí es una verdad esencial.

Además de las imágenes, el tercer componente principal son los *Dictámenes* y las *Sentencias* que entran en consideración. A través de ellos, las imágenes adquieren palabras, por así decirlo. Las *Sentencias* indican si una acción traerá salvación o desastre, remordimiento o vergüenza. De este modo, colocan al ser humano en una posición para seguir una dirección específica que resulta de la situación del momento, y abandonarla si es ominosa y desfavorable, permitiendo así una mayor autonomía frente a los acontecimientos. Al ofrecer el *Libro de los Cambios* sus sentencias y las explicaciones que le han seguido desde Kung Tse, se brinda al lector el tesoro más maduro de la sabiduría china. Este libro proporciona una visión global de las formas de vida y permite, a partir de esta visión, organizar orgánicamente y soberanamente su vida, de modo que entre en armonía con el *SENTIDO* último que subyace a todo lo que existe.

A PROPÓSITO DE LA TRADUCCIÓN

Tras la Revolución china de 1911, cuando Tsingtau se convirtió en la residencia de algunos de los más importantes eruditos chinos de la vieja escuela, tuve el privilegio de conocer a Lau Nai Süan, quien me reveló por primera vez los secretos del *Libro de los Cambios*. Juntos comenzamos a trabajar en la traducción. Lau Nai Süan explicó el texto en chino y yo tomé notas. Posteriormente, traduje el texto al alemán para mi propio uso. Luego, volví a traducir mi texto alemán al chino sin consultar el libro original, y Lau Nai Süan comparó ambas versiones para verificar su exactitud. Posteriormente, el texto alemán fue perfeccionado estilísticamente y debatido en detalle. Lo reescribí tres o cuatro veces, añadiendo las explicaciones más importantes. Así fue cómo la traducción evolucionó a través de diversas discusiones.

La traducción del *Libro de los Cambios* se ha realizado de acuerdo con los siguientes principios, cuyo conocimiento debe facilitar la lectura: la traducción del texto se presenta de la forma más breve y concisa posible para destacar la impresión arcaica que también se refleja en el chino original. Para facilitar la comprensión de los no especialistas, el texto de los 64 caracteres viene acompañado de una explicación factual. Primero, lea esta sección para captar los pensamientos que se presentan, sin dejarse distraer por el mundo de las formas y las imágenes. Siga, por ejemplo, al *Creativo* en su progreso gradual, tal como ha sido magistralmente diseñado en el primero de los signos, y acepte, por ahora, los dragones tal como se presentan allí. De este modo, podrá formarse una idea de lo que la sabiduría china tiene que decir sobre las distintas situaciones de la vida.

El segundo libro explica por qué todo es así. Recopila el material más necesario para comprender la estructura de los signos, incluyendo únicamente el material más antiguo, tal como aparece en los apéndices, es decir, en las llamadas *diez alas.* Estas alas se distribuyen, en la medida de lo posible, en las diversas partes del texto para facilitar una mejor visión de conjunto, después de que sus detalles fácticos hayan sido utilizados en la primera parte del comentario.

Así, si se desea penetrar en las profundidades del conocimiento del *Libro de los Cambios*, no se puede prescindir de los libros segundo y tercero, que contienen los comentarios. Por otra parte, la capacidad del lector europeo no debe recargarse repentinamente con un exceso de elementos desconocidos. Una cosa puede afirmarse con firme convicción: cualquiera que haya hecho realmente suya la esencia del *Libro de los Cambios* se enriquecerá con ella en experiencia y comprensión auténtica de la vida.

Richard Wilhelm (1923)

Primer libro

El texto

PRIMERA SECCIÓN

1. *Kiën* / Lo Creativo

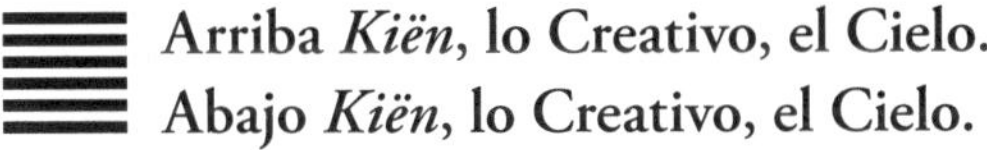

Arriba *Kiën*, lo Creativo, el Cielo.
Abajo *Kiën*, lo Creativo, el Cielo.

El signo consta de seis trazos indivisos. Estos trazos indivisos representan lo ligero, fuerte, espiritual y la fuerza elemental activa. El hexagrama es uniformemente fuerte en su naturaleza. Al no tener ninguna debilidad, es, por su propia esencia, poder. Su imagen es el Cielo. La fuerza se manifiesta como no vinculada a determinadas relaciones espaciales, por lo que se entiende como movimiento. La base de este movimiento es el tiempo. Así, el signo se refiere al poder del tiempo y al poder de la persistencia a través del tiempo, es decir, a la duración.

En la explicación del signo, se debe hacer una doble interpretación, considerando tanto el macrocosmos como el mundo humano. Aplicado a los acontecimientos mundiales, el signo muestra la potente actividad creadora de la divinidad. En el ámbito humano, denota la creatividad del santo y el sabio, del gobernante y del guía de los hombres, quienes despiertan y desarrollan su ser superior a través de su poder.[1]

1. El signo se asigna al 4º mes (mayo-junio), cuando la fuerza de la luz está en su apogeo, antes del solsticio comienza el declive del año.

EL JUICIO

El éxito de las obras creativas es sublime, promovido mediante la perseverancia.

En su sentido original, las cualidades deben ir juntas, en parejas. Para quien obtenga este oráculo, esto significa que el éxito le será concedido desde las profundidades primordiales de los acontecimientos mundiales, y que todo depende únicamente de que busque su felicidad y la de los demás mediante la perseverancia en lo que es justo.

Pronto, la reflexión se centró en las cuatro cualidades en su significado especial. En chino, la palabra «sublime» significa «cabeza, origen, grande». Por ello, en la explicación de Kung Tse, podemos leer: «Grande es en verdad el poder originario de lo Creativo; todos los seres le deben su comienzo. Y este poder impregna todo el Cielo». Esta primera cualidad también traspasa a las otras tres. El principio de todas las cosas está, por así decirlo, en el más allá, en forma de ideas que primero deben hacerse realidad. Pero en lo creativo reside el poder de dar forma a estas ideas arquetípicas. Esto se describe con la palabra «éxito».

Este proceso se representa bajo una imagen de Naturaleza.[2] «Las nubes se van, y la lluvia trabaja, y todos los seres individuales fluyen hacia su forma».

Trasladadas a la esfera humana, estas cualidades muestran al gran hombre el camino hacia el gran éxito: «Al ver con gran claridad las causas y los efectos, completa los seis pasos a su debido tiempo y en el momento oportuno asciende los peldaños como sobre seis dragones que se elevan al Cielo». Los seis pasos son los siguientes: seis posiciones individuales del signo, que se muestran a continuación bajo la imagen de los dragones. El camino hacia el éxito es el reconocimiento y la realización del sentido del mundo, que, como ley perenne, rige todos los fenómenos temporales a través del final y el principio. Así, cada peldaño alcanzado es al mismo tiempo la preparación para el siguiente, y entonces el tiempo ya no es un obstáculo, sino el medio para realizar lo posible. Después

2. Cf. *Génesis*, cap. 2, 1 y ss., donde el desarrollo de las criaturas individuales se atribuye a la caída de la lluvia.

de que el acto de creación se haya expresado a través de las dos cualidades «elevado» y «logro», se nos señala la labor de conservación como un desarrollo en continua realización. Está como ligado a las dos expresiones «propiciando», esto es literalmente «creando lo que corresponde a la esencia», y «perseverante», que es equivalente de «recto y firme».

«El curso de lo creativo modifica y da forma a los seres, hasta que cada uno alcanza su correcta naturaleza, entonces los conserva de conformidad con la gran simetría. Así se muestra por medio de la perseverancia».

Trasladado a la esfera humana, esto muestra cómo el gran hombre, a través de su actividad ordenada, aporta paz y seguridad al mundo: «Al elevarse con la cabeza por encima de la multitud de seres, todas las tierras se unen en paz». Otra especulación va más lejos con la separación de las palabras «sublime, éxito, avanzar, perseverar» y las pone en paralelo con las cuatro virtudes cardinales humanas: a lo «sublime», que al mismo tiempo incluye todas las demás cualidades como principio básico, se asigna al amor. La cualidad del «éxito» se asigna a las costumbres morales, que ordenan las expresiones de amor, las organizan y, por tanto, las hacen triunfar. A la cualidad de «promover» se le asigna a la justicia, que crea condiciones en las que cada uno recibe lo que le corresponde y lo que constituye su felicidad. A la cualidad de «perseverancia» se le asigna sabiduría, que reconoce las leyes fijas de todos los acontecimientos y, por lo tanto, es capaz de crear condiciones duraderas. Estas especulaciones, que ya se sugirieron en el ensayo *Wen Yen* en la segunda parte del *Libro de los Cambios* formó entonces el puente sobre el que la filosofía de las cinco etapas de transformación (elementos), que es del *Libro de los Documentos*, con la filosofía del *Libro de los Cambios*, que se basa puramente en la dualidad polar de principios positivos y negativos, que con el paso del tiempo dio lugar a una simbología cada vez más amplia.[3]

3. Lo Creativo provoca el comienzo y la procreación de todos los seres. Por lo tanto, puede llamarse Cielo, poder de la luz, padre, señor. Ahora se trata de si lo Creativo es considerado personalmente por los chinos como Zeus lo fue para los griegos. La respuesta es, que este problema no es en absoluto el más importante. Lo divino-creativo es, por así decirlo, suprapersonal. Sólo se hace sentir y percibir por su actividad avasalladora. Tiene un exterior, por así decirlo, que es el Cielo. Y el Cielo, como todos los seres vivos, tiene una autoconciencia espiritual, que es Dios (el gobernante supremo). Pero objetivamente se habla de todo como el Creativo.

LA IMAGEN

El movimiento del Cielo es poderoso.
Así, el hombre superior se hace fuerte e infatigable.

La duplicación del signo *Kiën*, cuya imagen es el Cielo, apunta al movimiento del Cielo, ya que hay un solo Cielo. Un movimiento circular completo del Cielo es un día. La duplicación del signo significa que a cada día le sigue otro. Esto crea la idea de tiempo, y al mismo tiempo, puesto que es el mismo Cielo que se mueve con incansable poder, la poderosa duración en y sobre el tiempo, que nunca se detiene o afloja, como día tras día se siguen unos a otros. Esta duración en el tiempo es la imagen del poder inherente a lo Creativo. El sabio toma de ella el modelo de cómo puede convertirse en un efecto duradero. Debe hacerse fuerte de manera uniforme, eliminando conscientemente todo lo que es deprimente y vulgar. De este modo logra la infatigabilidad, que se basa en círculos cerrados de actividad.

LAS LÍNEAS INDIVIDUALES[4]

UN NUEVE AL PRINCIPIO SIGNIFICA:

Dragón oculto. No actúes.

El dragón tiene un significado completamente distinto en China que en el mundo occidental. El dragón es el símbolo de la fuerza móvil-eléctrica, fuerte, estimulante, que se manifiesta en la tormenta. Esta fuerza se repliega en la Tierra en invierno, vuelve a tener efecto a principios de

4. Las líneas se cuentan de abajo arriba. La línea inicial es, por lo tanto, la más baja. Si se obtiene el siete, entonces ésta es una línea fuerte, pero no se mueve y, por lo tanto, no tiene sentido en su detalle. Si, por el contrario, recibe un nueve, en cambio, la línea se mueve, y su significado especial surge y debe considerarse en detalle. Lo mismo se aplica a los demás líneas fuertes a lo largo del libro. En el individuo las dos líneas inferiores significan la Tierra, las líneas medias el área del mundo humano, las superiores el Cielo.

verano y aparece en el Cielo en forma de truenos y relámpagos. Como resultado de ello, las fuerzas creativas de la Tierra también son fuerzas creativas en la Tierra de nuevo. Aquí, este poder creador sigue oculto bajo la tierra y, por lo tanto, aún no tiene efecto. Es decir, en términos humanos, que un gran hombre sigue sin ser reconocido. Pero sigue siendo fiel a sí mismo. No se deja influenciar por el éxito y el fracaso, sino que espera su momento, fuerte y despreocupado. Así, para el que traza esta línea, se trata de esperar con paciencia tranquila y fuerte. Ya llegará el momento. No hay que temer que una voluntad fuerte no prevalecerá. Pero es importante no gastar las fuerzas antes de tiempo y no intentar forzar algo cuando aún no es el momento.

NUEVE EN SEGUNDO LUGAR SIGNIFICA:

Aparece un dragón en el campo.
Es beneficioso ver al gran hombre.

Aquí empiezan a manifestarse los efectos de la potencia luminosa. Traducido al lenguaje humano significa que el gran hombre aparece en el campo de su actividad. Aún no tiene una posición de mando, pero sigue estando entre sus iguales. Pero lo que le distingue es su seriedad, su fiabilidad incondicional y la influencia que ejerce sobre los que le rodean... Un hombre así está destinado a convertirse en una gran influencia y a poner el mundo en orden. Por lo tanto, es beneficioso verlo.

NUEVE EN TERCER LUGAR SIGNIFICA:

El hombre superior está activo creativamente todo el día.
Por la noche sigue lleno de inquietud interior.
Peligro. Sin defectos.

Se abre una esfera de actividad para los hombres. Su fama comienza a extenderse. Las masas se vuelcan a él. Su fuerza interior es igual al aumento de su actividad. Sus manos están llenas, e incluso por la noche, cuando los demás aún descansan, se acumulan los planes y las preocupaciones. Aparece un peligro en el lugar de la transición de la humildad a la altura. Muchos grandes hombres han perecido porque las masas cayeron sobre ellos y se los llevaron en sus caminos. La ambición corrompió la pureza interior. Pero la verdadera grandeza no se ve perjudicada por las tentaciones. Si uno permanece en contacto con los gérmenes de la nueva era y sus exigencias, tendrá la suficiente precaución para evitar desviaciones, y permanecerá sin mancha.

NUEVE EN CUARTO LUGAR SIGNIFICA:

Asombroso ascenso por encima de las profundidades.
No hay defecto.

Aquí se alcanza ese lugar de transición donde la libertad puede ejercerse. Existe una doble posibilidad ante el hombre importante: o levantarse y ser autoritario en la vida, o retirarse y formar su personalidad en silencio: es el camino del héroe o del santo oculto. No existe una ley general que diga qué es lo correcto. Toda persona que se encuentre en tal situación ha de decidirlo libremente según las leyes más íntimas de su ser. Si actúa con veracidad y lógica, encontrará el camino que le conviene, y este camino será recto y sin mancha.

NUEVE EN QUINTO LUGAR SIGNIFICA:

Dragón volador en el Cielo.
Es propicio ver al gran hombre.

Aquí el gran hombre ha alcanzado las esferas celestiales. Su influencia es visible desde lejos en todo el mundo. Todo el que lo vea puede considerarse bendecido.

Kung Tse dice al respecto: «Lo que concuerda en el tono, resuena entre sí. Los que se relacionan electivamente en lo más íntimo de su ser, se buscan mutuamente. El agua fluye hacia lo húmedo, el fuego se vuelve hacia lo seco. Las nubes (el aliento del Cielo) siguen al dragón, el viento (el aliento de la Tierra) sigue al tigre. Así el sabio se levanta, y todos los seres lo miran. Lo que procede del Cielo siente un parentesco con lo que está arriba. Lo que viene de la Tierra siente parentesco con lo que hay debajo. Cada uno sigue a su especie».

NUEVE EN LA CIMA SIGNIFICA:

El dragón altivo tendrá que arrepentirse.

Si uno quiere elevarse tanto que pierde el contacto con el resto de la humanidad, uno se siente solo, y eso conduce inevitablemente al fracaso. Aquí yace una advertencia contra el titánico afán de superación sobre las propias fuerzas. Una caída en las profundidades sería el resultado.

CUANDO APARECEN SÓLO NUEVES, SIGNIFICA:

Aparece una hueste de dragones sin cabeza. ¡Ventura!

Cuando todas las líneas son nueves, todo el signo se pone en movimiento y se transforma en el signo *Kun*, el que recibe, cuyo carácter es la devoción. La fuerza de lo Creativo y la delicadeza de la Recepción se unen. La fuerza está indicada por la hueste de dragones, la suavidad por el hecho de que sus cabezas están ocultas. Es decir: suavidad de acción combinada con fuerza de propósito, la resolución trae la salvación.

2. *Kun* / La Recepción

䷁ Arriba *Kun*, la Recepción, la Tierra.
Abajo *Kun*, la Recepción, la Tierra.

El signo está formado por líneas divididas. La línea dividida corresponde a la sombra, suave, fuerza elemental receptiva del Yin. La calidad del signo es la devoción. Su imagen es la Tierra. Es la perfecta contrapartida de lo Creativo, no lo contrario; un complemento no una contrapartida.

Es la naturaleza en oposición al espíritu, la Tierra frente al Cielo, lo espacial frente a lo temporal, lo femenino-maternal frente a lo masculino-paternal. El principio de esta oposición se encuentra, sin embargo, trasladado a las relaciones humanas, no sólo en la relación entre hombre y mujer, sino también entre príncipe y ministro o padre e hijo; de hecho, incluso en el ser humano individual, esta dualidad se encuentra en lo sensual y lo espiritual. Sin embargo, no es posible hablar de un dualismo real, ya que existe una clara jerarquía entre los dos signos. En sí misma, por supuesto, la Recepción es igual de importante que lo Creativo. Pero gracias a la calidad de la posición de esta fuerza elemental en relación con lo Creativo, debe estar bajo la dirección y estimulación de lo creativo, entonces tiene un efecto curativo. Sólo cuando sale de esta posición y quiere ser igual al Creativo, se convierte en algo malo. El resultado es la oposición y la lucha contra lo Creativo, que es desastroso para ambas partes.

EL JUICIO

La Recepción funciona con un éxito sublime,
animado por la perseverancia de una yegua.
Si el hombre superior tiene algo que emprender y quiere seguir adelante,
se extravía; pero si sigue, encuentra guía.
Es beneficioso encontrar amigos en el oeste y el sur,
y renunciar a los amigos del este y del norte.
La perseverancia serena trae la salvación.

Las cuatro direcciones básicas de lo Creativo: «Éxito sublime, avanzar mediante la perseverancia» también se encuentran como designación del destinatario. Sólo la perseverancia se define como la perseverancia de una yegua. La Recepción denota la realidad espacial en relación con la posibilidad espiritual de lo Creativo. Cuando lo posible se convierte en real, lo espiritual en espacial, siempre pasa por una limitación individual. Así lo indica el hecho de que aquí la expresión «perseverancia» va acompañada «de una yegua». El caballo pertenece a la Tierra como el dragón pertenece al Cielo, lo simboliza a través de su incansable movimiento por la inmensidad de la Tierra. La expresión «yegua» se elige porque la yegua combina la fuerza y la velocidad del caballo con la dulzura y la docilidad de la vaca.

La naturaleza sólo puede realizar sus impulsos porque está a la altura de lo que es esencial.

Su riqueza consiste en que nutre a todos los seres, y su grandeza es que embellece y hace que todo sea glorioso. Así crea florecimiento para todos los seres vivos.

Mientras que lo Creativo engendra cosas, éstas nacen de lo receptivo.[1]

---

1. Aquí encontramos una opinión similar a la que Goethe expresa en los versos:

> Así que contempla con mirada modesta
> la eterna obra maestra del tejedor,
> cómo un solo paso agita mil hilos,
> las lanzaderas se desplazan de un lado a otro,
> los hilos se entrelazan,
> un golpe sella mil uniones.

Aplicado a circunstancias humanas, se trata de comportarse según la situación. Uno no está en una posición independiente, sino como ayudante. Se trata de hacer algo. No querer liderar –eso sólo nos llevaría por mal camino–, sino dejarse llevar es la tarea.

Si sabe ser devoto del destino, uno está seguro de encontrar la orientación adecuada. El hombre superior se deja guiar.

No avanza a ciegas, sino que toma de lo que se le exige y sigue las instrucciones del destino.

Puesto que uno debe lograr algo, necesita ayudantes y amigos en el momento del trabajo y el esfuerzo, cuando los pensamientos que se van a llevar a cabo ya están fijados.

El tiempo de trabajo y esfuerzo se expresa por el oeste y el sur.

Para el sur y oeste es el símbolo del lugar donde se recibe lo Receptivo que trabaja para lo Creativo, como la naturaleza en verano y otoño; si uno no reúne todas sus fuerzas, no podrá hacer el trabajo que tiene que hacer.

Por eso, conseguir amigos aquí significa encontrar el logro. Pero aparte de trabajo y esfuerzo, también hay un tiempo de planificación y orden; ahí es donde se necesita la soledad. Oriente simboliza el lugar donde se reciben las órdenes del amo, y el norte simboliza el lugar donde uno rinde cuentas sobre lo que se ha hecho. Allí es necesario estar solo y ser objetivo.

En esta hora santa hay que renunciar a los camaradas, no sea que la pureza se vea empañada por el odio y el favor partidistas.

LA IMAGEN

El estado de la Tierra es el receptor devoción.
De este modo, el ser superior lleva el mundo exterior.

Igual que sólo hay un Cielo, sólo hay una Tierra. Pero mientras que en el caso del Cielo la duplicación del signo significa duración temporal,

---

Esto no ha sido solicitado,
sino instigado desde la eternidad,
para que el maestro eterno
pueda lanzar su impacto con confianza.

en el caso de la Tierra significa la extensión espacial y la solidez con la que apoya y sostiene todo lo que en ella vive y actúa. En la Tierra, en su devoción, soporta el bien y el mal sin excepción. Así el hombre superior cultiva su carácter, haciéndolo sólido, de modo que sea capaz de llevar y soportar a las personas y las cosas.

LAS LÍNEAS INDIVIDUALES

UN SEIS AL PRINCIPIO SIGNIFICA:

Si uno pisa escarcha, se acerca el hielo sólido.

Así como la fuerza luminosa representa la vida, la fuerza sombría representa la muerte. En otoño, cuando cae la escarcha temprana, el poder de la oscuridad y el frío sólo está en proceso de desplegarse. Tras los primeros rastros, de acuerdo a las leyes fijas, las expresiones de la muerte se multiplicarán gradualmente, hasta que finalmente llega el rígido invierno con su hielo.

Así es exactamente en la vida. Cuando aparecen ciertos signos apenas perceptibles de decadencia, continúa hasta que, por fin, llega la fatalidad. Pero en la vida puede prevenirse, si uno observa los signos de decadencia y los contrarresta a tiempo.

SEIS EN SEGUNDO LUGAR SIGNIFICA:

Recto, cuadrado, alto.
Sin intención, nada queda sin promover.

El Cielo está simbolizado por el círculo, la Tierra por el cuadrado en ángulo recto. Así pues, lo rectangular es una característica original de la Tierra. Por otra parte, el movimiento rectilíneo es originalmente una propiedad de lo Creativo, al igual que el tamaño. Pero todos los ángulos rectos tienen su raíz en la línea recta y a su vez forman cantidades físicas. Si en matemáticas se distingue entre líneas, superficies y sólidos, las líneas rectas dan lugar a superficies rectangulares. Y las superficies rectangulares dan lugar a magnitudes cúbicas. El Receptivo se orienta hacia las propiedades de lo Creativo y las hace suyas. Así, una recta se convierte en un cuadrado y un cuadrado en un cubo.

Ésta es la simple entrega a las leyes de lo Creativo, sin añadirle nada. Por lo tanto, lo Receptivo no requiere una especial intención o esfuerzo, y todo se vuelve correcto.

La naturaleza produce seres sin falsedad, ésa es su rectitud; es tranquila y quieta, ésa es su rectangularidad; no se niega a tolerar a ningún ser, ésa es su grandeza. Por eso logra lo que es justo para todos. Para el hombre es señal de sabiduría que llegue a ser tan natural en su vida como la naturaleza en su trabajo.

SEIS EN EL TERCER LUGAR SIGNIFICA:

Líneas ocultas; uno es capaz de perseverar.
Si sigues el servicio de un rey, no busques obras, ¡sino logros!

Cuando uno está libre de vanidad, es capaz de ocultar sus méritos de tal manera que no atraigan prematuramente la atención pública. De este modo, se puede madurar en silencio. Si las circunstancias lo requieren, se puede salir a la luz pública, pero incluso entonces debe hacerse con moderación. El sabio agradará a los demás no buscando hechos prefabricados que se le acrediten como méritos, sino esperando causas, es decir, completando sus obras de tal manera que sean fructíferas para el futuro.

SEIS EN EL CUARTO LUGAR SIGNIFICA:

Saco atado. Sin mancha; sin alabanza.

La sombra se abre cuando se mueve y se cierra cuando descansa. Aquí se señala el cierre más estricto. El tiempo es peligroso: cualquier surgimiento puede llevar, o bien a la enemistad con adversarios prepotentes si uno intenta combatirlos, o bien a un reconocimiento malentendido si se muestra indulgencia. Por tanto, es necesario recluirse, ya sea en la soledad o en el bullicio del mundo, porque incluso allí uno puede ocultarse tan bien que nadie lo reconozca.

SEIS EN EL QUINTO LUGAR SIGNIFICA:

La ropa interior amarilla trae la salvación sublime.

El amarillo es el color de la Tierra y del centro, símbolo de lo fiable y lo genuino. La ropa interior discretamente decorada simboliza la noble moderación. Si alguien está llamado a trabajar en una posición destacada, pero no independiente, el verdadero éxito se basa en la más alta discreción. La autenticidad y el refinamiento no deben mostrarse directamente, sino manifestarse de manera sutil y desde dentro.

UN SEIS EN LA CIMA SIGNIFICA:

Los dragones luchan en la pradera.
Su sangre es negra y amarilla.

En el nivel más alto, la sombra debe ceder su lugar a la luz. Cuando la sombra intenta usurpar un espacio que no le corresponde y, en lugar de servir, busca gobernar, desata la furia de los fuertes. Esto da lugar a una batalla en la que ambas fuerzas se hieren mutuamente. El dragón, símbolo del Cielo, combate al falso dragón, una imagen terrenal que se ha alzado con presunción. El negro y el azul representan el Cielo, mientras que el amarillo simboliza la Tierra. Así, cuando fluye sangre negra y amarilla, es una señal de que esta lucha antinatural ha herido a las fuerzas fundamentales del universo.[2]

---

2. Mientras que la línea superior de lo Creativo refleja un orgullo titánico, evocando el mito griego de Ícaro, la línea superior de lo Receptivo encuentra su paralelo en el mito de Lucifer, quien se rebela contra la deidad suprema, o en la lucha de las fuerzas oscuras contra los dioses del Walhalla, que culmina en el crepúsculo de los dioses.

SI APARECEN TODOS LOS SEISES, SIGNIFICA:

La perseverancia es beneficiosa.

Cuando todos los seises se manifiestan, el signo de lo Receptivo se transforma en el signo de lo Creativo. De esta manera, adquiere el poder de la duración en la adhesión a lo recto. No hay avance, pero tampoco retroceso.

3. *Shun* / La Dificultad inicial

Arriba *Kan*, lo Abismal, el agua.
Abajo *Dschen*, lo Excitante, el trueno.

El nombre del hexagrama, *Shun*, simboliza una hierba que, al brotar de la tierra, se enfrenta a un obstáculo. De aquí surge el significado de la dificultad inicial. El hexagrama ilustra cómo el Cielo y la Tierra engendran a los seres individuales. Este primer encuentro está marcado por dificultades. El trigrama inferior, *Dschen*, representa lo Excitante; su movimiento es ascendente y su imagen es el trueno. El trigrama superior, *Kan*, simboliza lo Abismal y lo Peligroso; su movimiento es descendente y su imagen es la lluvia. La situación sugiere una abundancia densa y caótica.

Los truenos y la lluvia saturan el aire, pero el caos eventualmente se disipa. El movimiento ascendente, combinado con el descenso de lo Abismal, finalmente emerge fuera de peligro. Las fuerzas tensas se descargan en la tormenta, y todo respira aliviado.

EL JUICIO

La dificultad inicial conduce al éxito sublime.
El estímulo llega a través de la perseverancia.
No hay que precipitarse.
Es propicio contar con ayudantes.

Los tiempos de inicio están marcados por dificultades, similares a un primer nacimiento. Estas dificultades surgen de la abundancia de lo que lucha por formarse. Todo está en movimiento, por lo que, a pesar del peligro, existe la posibilidad de un gran éxito si se persevera. En estos momentos iniciales del destino, todo es aún informe y oscuro. Por lo tanto, es necesario esperar, ya que cualquier acción prematura podría llevar al fracaso. Además, es crucial no enfrentarse a estas situaciones en soledad. Es importante contar con ayudantes para hacer frente al caos juntos.

Sin embargo, esto no significa que debamos quedarnos de brazos cruzados. Es esencial apoyar, animar y guiar, asumiendo un papel de liderazgo para dirigir el proceso hacia el éxito.

LA IMAGEN

Nubes y truenos: la imagen de la dificultad inicial.
Así, el hombre superior asume un papel desenredante y ordenante.

Las nubes y los truenos están representados por ciertas líneas ornamentales, lo que sugiere que, en el caos de la dificultad inicial, el orden ya está presente de manera latente. El hombre superior debe estructurar y organizar la confusa abundancia, como quien desenreda los hilos de seda de un ovillo y los une en hebras. Para orientarse en lo infinito, es necesario diferenciar y conectar.

LAS LÍNEAS INDIVIDUALES.

UN NUEVE AL PRINCIPIO SIGNIFICA:

Vacilación e inhibición.
Es beneficioso perseverar.
Es beneficioso contar con ayudantes.

Si al comienzo de una empresa se encuentran inhibiciones y obstáculos, no se debe forzar el avance, sino detenerse con cautela. Sin embargo, no hay que dejarse engañar; es crucial mantener la constancia y la persistencia, con la mirada fija en el objetivo. Lo importante es buscar las ayudas adecuadas. Sólo se podrán encontrar si se es humilde en el trato con los demás y no se actúa con arrogancia. Sólo así se atraerán personas cuya ayuda permitirá enfrentar las dificultades.

SEIS EN SEGUNDO LUGAR SIGNIFICA:

Las dificultades se acumulan. Caballo y carro se separan.
No es ladrón,
liberará en el término pactado.
La chica es casta, no se promete.
Diez años, entonces ella se promete.

Uno se encuentra en dificultades y bajo inhibición. De repente, ocurre un giro inesperado, como cuando alguien llega con carros y caballos y luego se desengancha. Este acontecimiento es tan sorpresivo que uno sospecha que quien se aproxima es un ladrón. Poco a poco se revela que no tiene malas intenciones, sino que busca establecer un contacto amistoso y ofrecer alivio. Sin embargo, la oferta de ayuda proviene de una fuente que no es la más adecuada; es mejor esperar hasta que se cumpla el tiempo pactado. Diez años representan un ciclo completo, un tiempo que debe cumplirse. Entonces, las condiciones normales se restablecerán por sí solas, y uno podrá unirse con el amigo que estaba destinado a encontrar.

Bajo la imagen de una novia que permanece fiel a su amado, se ofrecen consejos para una situación particular de la vida. En momentos de dificultad, cuando uno se enfrenta a inhibiciones y el alivio se presenta inesperadamente desde una fuente no relacionada, es importante ser cauteloso y no contraer obligaciones prematuras que podrían comprometer la libertad de decisión. Si uno espera con paciencia, las condiciones de calma regresarán, y se logrará lo que se esperaba.

SEIS EN TERCER LUGAR SIGNIFICA:

Aquel que caza el ciervo sin un guardabosque,
sólo consigue perderse en el bosque.
El hombre superior entiende los signos de los tiempos
y prefiere mantenerse al margen.
Continuar trae vergüenza.

Si uno no tiene guía y quiere cazar en un bosque extraño, se perderá. No se debe intentar salir de las dificultades sin la orientación adecuada. El destino no puede ser engañado. Los esfuerzos precipitados sin la guía necesaria conducen al fracaso y a la desgracia. Por lo tanto, el hombre superior, que reconoce los indicios del futuro, prefiere renunciar a un deseo antes que intentar forzarlo, lo que lo llevaría a la miseria.

SEIS EN CUARTO LUGAR SIGNIFICA:

Caballo y carro se separan.
¡Busca la unión!
Ir trae la salvación.
Todo ocurre de un modo propicio.

Uno se encuentra en una situación en la que tiene el deber de actuar, pero carece de suficiente fuerza. Sin embargo, surge una oportunidad para establecer una conexión, y es crucial aprovecharla. No se debe permitir que el falso orgullo o la falsa restricción frenen la acción. Es un signo de claridad interior cuando uno supera sus propias limitaciones para dar el primer paso, incluso si ello implica cierta abnegación. En una situación difícil, no hay vergüenza en aceptar ayuda. Si se encuentra la ayuda adecuada, todo saldrá bien.

NUEVE EN QUINTO LUGAR SIGNIFICA:

**Dificultad en la bendición.
Pequeña perseverancia trae salvación,
gran perseverancia trae desastre.**

Uno se encuentra en una situación en la que no puede expresar sus buenas intenciones de manera clara y comprensible. Los demás interfieren y distorsionan todo lo que uno hace. Es necesario proceder con cuidado y de manera gradual. No se debe intentar imponer nada grande por la fuerza, ya que tal esfuerzo sólo puede tener éxito si ya se cuenta con la confianza general. Sólo en silencio, mediante un trabajo fiel y concienzudo, se puede conseguir que las condiciones se aclaren y que las inhibiciones se disuelvan.

UN SEIS EN LA CIMA SIGNIFICA:

**Caballo y carruaje se separan.
Se derraman lágrimas de sangre.**

Algunas personas encuentran las dificultades iniciales demasiado arduas. Se estancan y pierden el rumbo, bajan las manos y abandonan la lucha. Tal abandono es una de las cosas más tristes. Como dijo Kung Tse: «Se derraman lágrimas de sangre; uno no debe hacer esto todo el tiempo».[1]

---

1. Cuando uno llega en la lucha de la vida a un punto en el que no puede avanzar y un suspiro se escapa del pecho, como en aquel famoso pasaje de la *Sinfonía en do menor* de Beethoven, este estado no debe durar para siempre. Hay que volver a armar los caballos de los pensamientos firmes y llevar la lucha hasta el final.

   «Quien nunca descansa,
   quien con corazón y sangre
   se empeña en lo imposible,
   ése triunfa».

4. *Meng* / La Locura de la juventud

☶☵ **Arriba *Ken*, la Quietud, la montaña.**
Abajo *Kan*, lo Abismal, el agua.

De manera doble, en este signo se evoca el recuerdo de la juventud y la insensatez. El signo superior, *Ken*, se representa por la imagen de una montaña; el signo inferior, *Kan*, por la imagen del agua. El manantial que surge de la base de la montaña simboliza la juventud inexperta. La cualidad del signo superior es la Quietud, mientras que la del abismo es el peligro. Mantenerse quieto ante un abismo peligroso es también un símbolo de la indefensa locura de la juventud. Sin embargo, en ambos signos reside el modo en que la juventud puede superar su locura: el agua fluye con necesidad. Cuando el manantial brota, no sabe adónde ir, pero al fluir, llena los espacios que le impiden avanzar, y entonces el éxito se alcanza.

EL JUICIO

La necedad juvenil tiene éxito.
No soy yo quien busca al joven necio,
el joven necio me busca a mí.
Al primer oráculo le doy información.
Si pregunta dos o tres veces, es acoso.
Si insiste, no doy ninguna información.
La perseverancia es beneficiosa.

La locura no es algo negativo en la juventud; puede llevar al éxito. Sin embargo, es esencial encontrar un maestro experimentado y acercarse a él de la manera adecuada. Esto significa, ante todo, que uno debe ser consciente de su propia inexperiencia y buscar un maestro con humildad. Sólo esta modestia y este interés garantizan la receptividad necesaria, que se expresa en un reconocimiento reverente del maestro. Por lo tanto, el maestro debe esperar pacientemente hasta que sea buscado, no debe ofrecerse por iniciativa propia: sólo así podrá actuar en el momento y de la manera correctos.

La respuesta del maestro a las preguntas del alumno debe ser clara y definitiva, como la respuesta que se espera de un oráculo. La respuesta debe ser aceptada como la solución a la duda y la toma de una decisión. Preguntas adicionales, impulsadas por la duda o la desconfianza, sólo sirven para molestar al maestro y es mejor que sean ignoradas en silencio, de la misma manera que un oráculo sólo da una respuesta y no responde a preguntas basadas en la duda.

Si a esto se suma la perseverancia, que no decae hasta que se ha adquirido sabiduría punto por punto, entonces el éxito estará asegurado. Así, el hexagrama ofrece consejos tanto para el maestro como para el alumno.

LA IMAGEN

Bajando la montaña brota un manantial:
la imagen de la juventud.
Así, el hombre superior nutre su carácter
con un comportamiento escrupuloso.

El manantial comienza a fluir y supera el estancamiento llenando todos los huecos que encuentra en su camino. De la misma manera, el camino hacia la formación del carácter se basa en la minuciosidad, que no omite nada, sino que, gradualmente y de manera constante, como el agua, llena todos los vacíos y así progresa.

LAS LÍNEAS INDIVIDUALES

UN SEIS AL PRINCIPIO SIGNIFICA:

Para desarrollar al necio,
es beneficioso disciplinar al ser humano.
Hay que quitarle los grilletes.
Continuar así trae vergüenza.

Al principio de la educación está la ley. La inexperiencia de la juventud tiende a tomar todo a la ligera, como si fuera un juego. Es necesario mostrarles la seriedad de la vida. Un cierto grado de unión, cuando se impone a través de una disciplina estricta, es beneficioso. Quien juega con la vida nunca termina bien. Sin embargo, la disciplina no debe convertirse en una mera formalidad. El ejercicio continuado en ese sentido es vergonzoso y paraliza la fuerza.

NUEVE EN SEGUNDO LUGAR SIGNIFICA:

Soportar a los tontos con benevolencia trae la salvación.
Saber llevar a las mujeres trae la salvación.
El hijo está a la altura del hogar.

Aquí se describe a un hombre que, aunque no posee poder externo, tiene la fuerza mental necesaria para asumir la responsabilidad que recae sobre él. Tiene la superioridad interior y la fortaleza para soportar las insuficiencias de la locura humana con suavidad. La misma actitud se aplica hacia las mujeres, consideradas como el sexo más débil; es necesario aceptarlas y reconocerlas con una cierta indulgencia caballeresca. Sólo a través de esta combinación de fuerza interior y moderación exterior se puede asumir con éxito la responsabilidad del liderazgo en un organismo social mayor.

SEIS EN TERCER LUGAR SIGNIFICA:

No tomarás a una muchacha
que vea a un hombre de bronce
y no se mantiene en posesión de sí misma.
Nada es favorable.

Una persona débil e inexperta que se esfuerza por ascender pierde fácilmente su carácter personal cuando encuentra una personalidad fuerte en las altas esferas a la que imita servilmente. Es como una chica que se abandona cuando conoce a un hombre fuerte. No se debe ser complaciente. La adaptación sumisa no sería beneficiosa ni para el joven ni para el educador. Una chica debe a su dignidad esperar a ser cortejada. En ambos casos, es indigno ofrecerse a sí misma, y no es recomendable aceptar tal oferta.

SEIS EN CUARTO LUGAR SIGNIFICA:

La necedad infantil trae vergüenza.

Para la locura juvenil, lo más desesperado es enredarse en vanas presunciones. Cuanto más se obstine en tales imaginaciones irreales, más caerá en la humillación. Para el educador, a menudo no quedará más remedio que permitir que la juventud se enfrente a las consecuencias de sus acciones, aunque esto implique soportar la humillación que resulta de su comportamiento. Éste es a menudo el único camino hacia la salvación.

SEIS EN QUINTO LUGAR SIGNIFICA:

La necedad infantil trae la salvación.

Una persona inexperta que, de manera infantil y sin pretensiones, busca instrucción, hace bien en hacerlo. Pues quien, libre de arrogancia, se somete al maestro, seguramente será guiado y estimulado hacia el crecimiento.

UN NUEVE EN LA CIMA SIGNIFICA:

Al castigar la insensatez,
no es propicio cometer transgresiones.
Sólo es beneficioso alejar las transgresiones.

Bajo ciertas circunstancias, un necio incorregible debe ser castigado. Quien no quiere escuchar, debe sentir. Este castigo es distinto a la advertencia inicial. Sin embargo, no debe infligirse con ira; debe limitarse a una respuesta justa contra las transgresiones injustificadas. Nunca debe ser un fin en sí mismo, sino que debe servir únicamente para restablecer el orden. Esto es válido tanto en la educación como en las medidas de un gobierno frente a una población culpable de disturbios. La intervención del gobierno debe ser siempre defensiva y tener como único objetivo el establecimiento de la seguridad y la tranquilidad públicas.

5. *Hsu* / La Espera (la alimentación)

☵ Arriba *K'an*, lo Abismal, el agua
☰ Abajo *Ch'ien*, lo Creativo, el Cielo

Todos los seres necesitan nutrirse de lo alto. Pero el don del alimento tiene su tiempo, y ese tiempo debe ser esperado. El signo muestra las nubes en el Cielo, cuya lluvia alegra a toda la vegetación y proporciona al hombre comida y bebida. Esta lluvia llegará en su momento; no puede ser forzada, sólo esperada. La idea de la espera también está sugerida por las características de los dos signos primordiales: la fuerza interior frente al peligro. La fuerza ante el peligro no se precipita, sino que puede esperar, mientras que la debilidad ante el peligro se agita y no tiene paciencia para esperar.

EL JUICIO

La espera.
Si eres veraz, tienes luz y éxito.
La perseverancia trae la salvación.
Es beneficioso cruzar las grandes aguas.

La espera no es una esperanza vacía; tiene la certeza interior de alcanzar la meta. Sólo esta certeza interior proporciona la luz que conduce al éxito. Esta certeza lleva a la perseverancia, que trae la salvación y da la fuerza para cruzar las grandes aguas. Un peligro nos espera, que debe ser superado. La debilidad y la impaciencia son inútiles. Sólo quien es fuerte puede enfrentar su destino, porque puede perseverar gracias a la seguridad interior. Esta fuerza se manifiesta en una veracidad implacable. Sólo si uno es capaz de ver las cosas tal como son, sin autoengaño ni ilusiones, puede surgir una luz que revele el camino hacia el éxito. Esta toma de conciencia debe ir acompañada de una acción decidida y perseverante. Si uno enfrenta resueltamente su destino, podrá superarlo. Entonces podrá cruzar las grandes aguas, tomar la decisión y superar el peligro.

LA IMAGEN

Las nubes se elevan en el Cielo: la imagen de la espera.
Así, el hombre superior come y bebe, y está alegre y de buen humor.

Cuando las nubes se elevan en el Cielo, es señal de que va a llover. Entonces no queda más que esperar a que caiga la lluvia. Lo mismo ocurre en la vida cuando el destino se prepara. Mientras el tiempo aún no se ha cumplido, no hay que preocuparse ni intentar modelar el futuro mediante la intervención personal. En cambio, se debe reunir fuerzas, alimentando el cuerpo con comida y bebida, y alegrando el espíritu. El destino llegará por sí solo, y cuando lo haga, uno estará preparado.

LAS LÍNEAS INDIVIDUALES

UN NUEVE AL PRINCIPIO SIGNIFICA:

Esperando en la pradera.
Es beneficioso mantener la constancia.
Ningún defecto.

El peligro aún está lejos. Uno espera en un entorno sencillo y tranquilo, donde las condiciones siguen siendo manejables. Aunque se percibe algo en el aire que eventualmente llegará, es crucial mantener las rutinas de la vida mientras sea posible. Sólo así se puede conservar la energía y evitar errores que podrían debilitar en el futuro.

NUEVE EN SEGUNDO LUGAR SIGNIFICA:

Esperando en la arena.
Se habla un poco.
El final trae la salvación.

El peligro se acerca lentamente. La arena, cerca de la orilla del arroyo, representa la proximidad al peligro. En este punto, la situación comienza a desestabilizarse, y la tensión genera malestar y desconfianza. Las personas pueden culparse mutuamente. Sin embargo, aquellos que permanecen tranquilos y evitan el conflicto lograrán que, al final, todo salga bien. Es mejor no responder a las provocaciones para que las calumnias se disipen por sí solas.

NUEVE EN TERCER LUGAR SIGNIFICA:

Esperar en el barro
provoca la llegada del enemigo.

El barro, que ha sido arrastrado por las aguas del río, no es un lugar adecuado para esperar. En lugar de haber reunido fuerzas para cruzar el río de un solo tirón, se ha avanzado prematuramente, quedando atrapado en el barro. Esta situación desfavorable atrae a enemigos que aprovechan la debilidad. Sólo con seriedad y precaución se puede evitar el daño.

SEIS EN CUARTO LUGAR SIGNIFICA:

Esperando en la sangre.
Fuera del agujero.

La situación es extremadamente peligrosa; se ha vuelto una cuestión de vida o muerte. El derramamiento de sangre es inminente, y no hay posibilidad de avanzar ni retroceder. Te encuentras atrapado, como en un agujero. Lo único que queda es perseverar y dejar que el destino siga su curso. Mantener la calma y evitar acciones impulsivas es la única manera de salir de esta trampa mortal.

NUEVE EN QUINTO LUGAR SIGNIFICA:

Esperar con vino y comida.
La perseverancia trae la salvación.

Incluso en medio del peligro, hay momentos de respiro. Si uno posee fuerza interior, puede aprovechar estas pausas para descansar y fortalecerse para la próxima batalla. Es posible disfrutar del momento sin perder de vista el objetivo, ya que la perseverancia es necesaria para asegurar la victoria. Lo mismo ocurre en la vida pública: no todo puede lograrse de una vez. La mayor sabiduría es dar a las personas el descanso necesario para revitalizar su alegría y compromiso con la tarea. Aquí radica el secreto de este signo. A diferencia del signo «el obstáculo», en la espera uno tiene la certeza de que todo llegará a su tiempo, lo que permite conservar la tranquilidad interior.

UN SEIS EN LA CIMA SIGNIFICA:

Uno se mete en el agujero.
Vienen tres huéspedes no invitados.
Hazles honor y al final llegará la salvación.

La espera ha terminado: el peligro es inevitable. Uno cae en el agujero y debe rendirse a lo inevitable. Todo parece haber sido en vano. Sin embargo, en medio de esta adversidad, surge un giro inesperado. Una intervención externa ocurre, sin que uno haya hecho nada, dejando inicialmente la duda sobre si se trata de un rescate o de una amenaza.

En este momento, es esencial mantener la flexibilidad interior. No se debe rechazar, desafiante, el nuevo curso de los acontecimientos, sino recibirlo con respeto. De este modo, finalmente, se superará el peligro y todo saldrá bien. A menudo, incluso las soluciones felices se presentan de maneras que al principio pueden parecer extrañas.

6. *Sung* / La Controversia

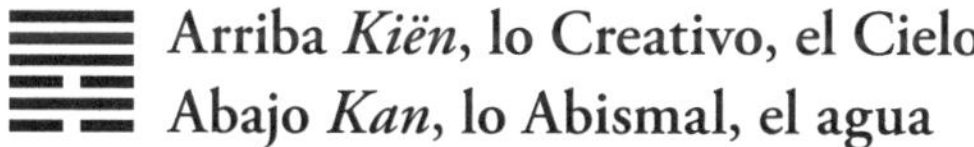

Arriba *Kiën*, lo Creativo, el Cielo
Abajo *Kan*, lo Abismal, el agua

El signo primordial superior, representado por el Cielo, tiene un movimiento ascendente, mientras que el signo primordial inferior, representado por el agua, tiende hacia abajo. Estas direcciones opuestas sugieren la idea de lucha. La cualidad de lo Creativo es la fuerza, mientras que la de lo Abismal es el peligro y el engaño. Donde hay astucia, hay lucha. Una tercera implicación surge del carácter que combina el engaño interior con una fuerte determinación exterior, lo cual predispone a la contienda.

EL JUICIO

La disputa: eres veraz y te inhiben.
Detenerse cuidadosamente a mitad de camino trae la salvación.
Llegar hasta el final trae el desastre.
Es beneficioso ver al gran hombre.
No es beneficioso cruzar las grandes aguas.

La lucha surge cuando uno, sintiéndose en su derecho, encuentra resistencia. Sin la convicción del propio derecho, la resistencia conduce al engaño o a la violencia, pero no a la contienda abierta. Si uno se ve envuelto en una disputa, sólo la prudencia y la disposición a resolver la situación a través de un compromiso son saludables. Perseguir la disputa hasta el final, aunque se tenga razón, es perjudicial, ya que perpetúa la enemistad. Es importante buscar la guía de un gran hombre, es decir, alguien imparcial y con autoridad para resolver la disputa pacíficamente. Por otro lado, es prudente evitar «cruzar las grandes aguas» durante tiempos de discordia; es decir, no emprender empresas peligrosas que requieren la unidad de fuerzas, ya que las luchas internas debilitan la capacidad de enfrentar amenazas externas.

LA IMAGEN

El Cielo y el agua se enfrentan:
la imagen de la lucha.
Así, el hombre superior delibera sobre sus principios
en todos los asuntos que maneja.

La imagen indica que las causas de la disputa radican en direcciones opuestas preexistentes. Una vez que aparecen estas direcciones opuestas, la disputa es inevitable. De ello se deduce que, para prevenir conflictos, todo debe ser cuidadosamente considerado. Cuando el derecho y el deber están claramente definidos, o cuando en una unión de personas sus tendencias espirituales convergen, la causa de la disputa se elimina de antemano.

UN SEIS AL PRINCIPIO SIGNIFICA:

Si el asunto no se perpetúa,
se habla un poco.
Pero al final llega la salvación.

Mientras la disputa esté en sus comienzos, lo mejor es dejarla. Especialmente ante un oponente más fuerte, no es aconsejable permitir que la disputa se desarrolle. Puede haber un pequeño intercambio de palabras, pero al final, todo se resolverá positivamente.

NUEVE EN SEGUNDO LUGAR SIGNIFICA:

No puedes discutir, te vas a casa y te quitas de en medio.
La gente de su pueblo, trescientas casas,
permanecen libres de culpa.

En la batalla contra un enemigo superior, la retirada no es ninguna desgracia. Si uno se retira a tiempo, se evitan malas consecuencias. Provocar una disputa desigual por un falso sentido del honor sólo atraería la desgracia. Un sabio renunciamiento beneficia a todo el vecindario, que de este modo no se ve arrastrado a la contienda.

SEIS EN TERCER LUGAR SIGNIFICA:

Alimentarse de la vieja virtud da perseverancia.
Peligro, pero al final llega la salvación.
Si sigues el servicio de un rey,
no busques obras para ti mismo.

Aquí se nos advierte del peligro de dejarse llevar por la ira. Sólo lo que se gana honestamente perdura como posesión permanente. Tal posesión puede ser disputada ocasionalmente, pero al ser una propiedad genuina, no puede ser arrebatada. Lo que pertenece a uno por virtud de su propio ser, no se puede perder. Cuando uno entra al servicio de un ser superior, debe evitar buscar logros personales. Es suficiente con que las obras se realicen. El honor puede quedar para el otro.

NUEVE EN CUARTO LUGAR SIGNIFICA:

Uno no puede discutir,
da marcha atrás y se somete al destino.
Cambia y encuentra la paz en la perseverancia.
¡Salvación!

La disposición interior es inicialmente pacífica. Uno no se siente a gusto en su situación y desearía mejorarla a través de la confrontación. Se enfrenta a un oponente más débil y probablemente podría vencer, pero no puede disputar porque no tiene la justificación interior ni la conciencia tranquila para hacerlo. Por lo tanto, retrocede y se somete a su destino. Al cambiar de actitud, encuentra una paz duradera conforme a la ley eterna, lo que trae la salvación.

NUEVE EN QUINTO LUGAR SIGNIFICA:

Discutir ante él trae la salvación sublime.

Aquí se describe al mediador de disputas, quien es poderoso y justo, y tiene la autoridad para hacer prevalecer la justicia. Se puede confiar en él. Si uno tiene razón, alcanza una gran salvación.

UN NUEVE EN LA CIMA SIGNIFICA:

Si a uno también se le otorga un cinturón de cuero,
al final de una mañana le es arrebatado.

Aquí se describe a alguien que ha luchado hasta el amargo final y ha demostrado tener razón. Recibe un premio, pero la felicidad no dura. Se verá envuelto en disputas una y otra vez, y las contiendas nunca terminarán.

師

7. *Shï* / El Ejército

䷆ Arriba *Kun*, lo Receptivo, la Tierra
Abajo *Kan*, lo Abismal, el agua

El símbolo está formado por *Kan*, el agua, y *Kun*, la Tierra. Representa el agua subterránea que se acumula en la tierra. De manera similar, el ejército se reúne dentro de la multitud del pueblo: invisible en tiempos de paz, pero siempre disponible como fuente de poder. Las características de los signos primigenios son: peligro en el interior y obediencia en el exterior. Esto refleja la naturaleza del ejército, peligroso en su núcleo, mientras que la disciplina y la obediencia deben prevalecer externamente. El rector del signo es el nueve, fuerte en la segunda posición, que guía a las demás líneas suaves. Esta línea representa al líder, ya que se encuentra en el centro de uno de los signos originales. Sin embargo, al estar en una posición inferior y no superior, no es la imagen de un gobernante, sino de un general competente que mantiene al ejército en obediencia gracias a su autoridad.

EL JUICIO

El ejército necesita perseverancia y un hombre fuerte.
Salvación sin mancha.

Un ejército es una masa que, para convertirse en fuerza organizada, requiere disciplina. Sin una disciplina firme, nada puede lograrse. Sin embargo, esta disciplina no puede imponerse sólo por la fuerza; necesita de un líder fuerte que inspire entusiasmo. Para que el ejército pueda desarrollarse, debe contar con la confianza incondicional de su gobernante, quien, durante el conflicto, debe delegar plena responsabilidad en el líder militar. Pero la guerra es siempre peligrosa y trae consigo daños y devastación. Por ello, no debe emprenderse a la ligera, sino sólo como último recurso, como una medicina venenosa. La causa justa y un objetivo claro deben ser expuestos al pueblo por un líder experimentado. Sólo cuando haya un objetivo bien definido por el que el pueblo pueda comprometerse conscientemente, se logrará la unidad y la fuerza necesarias para la victoria. Además, el líder debe asegurar que, en la pasión por la guerra, no se cometan injusticias que pasen desapercibidas. La justicia y la perseverancia son las condiciones básicas para que todo salga bien.[1]

LA IMAGEN

En la tierra hay agua: la imagen de la cohesión.
Así, los reyes de la antigüedad otorgaban los distintos estados como feudos
y mantenían una relación amistosa con los señores feudales.

El agua subterránea está presente invisiblemente en medio de la tierra. De manera similar, el poder militar de una nación reside en sus masas. Todo agricultor se convierte en soldado cuando el peligro amenaza y regresa a su arado cuando la guerra ha terminado. Quien es generoso con el pueblo se gana su amor, y un pueblo que vive bajo un gobierno benévolo se vuelve fuerte y vigoroso. Sólo una nación económicamente fuerte puede ser una potencia bélica significativa. Por lo tanto, el poder debe cultivarse fomentando las relaciones económicas del pueblo y mediante un gobierno filantrópico. Sólo donde existe este vínculo invisible entre el gobierno y el pueblo, donde el pueblo está protegido como el agua subterránea en la tierra, es posible librar una guerra victoriosamente.

---

1. Siempre aspira a lo completo, y si no puedes convertirte tú mismo en un todo, únete a un todo como un miembro servicial.

LAS LÍNEAS INDIVIDUALES

UN SEIS AL PRINCIPIO SIGNIFICA:

Un ejército debe marchar según el orden.
Si no es así, el desastre es inminente.

Al inicio de una empresa bélica, debe prevalecer el orden. Debe haber una razón justa y válida, y la obediencia y la coordinación de las tropas deben estar bien organizadas; de lo contrario, el fracaso será inevitable.

NUEVE EN SEGUNDO LUGAR SIGNIFICA:

¡En medio del ejército!
¡Salvación! ¡Sin tacha!
El rey concede triples honores.

El líder debe estar en medio de su ejército, en contacto con ellos y compartiendo tanto las adversidades como las victorias. Sólo así podrá cumplir con las exigencias que recaen sobre él. Debe ser reconocido por el gobernante. Los honores que recibe están justificados, ya que no se trata de una cuestión de preferencia personal, sino que todo el ejército es honrado a través de su líder.

SEIS EN TERCER LUGAR SIGNIFICA:

El ejército lleva cadáveres en su carro.
¡Maldad!

Esto puede interpretarse como una derrota causada por la interferencia de alguien que no es el líder designado. Alternativamente, puede referirse a una autoridad usurpada, en la que alguien ocupa un lugar que no le corresponde. Si la multitud se hace dueña del mando, esto resulta desastroso.

SEIS EN CUARTO LUGAR SIGNIFICA:

El ejército se retira.
Ni una mancha.

Ante un enemigo superior con el que la batalla es inútil, una retirada ordenada es lo más sensato, ya que salva al ejército de la derrota y la desintegración. No es un signo de cobardía, sino de prudencia.

SEIS EN QUINTO LUGAR SIGNIFICA:

Hay un ciervo en el campo. Es beneficioso atraparlo.
No hay mancha.
Que el mayor dirija el ejército.
El más joven conduce cadáveres.
La persistencia trae desastres.

El ciervo ha dejado su hábitat natural, el bosque, y ha invadido los campos, causando daños. Esto simboliza una invasión enemiga. En este caso, una respuesta enérgica y disciplinada está justificada. Sin embargo, la lucha debe ser de manera organizada, bajo la dirección de un líder experimentado. Si la multitud actúa sin control, el desastre será inevitable.

SEIS EN LA CIMA SIGNIFICA:

El gran príncipe dicta órdenes, funda estados, da feudos a familias.
La gente común no debe ser utilizada.

La guerra ha terminado victoriosamente. El rey distribuye feudos y propiedades entre sus leales seguidores. Sin embargo, es crucial que los plebeyos no lleguen al poder. Si han contribuido, pueden ser compensados con dinero, pero no deben recibir tierras ni derechos de gobierno, para evitar futuros abusos.

8. *Bi* / Mantenerse juntos

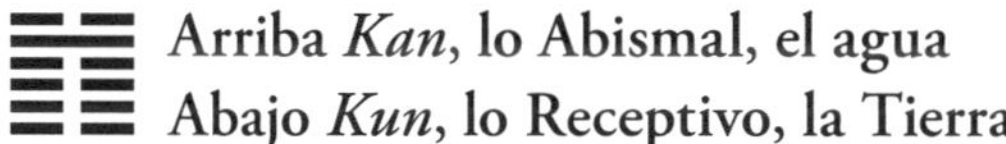

Arriba *Kan*, lo Abismal, el agua
Abajo *Kun*, lo Receptivo, la Tierra

El agua por encima de la Tierra confluye, como en el mar, donde todos los ríos convergen. Este símbolo representa la cohesión y sus leyes. La presencia de una única línea sólida en el quinto lugar, que simboliza al soberano, en medio de líneas suaves, indica que las líneas suaves se mantienen unidas bajo la influencia de una voluntad fuerte en la posición central de unificación. Sin embargo, esta personalidad rectora también necesita a las demás para complementarse y encontrar su plenitud.

EL JUICIO

La unión trae la salvación.
Vuelve a consultar el oráculo si posees sublimidad, resistencia y perseverancia;
entonces no habrá defecto.
Aquel que es inseguro llega poco a poco.
El que llega demasiado tarde tendrá desgracia.

Unirse a los demás es fundamental para complementarse y fortalecerse a través de la cohesión. Requiere un centro en torno al cual los demás puedan reunirse. Ser el centro que mantiene unida a la gente es una tarea compleja y de gran responsabilidad. Exige grandeza interior, coherencia y fuerza. Por ello, quienes deseen unir a los demás en torno a sí mismos deben examinar si están a la altura de la tarea, aquellos que intenten reunir a otros sin el carácter adecuado crearán más confusión que si no hubieran intentado la unión. Donde hay un punto de reunión genuino, aquellos que inicialmente son inseguros y vacilan llegarán gradualmente por su propia voluntad. Los que llegan demasiado tarde sufrirán, ya que el momento para unirse es crucial. Las relaciones se forman según ciertas leyes internas. Las experiencias compartidas solidifican estas relaciones, y quienes llegan tarde y no pueden participar en estas experiencias esenciales sufrirán al encontrar la puerta cerrada. Sin embargo, aquellos que reconozcan la necesidad de unirse y no sientan la fuerza para actuar como centro de cohesión deben unirse a otra comunidad orgánica.

LA IMAGEN

En la tierra hay agua: la imagen de la cohesión. Así es como los reyes de la antigüedad concedían feudos a los distintos estados y cultivaban relaciones amistosas con los señores feudales. El agua sobre la tierra llena todos los huecos y se aferra firmemente a ella. La organización social de la Antigüedad se basaba en este principio de cohesión entre dependientes y gobernantes. El agua fluye por sí sola porque todas sus partes se rigen por las mismas leyes. Del mismo modo, la sociedad humana debe mantenerse unida por una comunidad de intereses que haga que cada individuo se sienta miembro de un todo. El poder central de un organismo social debe garantizar que cada miembro encuentre su verdadero interés en mantenerse unido, como ocurría en la relación paternal entre el gran rey y los señores feudales en la antigua China.

LAS LÍNEAS INDIVIDUALES

UN SEIS AL PRINCIPIO SIGNIFICA:

Mantente fiel y leal: eso no es una mancha.
La verdad es como un cuenco de arcilla lleno:
Así es como la salvación llega finalmente desde el exterior.

Cuando se trata de establecer relaciones, la veracidad completa es la única base correcta. Esta actitud, representada por un cuenco de barro lleno, donde todo es contenido y nada es vacío, no se expresa con palabras ingeniosas, sino a través del poder del ser interior, tan fuerte que atrae poderosamente la salvación desde el exterior.

SEIS EN SEGUNDO LUGAR SIGNIFICA:

Permanece junto a él interiormente.
La perseverancia trae la salvación.

Si respondemos de manera correcta y persistente a las peticiones que nos llaman a trabajar desde arriba, nuestras relaciones con los demás serán, en primer lugar, relaciones interiores; no nos perderemos a nosotros mismos. Sin embargo, quienes se esfuerzan por mantener la cohesión sin seguir el camino de la nobleza, que preserva su dignidad, se degradan a sí mismos.

SEIS EN TERCER LUGAR SIGNIFICA:

Te aferras a personas que no son las adecuadas.

Con frecuencia te rodeas de personas que no pertenecen a tu esfera. No debes dejarte llevar por la costumbre hacia una falsa confidencialidad. Socializar sin intimidad es lo único correcto con tales personas; es la única manera de mantenerte libre para una relación posterior con aquellos que son afines a ti.

SEIS EN CUARTO LUGAR SIGNIFICA:

Pégate a él también exteriormente.
La perseverancia trae la salvación.

Las relaciones con un hombre que es el centro de la cohesión ya están firmemente establecidas. Puedes y debes mostrar tu apego abiertamente. Sólo tienes que mantenerte firme y no dejarte engañar por nada.

NUEVE EN QUINTO LUGAR SIGNIFICA:

Revelación de la unión.
En la caza, el rey sólo permite que la caza sea abatida
por tres lados
y prescinde de la caza que se vuelve de frente.
Los ciudadanos no necesitan avisar.
Salvación.

Durante las cacerías reales en la antigua China, era costumbre que la caza fuera conducida desde tres lados, dejando un cuarto lado libre para que los animales pudieran huir. Los que entraban por la puerta donde el rey esperaba eran abatidos, mientras que los que se desviaban eran dejados en libertad. Esta actitud revela a un gobernante que no busca forzar la adhesión, sino que recibe a aquellos que acuden voluntariamente. De igual modo, no es necesario cortejar el favor de los hombres; si desarrollas en ti la pureza y la fuerza necesarias para ser un centro de reunión, las personas adecuadas acudirán por sí solas.

UN SEIS EN LA CIMA SIGNIFICA:

No encuentra cabeza para mantenerse unido.
Desastre.

La cabeza es el principio. Sin un comienzo correcto, no hay un final adecuado. Si uno ha perdido la conexión y ahora vacila, evitando la devoción plena y verdadera, lamentará su error demasiado tarde.

小畜

9. *Siau Tschu* / El pequeño poder domador

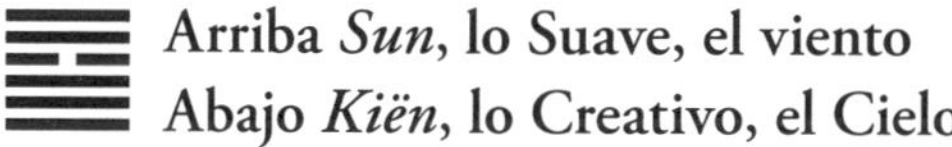

Arriba *Sun*, lo Suave, el viento
Abajo *Kiën*, lo Creativo, el Cielo

Este símbolo representa lo pequeño, el poder de lo sombrío que retiene, doma y frena. En el cuarto lugar, el lugar del ministro, hay una línea débil que mantiene a raya a las demás líneas fuertes. Esto se compara al viento que sopla en el Cielo, frenando el aliento ascendente de lo Creativo, es decir, las nubes, para que se condensen, pero sin ser lo suficientemente fuerte como para hacer que llueva. Es un momento en el que una fuerza fuerte es contenida temporalmente por una más débil, lo cual debe hacerse con suavidad para asegurar el éxito.

EL JUICIO

El poder domador de lo pequeño tiene éxito.
Nubes densas, no llueve en nuestra región occidental.

La parábola refleja la situación en China durante los tiempos del rey Wen, quien provenía del oeste pero se encontraba en el este, en la corte del tirano Dschou Sin. Aún no era el momento de actuar a gran escala. El rey Wen sólo podía contener al tirano hasta cierto punto mediante la suave persuasión, de ahí la imagen de las nubes densas que prometen lluvia, pero que aún no la dejan caer. La situación no es desfavorable; hay perspectivas de éxito, pero aún persisten obstáculos. Es un tiempo para hacer un trabajo preliminar, utilizando medios pequeños y persuasión amistosa. El momento de actuar a gran escala no ha llegado. Sin embargo, es posible ejercer un efecto inhibidor hasta cierto punto. Esto requiere determinación firme en el interior y suave adaptación en el exterior para imponer la propia voluntad.

LA IMAGEN

El viento barre el Cielo: la imagen del poder domador de lo pequeño.
Así es como el hombre superior refina la forma exterior de su ser.

El viento arrastra las nubes del Cielo, pero como sólo es aire sin un cuerpo sólido, no produce grandes efectos duraderos. De igual manera, en tiempos en que no es posible un gran efecto exterior, lo único que queda al hombre es refinar su ser en sus pequeñas manifestaciones.

LAS LÍNEAS INDIVIDUALES

UN NUEVE AL PRINCIPIO SIGNIFICA:

Volver al camino.
¡Cómo sería una mancha!
Salvación.

Es natural para el fuerte avanzar, pero al hacerlo, entra en una zona de inhibición. Por lo tanto, vuelve al camino que es adecuado a su situación, en el cual es libre de avanzar y retroceder. No forzar nada es bueno y sensato, y trae la salvación por su propia naturaleza.

NUEVE EN SEGUNDO LUGAR SIGNIFICA:

Déjate arrastrar hacia atrás.
Salvación.

Se desea progresar, pero antes de seguir adelante, uno ve por el ejemplo de otras personas afines que el camino está bloqueado. En tal caso, una persona sensata no se expondrá al rechazo personal, sino que se retirará junto a los demás de ideas afines si avanzar no corresponde al momento. Esto trae salvación, pues de esta manera uno no se traiciona a sí mismo.

NUEVE EN TERCER LUGAR SIGNIFICA:

Los radios se salen del carro.
El hombre y la mujer ponen los ojos en blanco.

Aquí se intenta avanzar por la fuerza, aun sabiendo que el poder de contención es débil. Pero, en esta circunstancia, el débil realmente posee el poder, por lo que el intento de dominar fracasará. Las circunstancias externas impiden el progreso, como un carro que no puede avanzar si se desprenden los radios. Este indicio del destino aún no se acepta, por lo que hay discusiones airadas, como entre cónyuges. No es una situación favorable, porque aunque la parte más débil logre resistir debido a la situación, hay demasiadas dificultades en juego para que tenga un efecto positivo. Como resultado, ni siquiera el hombre fuerte puede usar su fuerza para influir adecuadamente en su entorno, experimentando un rechazo donde esperaba una victoria fácil.

SEIS EN CUARTO LUGAR SIGNIFICA:

Si eres sincero, la sangre desaparece y el miedo cede.
Sin tacha.

En una posición difícil y de responsabilidad, es necesario domar a la persona poderosa para que ocurra lo correcto. Aquí reside un gran peligro, que puede hacer temer un derramamiento de sangre. Sin embargo, el poder de la verdad desinteresada es mayor que todos estos obstáculos. Causa una impresión tan fuerte que uno logra sus objetivos y todo el peligro de derramamiento de sangre y el miedo desaparecen.

NUEVE EN EL QUINTO LUGAR SIGNIFICA:

**Si estás verdadera y fielmente conectado,
eres rico en tu prójimo.**

La fidelidad conduce a un vínculo fuerte porque se basa en la complementariedad mutua. En la parte más débil, la fidelidad consiste en devoción; en la parte más fuerte, en fiabilidad. Esta complementariedad mutua conduce a la verdadera riqueza, que se hace más evidente cuando no se guarda para uno mismo, sino que se comparte con los demás. La alegría compartida es doble alegría.

UN NUEVE EN LA CIMA SIGNIFICA:

**Llega la lluvia, llega el descanso.
Esto se debe al efecto duradero del carácter.
La mujer llega al peligro gracias a la perseverancia.
La Luna está casi llena. Si el hombre superior continúa, llegará el desastre.**

El éxito ha llegado. El viento ha traído la lluvia. Se ha alcanzado una posición firme gracias a la acumulación gradual de pequeños efectos por la veneración de un carácter superior. Sin embargo, tal éxito, obtenido pieza a pieza, requiere gran cautela. Si uno se engañara pensando que puede insistir en él, sería peligroso. Lo femenino, lo débil, lo que ha obtenido la victoria, no debe insistir en ello, ya que eso traería peligro. El poder sombrío de la Luna es más fuerte cuando está casi llena. Si está directamente opuesta al Sol como Luna llena, su cuarto menguante es inevitable. En tales condiciones, es necesario contentarse con lo logrado. Avanzar más allá de este punto traería el desastre.

10. *Lü* / La Pisada

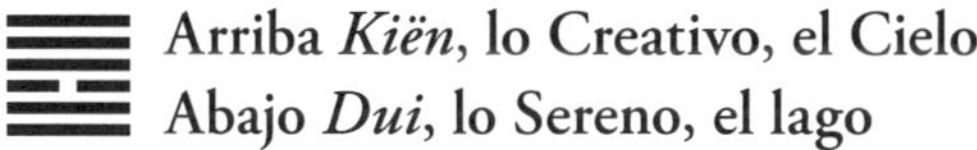

Arriba *Kiën*, lo Creativo, el Cielo
Abajo *Dui*, lo Sereno, el lago

La pisada, en este contexto, simboliza el comportamiento correcto. Arriba está el Cielo, que representa al padre, y abajo está el lago, que simboliza a la hija menor. Esto establece una jerarquía natural entre lo alto y lo bajo, lo cual es la base del comportamiento correcto y el silencio en la sociedad. «Pisada» significa literalmente «pisar algo». En este caso, el pequeño y alegre *Dui* pisa al grande y fuerte *Kiën*. Aunque el fuerte podría fácilmente someter al débil, este acto no resulta peligroso porque se realiza con alegría y sin presunción, lo que lleva al fuerte a aceptarlo de buen grado.

EL JUICIO

Pisar la cola del tigre.
No muerde al hombre.
Éxito.

La situación es delicada: el fuerte y el débil están juntos, con el débil persiguiendo al fuerte y provocándolo. Sin embargo, el fuerte lo tolera y no lo lastima, ya que el contacto es alegre y no hiriente. Esta es una lección sobre cómo tratar con personas difíciles y temperamentales. Si uno actúa con cortesía y buenas maneras, incluso en situaciones difíciles, puede tener éxito. Las formas agradables de comportamiento son efectivas incluso con aquellos que son irascibles.

LA IMAGEN

El Cielo arriba, el lago abajo: la imagen del comportamiento.
Así es como el hombre superior distingue entre lo alto
y lo bajo,
reforzando así el sentido del honor de la gente.

El Cielo y el lago presentan una diferencia de altura natural que no genera envidia. De la misma manera, en la humanidad, deben existir diferencias de rango. La igualdad total es irrealizable, pero es crucial que las diferencias de rango en la sociedad no sean arbitrarias ni injustas, pues eso sólo fomentaría la envidia y los conflictos. Si, por el contrario, las diferencias en el rango social se basan en el mérito y la valía interna, la gente se calma y la sociedad se ordena.

LAS LÍNEAS INDIVIDUALES

UN NUEVE AL PRINCIPIO SIGNIFICA:

Apariencia sencilla. Progreso sin tacha.

Te encuentras en una posición donde aún no estás atado por las obligaciones de una relación social. Si te conformas con la sencillez, sin exigir nada a los demás, puedes progresar tranquilamente. Pisar aquí significa avanzar, no quedarse quieto. Aunque estás en una posición inicial y baja, posees la fuerza interior necesaria para progresar sin mancha. Aquellos que no pueden aceptar circunstancias humildes, que buscan avanzar por vanidad, a menudo caen en la arrogancia y el exceso una vez que logran su objetivo. En cambio, una persona capaz se contenta con la sencillez y avanza con un propósito, logrando resultados duraderos.

NUEVE EN SEGUNDO LUGAR SIGNIFICA:

**Apariencia en un camino simple y llano.
La perseverancia de un hombre oscuro trae la salvación.**

Aquí se describe a un sabio solitario, alguien que se mantiene alejado del bullicio del mundo, sin buscar nada de los demás ni dejarse llevar por metas tentadoras. Al ser fiel a sí mismo, camina por la vida sin obstáculos. Su frugalidad y su falta de desafío al destino lo mantienen libre de complicaciones.

SEIS EN TERCER LUGAR SIGNIFICA:

**Un tuerto puede ver, un cojo puede pisar.
Pisa la cola del tigre. Muerde al hombre.
Desastre.**

Esta línea describe a alguien que actúa imprudentemente, sobreestimando sus capacidades. Un tuerto puede ver, pero no lo suficiente para ver con claridad; un cojo puede caminar, pero no lo suficiente para avanzar con seguridad. Si alguien con tales debilidades asume riesgos desmedidos, se enfrenta al desastre. Este comportamiento puede ser comprensible para un guerrero que actúa en nombre de su príncipe, pero en general, la temeridad y la falta de autoconocimiento conducen al fracaso.

NUEVE EN CUARTO LUGAR SIGNIFICA:

**Pisa la cola del tigre.
La precaución y la cautela conducen finalmente a la salvación.**

Aquí se enfrenta una situación peligrosa, pero la fuerza interior está presente para superarla. A diferencia de la línea anterior, que es débil en su interior pero presiona hacia adelante, esta línea combina la fuerza interior con la cautela exterior. Esta combinación asegura el éxito final, superando el peligro y logrando el propio objetivo.

NUEVE EN QUINTO LUGAR SIGNIFICA:

Comportamiento decidido.
Perseverancia con conciencia del peligro.

Esta línea representa al gobernante de todo el hexagrama. Aquí, uno se siente obligado a actuar con determinación, pero debe ser consciente del peligro que conlleva tal firmeza, especialmente si se persiste en ella. Sólo con una clara conciencia del riesgo es posible alcanzar el éxito.

UN NUEVE EN LA CIMA SIGNIFICA:

Observa tu aspecto y examina los signos favorables.
Si todo es perfecto, llegará la salvación sublime.

El trabajo está completo. Para determinar si el resultado será positivo, es necesario reflexionar sobre los eventos y las consecuencias que han tenido. Si los efectos son buenos, la salvación es segura. Nadie se conoce a sí mismo completamente; sólo a través de las consecuencias de sus actos puede uno juzgar qué esperar.

11. *Tai* / Paz

☷☰ Arriba *Kun*, lo Receptivo, la Tierra
Abajo *Kiën*, lo Creativo, el Cielo

Lo Receptivo, que desciende, está arriba; lo Creativo, que asciende, está abajo. Sus influencias se encuentran y armonizan, permitiendo que todos los seres florezcan y prosperen. Este hexagrama está asociado con el primer mes del año (febrero-marzo), cuando las fuerzas de la naturaleza se preparan para la nueva primavera.

EL JUICIO

La paz. Lo pequeño se va, lo grande viene.
Salvación. Éxito.

Este signo simboliza un momento en la naturaleza en que el Cielo está en la Tierra, en íntima armonía. Esto genera paz y bendición para todos los seres. En la sociedad, representa un tiempo de armonía social, donde los altos se inclinan hacia los bajos y los humildes se acercan amistosamente a los poderosos, terminando así con todas las rencillas. En el centro, la luz prevalece, mientras que la oscuridad queda afuera, lo que permite que la luz tenga un efecto poderoso, haciendo que la oscuridad retroceda. Cuando las personas buenas ocupan una posición central en la sociedad y tienen el control del gobierno, incluso los malos caen bajo su influencia y se mejoran. Las fuerzas menores, débiles y malas están en proceso de salir, mientras que las grandes, fuertes y buenas están en proceso de ascender, lo que trae salvación y éxito.

LA IMAGEN

El Cielo y la Tierra se unen: la imagen de la paz.
Así, el gobernante divide y completa el curso del Cielo y de la Tierra, promueve y organiza los dones del Cielo y de la Tierra y, de este modo, permanece al lado del pueblo.

El Cielo y la Tierra dialogan y unen sus efectos, resultando en una era de florecimiento y prosperidad. El gobernante debe regular este flujo de poder, dividiendo el tiempo y el espacio para domesticar la naturaleza. Al mismo tiempo, es necesario fomentar la producción natural, adaptando los productos al momento y lugar adecuados para aumentar el rendimiento natural. Esta domesticación y fomento de la naturaleza es el trabajo sobre ella que beneficia a la humanidad.[1]

LAS LÍNEAS INDIVIDUALES

UN NUEVE AL PRINCIPIO SIGNIFICA:

Si arrancas la hierba de la cinta, el césped se va con ella.
Cada uno según su especie. Los esfuerzos traen la salvación.

En tiempos de prosperidad, cualquier hombre capaz que sea nombrado para un puesto atrae a otras personas de ideas afines, del mismo modo que al arrancar una hierba, se arrastran varias raíces conectadas. En tales tiempos, es natural que las personas capaces busquen activamente salir al mundo y lograr algo.

---

1. El mismo pensamiento ha sido expresado por Goethe en los versos:
«Para encontrarte en lo infinito,
debes distinguir y luego unir».

NUEVE EN SEGUNDO LUGAR SIGNIFICA:

Llevar a los incultos con dulzura,
cruzar resueltamente el río,
no descuidar lo lejano,
no tener en cuenta a los compañeros:
así uno puede llegar a caminar por el centro.

En tiempos de prosperidad, es crucial tener la grandeza interior para soportar incluso a los imperfectos, ya que un gran maestro no considera nada como material inútil. Sin embargo, esta generosidad no debe confundirse con negligencia o debilidad. Es importante estar dispuesto a asumir riesgos y no descuidar lo lejano, evitando las facciones y camarillas. Al cumplir con su deber y evitar la relajación, uno puede mantener el equilibrio y encontrar el centro correcto de acción.

NUEVE EN TERCER LUGAR SIGNIFICA:

Ningún nivel que no vaya seguido de una pendiente,
ninguna pendiente que no vaya seguida de un retorno.
Quien persevera en el peligro no tiene mancha.
No te quejes de esta verdad,
disfruta de la felicidad que aún tienes.

Todo lo terrenal está sujeto a cambios; al florecimiento le sigue el declive. Esta es la ley eterna de la Tierra. Aunque lo malo pueda ser empujado hacia atrás, no puede ser eliminado permanentemente y eventualmente regresará. En lugar de caer en la melancolía, es importante no cegarse por la felicidad y ser consciente del peligro para evitar errores. Mientras nuestra fortaleza interior supere a la felicidad exterior, la felicidad permanecerá fiel a nosotros.

SEIS EN CUARTO LUGAR SIGNIFICA:

Aletea hacia abajo, sin insistir en la riqueza,
junto a su prójimo, cándido y veraz.

En tiempos de confianza mutua, los poderosos se acercan a los humildes sin insistir en sus riquezas. Este acercamiento es completamente libre y basado en una convicción interior, no forzado por las circunstancias.

SEIS EN QUINTO LUGAR SIGNIFICA:

El gobernante I da a su hija en matrimonio.
Esto trae bendiciones y salvación sublime.

El gobernante I, Tang el Perfeccionador, decretó que las princesas imperiales debían obedecer a sus maridos como cualquier otra esposa, a pesar de su rango superior. Esta unión verdaderamente modesta de lo alto y lo bajo trae felicidad y bendición.

UN SEIS EN LA CIMA SIGNIFICA:

La muralla cae de nuevo en la zanja.
Ya no hacen falta ejércitos.
Proclama tus órdenes en tu propia ciudad.
La perseverancia trae vergüenza.

El cambio ya indicado en el centro del hexagrama se ha producido. La muralla se hunde nuevamente en el foso de donde fue tomada, y la fatalidad se manifiesta. En esta situación, es crucial aceptar el destino y no resistir violentamente, ya que eso sólo empeoraría el colapso, trayendo vergüenza.

12. *Pi* / El Estancamiento

☰☷ Arriba *Kiën*, lo Creativo, el Cielo
Abajo *Kun*, lo Receptivo, la Tierra

Este hexagrama es el opuesto del anterior. El Cielo se aleja cada vez más arriba, mientras que la Tierra se hunde cada vez más abajo. Las fuerzas creativas no están en relación, lo que conduce a un tiempo de estancamiento y decadencia. El signo está asociado con el séptimo mes (agosto-septiembre), cuando el año ha pasado su apogeo y se prepara para el marchitamiento otoñal.

EL JUICIO

El estancamiento.
Los malvados no favorecen la perseverancia de los nobles.
Lo grande va, lo pequeño viene.

El Cielo y la Tierra están desconectados, y todo queda inmovilizado. Arriba y abajo no están en armonía, lo que resulta en confusión y desorden en la Tierra. La oscuridad prevalece en el interior mientras la luz se encuentra afuera; la debilidad domina por dentro y la dureza por fuera. Los bajos se encuentran en el interior, mientras que los nobles están fuera. Aunque los nobles no pueden influir en los principios que guían sus acciones, si no tienen la oportunidad de trabajar, se retiran, permaneciendo fieles a sus valores.

LA IMAGEN

El Cielo y la Tierra no se unen:
la imagen del estancamiento.
Así, el hombre superior se retira a su valor interior para evitar las dificultades.
No permite que le honren con ingresos.

Cuando la vida pública está dominada por la desconfianza y la influencia de los plebeyos, la actividad fructífera se vuelve imposible porque la base es inestable. En tales circunstancias, el hombre superior sabe qué hacer: no se deja tentar por la participación en la vida pública, que sólo sería peligrosa para él, y se retira a la reclusión para proteger su integridad.

LAS LÍNEAS INDIVIDUALES

UN SEIS AL INICIO SIGNIFICA:

Si arrancas la hierba de la cinta, el césped se va con ella.
Cada uno a su manera.
La perseverancia trae la salvación y el éxito.

El texto es similar al de la primera línea del hexagrama anterior, pero con un sentido opuesto. Aquí, las personas se arrastran unas a otras en su retirada de la vida pública. Sólo al comprender cuándo es el momento de retirarse, uno puede evitar la vergüenza y alcanzar un éxito superior, preservando el valor de su personalidad.

SEIS EN SEGUNDO LUGAR SIGNIFICA:

Soportas y toleras,
lo que significa la salvación para la gente común.
Para el gran hombre, el estancamiento sirve al éxito.

Los plebeyos están dispuestos a adular a sus superiores, y también tolerarían al hombre superior si éste les ayudara a resolver la confusión. Esto es beneficioso para ellos. Pero el gran hombre soporta con calma las consecuencias del estancamiento, sin mezclarse con la multitud. Al sufrir personalmente, alcanza su éxito fundamental.

SEIS EN TERCER LUGAR SIGNIFICA:

Ellos soportan la vergüenza.

Los plebeyos que han ascendido por medios ilícitos no se sienten a la altura de las responsabilidades que han asumido. Empiezan, al principio en silencio, a sentir vergüenza. Esto marca el inicio de un cambio hacia mejor.

NUEVE EN CUARTO LUGAR SIGNIFICA:

El que trabaja a las órdenes del Altísimo permanece sin mancha.
Los afines disfrutan de la bendición.

El tiempo de estancamiento está llegando a su fin. Aquellos que están destinados a restablecer el orden deben ser llamados y tener la reputación adecuada. Los que asumen el control sin ser llamados pueden provocar errores. Sin embargo, quien sea llamado por las circunstancias del momento gozará de bendición, y todos los que lo acompañen también.

NUEVE EN QUINTO LUGAR SIGNIFICA:

El estancamiento cede.
Salvación para el gran hombre. «¡Y si falla, y si falla!».
Así lo ata a un manojo de moreras.

El tiempo está cambiando. Ha llegado la persona adecuada para restablecer el orden, lo que trae salvación. Sin embargo, en estos momentos de transición, es esencial mantener el temor y la cautela para asegurar el éxito. Como cuando se corta una morera y los retoños brotan con fuerza, el éxito debe ser consolidado con atención constante. Confucio dice: «El peligro surge cuando uno se siente seguro. La caída amenaza donde se trata de conservar una posición. La confusión aparece cuando todo parece estar en orden».

UN NUEVE EN LA CIMA SIGNIFICA:

El estancamiento cesa.
Primero el estancamiento, luego la salvación.

El estancamiento no dura para siempre, pero no termina por sí solo; requiere que el hombre adecuado intervenga. Esta es la diferencia entre la paz y el estancamiento. La paz necesita un esfuerzo constante para mantenerse, mientras que el estancamiento requiere acción para ser superado. El orden en el mundo depende de la intervención humana.

13. *Tung Jen* / Comunidad con las personas

Arriba *Kiën*, lo Creativo, el Cielo
Abajo *Li*, lo Adherente, la llama

Este hexagrama se forma por la unión de *Kiën*, el Cielo, y *Li*, la llama. El fuego asciende hacia el Cielo, simbolizando la idea de comunidad. La segunda línea, la única suave, actúa como el vínculo central que une a las cinco líneas fuertes a su alrededor, lo que destaca la importancia de la cohesión en un entorno mayoritariamente fuerte. Este hexagrama contrasta con el número 7, el Ejército, donde el peligro interior y la obediencia exterior son esenciales para mantener la unidad en tiempos de conflicto. Aquí, en cambio, la claridad interior y la fuerza exterior forman la base de una unión pacífica entre las personas, donde una figura central suave es clave para mantener la cohesión.

EL JUICIO

Comunión con la gente al aire libre: éxito.
Es beneficioso cruzar las grandes aguas.
La perseverancia del hombre noble es favorable.

El verdadero compañerismo debe basarse en una simpatía cósmica, no en intereses egoístas. La comunión duradera entre las personas surge de objetivos compartidos y nobles. Cuando tal unidad prevalece, incluso las tareas difíciles y peligrosas, como cruzar grandes aguas, pueden lograrse con éxito. Para que esta comunión tenga éxito, es necesario un líder perseverante e iluminado, que tenga objetivos claros e inspiradores y que sepa cómo realizarlos con fuerza y claridad.

LA IMAGEN

El Cielo junto al fuego:
La imagen del compañerismo con las personas.
Así es como el hombre superior organiza las tribus y distingue las cosas.

El Cielo y el fuego se mueven en la misma dirección, pero son distintos. De la misma manera, en la sociedad, los elementos de una comunidad deben estar estructurados orgánicamente, no ser una mezcla caótica de individuos y cosas. La comunidad verdadera requiere diversidad estructurada para mantener el orden.

LAS LÍNEAS INDIVIDUALES

UN NUEVE AL PRINCIPIO SIGNIFICA:

Comunidad con personas en la puerta. Sin mancha.

El inicio de una comunidad debe ser inclusivo y accesible para todos. En esta etapa, no existen ambiciones especiales, y todos están igualmente cerca unos de otros, lo que asegura que no se cometen errores. Los fundamentos de cualquier unión deben ser transparentes y abiertos a todos los implicados, evitando los acuerdos secretos que sólo traen desastres.

SEIS EN SEGUNDO LUGAR SIGNIFICA:

Compañerismo con gente del clan: Vergüenza.

Aquí se advierte sobre el peligro de formar facciones basadas en intereses egoístas. Estas facciones excluyen a otros y generan divisiones, lo que inevitablemente conduce a la vergüenza a largo plazo. Las comunidades que se basan en intereses limitados y excluyentes están destinadas al fracaso.

NUEVE EN TERCER LUGAR SIGNIFICA:

Esconde las armas en la espesura, sube a la alta colina de enfrente.
No se levanta durante tres años.

En esta etapa, la comunidad ha sido reemplazada por la desconfianza. Las personas desconfían unas de otras, se esconden y espían, lo que crea un ambiente de hostilidad. Cuanto más se intenta uno proteger mediante el engaño, más se aleja del verdadero compañerismo, convirtiéndose en un extraño para los demás.

NUEVE EN CUARTO LUGAR SIGNIFICA:

Sube su muro, no puede atacar. Salvación.

Aquí se empieza a ver la reconciliación tras la división. Aún hay muros que separan a las personas, pero las dificultades son tan grandes que se aprende a ceder y a razonar. La incapacidad de atacar, debido a los obstáculos, lleva finalmente a la salvación, ya que obliga a las personas a buscar otras formas de resolver sus diferencias.

NUEVE EN QUINTO LUGAR SIGNIFICA:

La gente común primero llora y se lamenta, pero después ríen. Después de grandes luchas, logran reunirse.

Dos personas están separadas por las circunstancias, pero unidas en el corazón. Aunque enfrentan muchos obstáculos, su fidelidad mutua les permite superar las dificultades. Tras una ardua lucha, su tristeza se convierte en alegría al reunirse finalmente. Como dice Confucio: «Cuando dos personas están unidas en su corazón, ninguna fuerza puede separarlas, y sus palabras son tan dulces y fuertes como el aroma de las orquídeas».

UN NUEVE EN LA CIMA SIGNIFICA:

Compañerismo con la gente en la pradera: sin remordimientos.

En esta etapa, falta la conexión profunda del corazón. Aunque uno se une a la comunidad, lo hace de manera superficial, sin un verdadero propósito interior. La comunidad no incluye a todos, sino sólo a los que están en la periferia. Aunque no se ha alcanzado la verdadera unidad, no hay reproches, ya que uno se une a la sociedad sin malas intenciones.

大有

14. *Da Yu* / La Posesión de la grandeza

Arriba *Li*, lo Adherente, la llama
Abajo *Kiën*, lo Creador, el Cielo

El fuego en el Cielo irradia ampliamente, iluminando todas las cosas y otorgándoles forma y apariencia. En este hexagrama, la quinta línea, que es débil, ocupa un lugar de honor y está rodeada por líneas fuertes que le brindan apoyo. Esto simboliza la idea de que quien es modesto y suave en una posición elevada logra atraer todas las cosas hacia sí.

EL JUICIO

La posesión de la grandeza: el éxito sublime.

La unión de los dos signos primordiales, fuerza y claridad, define la posesión de la grandeza. Esta grandeza está determinada por el destino y corresponde al tiempo. ¿Cómo puede una línea débil sostener y poseer las fuertes? A través de su modestia desinteresada. Éste es un momento favorable, donde la fuerza interior se combina con la claridad y la educación exterior. La fuerza se manifiesta con finura y control, lo que lleva al éxito y a una riqueza sublimes.

LA IMAGEN

El fuego en el Cielo:
la imagen de la posesión de la grandeza.
Así, el hombre superior refrena el mal y promueve el bien,
obedeciendo así a la buena voluntad del Cielo.

El Sol, en lo alto del Cielo, ilumina todas las cosas en la Tierra. Éste es un símbolo de la posesión de grandes cosas. Sin embargo, tal posesión debe ser administrada adecuadamente. El Sol revela tanto el bien como el mal, y es responsabilidad del hombre superior combatir el mal y promover el bien, cumpliendo así con la buena voluntad del Cielo, que desea el bien sobre el mal.

LAS LÍNEAS INDIVIDUALES

UN NUEVE AL PRINCIPIO SIGNIFICA:

Ninguna relación con las cosas dañinas, esto no es un defecto.
Si uno permanece consciente de la dificultad, permanece sin defecto.

Las grandes posesiones, en sus primeras etapas, aún no han sido desafiadas y están libres de defecto. Todavía hay muchas dificultades por superar. Sólo permaneciendo consciente de estas dificultades se puede evitar la arrogancia y el despilfarro, asegurando así que se mantenga sin defecto.

NUEVE EN SEGUNDO LUGAR SIGNIFICA:

Un gran carro que cargar.
Puede hacer algo. Ninguna mancha.

La verdadera grandeza no se mide sólo por la cantidad de bienes, sino por su utilidad y movilidad. Un gran carro simboliza la capacidad de llevar muchas responsabilidades y avanzar lejos. Tener personas capaces y de confianza a cargo de estas posesiones asegura que se usen adecuadamente y sin errores.

NUEVE EN TERCER LUGAR SIGNIFICA:

Un príncipe se lo ofrece al Hijo del Cielo.
Una persona pequeña no puede hacer esto.

Una persona generosa y de mente abierta no ve sus posesiones como propiedad exclusiva, sino que las pone al servicio del gobernante o del bien común. Esta disposición correcta hacia la propiedad muestra una comprensión de que la riqueza no es un fin en sí mismo. Las personas de mentalidad estrecha, en cambio, ven las grandes posesiones como perjudiciales porque tienden a aferrarse a ellas en lugar de compartirlas.

NUEVE EN CUARTO LUGAR SIGNIFICA:

Hace una distinción entre sí mismo y su prójimo.
Sin tacha.

Estar rodeado de vecinos ricos y poderosos puede ser peligroso. Es crucial no dejarse llevar por la envidia ni intentar imitar a los demás. Mantenerse independiente y libre de comparaciones asegura que uno permanezca sin errores.

SEIS EN QUINTO LUGAR SIGNIFICA:

Aquel cuya verdad es afable y a la vez digna,
tiene la salvación.

La situación es muy favorable. Sin necesidad de coerción externa, la sinceridad y la verdad ganan el respeto y la devoción de los demás. Sin embargo, en tiempos de gran posesión, la gentileza sola no es suficiente; debe estar acompañada de dignidad para evitar que la insolencia se arraigue. Con esta combinación, la salvación está asegurada.

UN NUEVE EN LA CIMA SIGNIFICA:

Desde el Cielo es bendecido, la salvación.
Nada que no sea favorable.

En medio de la abundancia de posesiones y poder, aquel que permanece humilde y honra al sabio que se mantiene al margen del ajetreo del mundo se coloca bajo la influencia benéfica del Cielo, lo que garantiza que todo salga bien. Confucio dice a propósito de esta línea: «Bendecir significa ayudar. El Cielo ayuda a los devotos, la gente ayuda a los veraces. El que camina en la veracidad y es devoto en su pensamiento será bendecido por el Cielo, encontrará la salvación, y todo le será favorable».

15. *Kiën* / Modestia

☷☶ Arriba *Kun*, la Recepción, la Tierra
Abajo *Ken*, la Quietud, la montaña

El símbolo está compuesto por *Ken*, la montaña, y *Kun*, la Tierra. La montaña, como el hijo menor del creador, representa al Cielo en la Tierra. Ella dispensa las bendiciones del Cielo, las nubes y la lluvia que se acumulan en torno a su cima, descendiendo luego y brillando transfiguradas en luz celestial. Esto refleja la modestia y su influencia sobre las personas elevadas y fuertes. Por encima se alza *Kun*, la Tierra, cuya característica es la humildad. Sin embargo, en este signo, la Tierra se eleva al estar por encima de la montaña, mostrando cómo la modestia exalta a las personas humildes y sencillas.

EL JUICIO

La modestia conduce al éxito.
El hombre superior culmina las cosas.

La ley del Cielo vacía a los llenos y llena a los humildes: cuando el Sol está en su punto más alto, debe descender; y cuando está en lo más bajo, bajo la Tierra, comienza un nuevo ascenso. De igual manera, cuando la Luna está llena, disminuye, y cuando está vacía, vuelve a crecer. Esta ley celestial también afecta el destino de las personas. La ley de la Tierra transforma lo lleno y fluye hacia lo humilde: las altas montañas son erosionadas por las aguas, mientras que los valles se llenan. La ley del destino perjudica a los soberbios y otorga felicidad a los humildes. La gente también desprecia a los soberbios y ama a los modestos. Los destinos siguen leyes fijas que tienen un efecto necesario, pero el hombre puede forjar su propio destino dependiendo de si su comportamiento lo expone a fuerzas benéficas o destructivas. Si un hombre elevado es humilde, brilla con la luz de la sabiduría. Si es modesto, no puede ser ignorado. Así, el hombre superior culmina su trabajo sin jactarse de sus logros.

LA IMAGEN

En el centro de la Tierra hay una montaña:
la imagen de la modestia.
Así, el hombre superior reduce lo que es excesivo
y aumenta lo que es insuficiente.
Pesa las cosas y las equilibra.

La Tierra, que oculta una montaña en su interior, no muestra su riqueza, ya que la altura de la montaña sirve para igualar los valles. Así, lo alto y lo bajo se complementan, resultando en la llanura. Ésta es la imagen de la modestia, donde lo que requería un largo trabajo parece natural y fácil. Esto es lo que hace el hombre superior cuando establece el orden en la Tierra. Iguala los contrastes sociales que son fuente de discordia y crea así condiciones justas y uniformes.

LAS LÍNEAS INDIVIDUALES

UN SEIS AL PRINCIPIO SIGNIFICA:

Un hombre superior, modesto y humilde,
puede cruzar las grandes aguas. La salvación.

Una empresa peligrosa, como cruzar una gran masa de agua, es muy difícil si hay muchas exigencias y consideraciones de por medio. Sin embargo, es fácil si se aborda con rapidez y sencillez. Por eso, el estado de ánimo de la modestia, que no es exigente, es adecuado para llevar a cabo empresas difíciles, pues no impone condiciones previas, sino que realiza el trabajo con ligereza y facilidad; donde no hay exigencias, no hay resistencia.

SEIS EN SEGUNDO LUGAR SIGNIFICA:

Expresa modestia. La perseverancia trae la salvación.

Cuando el corazón está lleno, la boca rebosa. Si alguien es tan humilde internamente que esta actitud se manifiesta en su comportamiento exterior, ello le trae la salvación, ya que así tiene la posibilidad de perseverar por sí mismo, sin ser reprimido por nadie.

NUEVE EN TERCER LUGAR SIGNIFICA:

Un noble humilde y meritorio llega a su fin. La salvación.

Aquí está el centro del signo, donde se revela su secreto. Los grandes logros pronto te hacen ganar un nombre importante. Si te dejas cegar por la fama, pronto surgirán críticas y dificultades. Pero si, a pesar de tus méritos, sigues siendo modesto, te ganarás la popularidad y el apoyo necesarios para completar el trabajo que has emprendido.

SEIS EN CUARTO LUGAR SIGNIFICA:

Nada que no promueva la modestia en la acción.

Todo tiene su medida. La modestia en el comportamiento también puede ser exagerada. Aquí, la modestia es apropiada, ya que la posición entre un ayudante meritorio abajo y un gobernante benévolo arriba conlleva gran responsabilidad. No se debe abusar de la confianza del superior ni ocultar los méritos del inferior. Hay funcionarios que no se distinguen; se escudan en la letra del reglamento, se niegan a aceptar responsabilidades, aceptan pagos sin dar nada a cambio, y ostentan títulos sin significado real. La modestia aquí mencionada es todo lo contrario: se demuestra al interesarse activamente por el trabajo.

SEIS EN QUINTO LUGAR SIGNIFICA:

No insistir en la riqueza hacia el prójimo.
Es propicio actuar con firmeza.
Nada que no sea beneficioso.

La modestia no debe confundirse con un buenismo débil que lo deja pasar todo. Si estás en un puesto de responsabilidad, puede que necesites actuar con firmeza. Sin embargo, es crucial no imponer tu superioridad de manera personal, sino estar seguro de lo que te rodea. La intervención debe ser puramente objetiva y no personal, demostrando así modestia incluso en la severidad.

UN SEIS EN LA CIMA SIGNIFICA:

Expresa modestia.
Es beneficioso movilizar ejércitos
para corregir a tu propia ciudad y país.

Quien realmente toma en serio la modestia debe asegurarse de que se manifieste en la realidad. Debe proceder con gran energía. Cuando surge la hostilidad, es fácil culpar a otros. Una persona débil puede ofenderse y replegarse en sí misma, creyendo que es modestia no defenderse. La verdadera modestia se muestra en la firmeza para crear orden, comenzando por uno mismo y su entorno, incluso cuando implica castigos. Teniendo el valor de marchar contra uno mismo se logra algo poderoso.[1]

---

1. Hay pocos signos en el *Libro de los Cambios* en los que todas las líneas sean sólo favorables, como ocurre con el signo de la modestia. Esto demuestra hasta qué punto la sabiduría china valora esta virtud.

16. *Yü* / La Excitación

☳☷ **Arriba *Dschen*, lo Excitante, el trueno**
Abajo *Kun*, el Recibir, la Tierra

La línea fuerte en cuarto lugar, el lugar del funcionario dirigente, encuentra favor y obediencia en todas las demás líneas débiles. El signo primario superior, *Dschen*, tiene como característica el movimiento, el inferior, *Kun*, la obediencia, la devoción. De este modo, se inicia un movimiento que se encuentra con la devoción y, por lo tanto, tiene un efecto inspirador. También es de gran importancia la ley del movimiento a lo largo de la línea de menor resistencia, que se expresa en este signo como una ley para los acontecimientos naturales y la vida humana.

EL JUICIO

Entusiasmo.
Es favorable para desplegar ayudantes y hacer marchar ejércitos.

El tiempo del entusiasmo se basa en la presencia de un hombre importante que está en contacto con el alma del pueblo y actúa de acuerdo con ella. Por eso encuentra obediencia general y voluntaria. Para suscitar el entusiasmo es necesario, por tanto, orientar las propias instrucciones a la naturaleza de los dirigidos. La inquebrantabilidad de las leyes de la naturaleza se basa en esta regla del movimiento a lo largo de la línea de menor resistencia. No son algo exterior a las cosas, sino la armonía del movimiento inmanente a las cosas. Por eso los cuerpos celestes no se desvían de sus órbitas y todos los acontecimientos naturales se desarrollan con una regularidad fija. En la sociedad humana ocurre algo parecido. También aquí sólo será posible aplicar leyes que estén arraigadas en el sentimiento popular, mientras que las leyes que contradigan este sentimiento sólo despertarán resentimiento. El entusiasmo también permitirá entonces emplear ayudantes para llevar a cabo el trabajo sin tener que temer contraefectos secretos. Es también el entusiasmo el que es capaz de unificar los movimientos de masas, como en la guerra, de tal manera que alcancen la victoria.

LA IMAGEN

El trueno resuena en la Tierra: la imagen del entusiasmo.
Así, los antiguos reyes hacían música en honor al mérito
y la ofrecían gloriosamente al Dios supremo,
invitando a sus antepasados a unirse a ellos.

Cuando el trueno, la energía eléctrica, vuelve a rugir de la Tierra al comienzo del verano y la primera tormenta refresca la naturaleza, se libera una larga tensión. El alivio y la alegría se apoderan de nosotros. Del mismo modo, la música tiene el poder de liberar la tensión del corazón, la violencia de los sentimientos oscuros. El entusiasmo del corazón se expresa involuntariamente en el sonido de la canción, en la danza y el movimiento rítmico del cuerpo. Desde tiempos inmemoriales, se ha percibido como un misterio el efecto inspirador del sonido invisible que mueve y une los corazones de las personas. Los gobernantes aprovecharon esta inclinación natural hacia la música. La elevaron y organizaron. La música se consideraba algo serio y sagrado, debía purificar los sentimientos de la gente. Debía alabar las virtudes de los héroes y tender así un puente hacia el mundo invisible. En el templo, se acudía a Dios con música y pantomimas (que más tarde se convirtieron en teatro). Los sentimientos religiosos hacia el creador del mundo se unían a los sentimientos humanos más sagrados, los sentimientos de reverencia hacia los antepasados. Se les invitaba a estos servicios como huéspedes del Señor de los Cielos y representantes de la humanidad en aquellas regiones superiores. Al unir así su propio pasado con la deidad en momentos solemnes de fervor religioso, se sellaba el vínculo entre la deidad y la humanidad. El gobernante que adoraba a la deidad en sus antepasados era así el Hijo del Cielo, en quien los mundos celestial y terrenal se tocaban místicamente. Estos pensamientos son el último y más elevado resumen de la cultura china. El propio maestro Kung dijo del gran sacrificio en el que se realizaban estos ritos: «Quien comprendiera plenamente este sacrificio podría gobernar el mundo como si éste girara sobre su propia mano».

LAS LÍNEAS INDIVIDUALES

SEIS AL PRINCIPIO:

El entusiasmo que se expresa trae el desastre.

Alguien en una posición subordinada tiene relaciones distinguidas de las que alardea con entusiasmo. Esta arrogancia atrae necesariamente el desastre. El entusiasmo nunca debe ser un sentimiento egoísta, sino que sólo se justifica como un estado de ánimo general que conecta con los demás.

SEIS EN SEGUNDO LUGAR SIGNIFICA:

Sólido como una roca. Ni un día entero.
La perseverancia trae la salvación.

Aquí se retrata a alguien que no se deja engatusar por las ilusiones. Mientras otros se dejan cegar por el entusiasmo, él reconoce claramente los primeros signos de los tiempos. No es adulador por arriba ni descuidado por abajo. Es firme como una roca. En cuanto aparece el primer signo de discordia, sabe retirarse a tiempo sin perder un solo día. La perseverancia en tales acciones trae la salvación. Confucio dice:

«Conocer los gérmenes es divino». El hombre superior no es adulador en su trato hacia arriba, ni arrogante en su trato hacia abajo. Conoce los gérmenes. Los gérmenes son el primer comienzo imperceptible del movimiento, la primera manifestación del bien (y del mal). El hombre superior ve los gérmenes y actúa inmediatamente. No espera todo el día. En el *Libro de los Cambios* dice:

> «Sólido como una roca. Ni un día entero. La perseverancia trae la salvación.
> Firme como una piedra, ¿para qué un día entero?
> El juicio puede conocerse.
> El hombre superior conoce lo secreto y lo revelado.
> Conoce al débil, conoce también al fuerte: por eso las miríadas le admiran».

SEIS EN TERCER LUGAR SIGNIFICA:

El entusiasmo que mira hacia arriba crea remordimiento.
La vacilación trae remordimientos.

Aquí es lo contrario de la línea anterior; allí la independencia, aquí la mirada entusiasta hacia arriba. Si vacilas demasiado, esto también crea remordimientos. Es importante aprovechar el momento adecuado en la aproximación; sólo entonces darás en el blanco correcto.

NUEVE EN CUARTO LUGAR SIGNIFICA:

La fuente del entusiasmo. Logra grandes cosas.
No dudes.
Los amigos se reúnen a tu alrededor como una pinza para el pelo.

Alguien que es capaz de despertar entusiasmo a través de su propia certeza y libertad de dudas: al no dudar y ser completamente veraz, atrae a la gente. Al darles confianza, se gana su cooperación entusiasta y tiene éxito. Al igual que un pasador sujeta el pelo y lo une, él une a las personas mediante el apoyo que les presta.

SEIS EN QUINTO LUGAR SIGNIFICA:

Persistentemente enfermo y sin embargo nunca muere.

Aquí se impide el entusiasmo. Está sometido a una presión constante que le impide respirar libremente. Pero bajo ciertas circunstancias esta presión tiene su lado bueno. Uno se conserva gastando sus fuerzas en un entusiasmo vacío. Así que la presión constante puede servir precisamente para mantenerte vivo.

UN SEIS EN LA CIMA SIGNIFICA:

Entusiasmo ilusorio.
Pero si uno llega a cambiar después de terminar, esto no es un defecto.

Si uno se deja cegar por el entusiasmo, eso es malo. Pero si este engaño ya es un hecho consumado y aún puedes cambiar, entonces estás libre de mancha. Desengañarse del falso entusiasmo es muy posible y es muy favorablc.

17. *Sui* / La Sucesión

Arriba *Dui*, lo Sereno, el lago
Abajo *Dschen*, lo Excitante, el trueno

Arriba está lo Sereno, cuyo carácter es la alegría, y abajo está lo Excitante, cuyo carácter es el movimiento. La alegría en movimiento conduce a la sucesión. Lo Sereno es la hija menor, y lo Excitante es el hijo mayor. Un hombre mayor se coloca debajo de una joven y muestra consideración por ella, lo que la impulsa a seguirle.

EL JUICIO

**La sucesión tiene un éxito sublime.
La perseverancia es favorable. No tiene tacha.**

Para lograr la sucesión, primero hay que saber adaptarse. Sólo sirviendo se llega a gobernar, pues sólo así se obtiene el consentimiento gozoso de los de abajo, necesario para la sucesión. Cuando la sucesión debe imponerse por la astucia o la fuerza, la conspiración o la facción, siempre surgen resistencias que impiden una sucesión voluntaria. Sin embargo, el movimiento alegre también puede conducir al mal. Por eso se añade la condición: «favorece la perseverancia», es decir, la constancia en lo justo y «sin tacha». Al igual que sólo se debe exigir la sucesión bajo esta condición, sólo se puede seguir a los demás bajo esta condición sin sufrir perjuicios. La idea de seguir de acuerdo con lo que exigen los tiempos es grande e importante, por eso el juicio que la acompaña es tan favorable.

LA IMAGEN

En el centro del lago está el trueno: la imagen de la sucesión. Así, el hombre superior vuelve al descanso y a la tranquilidad al anochecer.

En otoño, la electricidad se retira a la Tierra y descansa. El trueno en medio del lago se toma como imagen, no del trueno en movimiento, sino del trueno del reposo invernal. La sucesión surge de esta imagen en el sentido de adaptación a las exigencias del tiempo. El trueno en medio del lago apunta a tiempos de oscuridad y descanso. Después de trabajar incansablemente durante todo el día, el hombre superior se permite descansar y recuperarse por la noche. Toda situación sólo se vuelve buena si uno es capaz de adaptarse a ella y no se desgasta por una falsa resistencia.[1]

LAS LÍNEAS INDIVIDUALES

AL PRINCIPIO UN NUEVE SIGNIFICA:

El factor decisivo cambia.
La perseverancia trae la salvación.
Salir por la puerta en medio del tráfico crea obras.

Hay circunstancias excepcionales en las que cambia la relación entre el líder y el liderado. La idea de adaptación y discipulado consiste en que, si quieres dirigir a otros, debes permanecer accesible y dejarte guiar por las opiniones de tus subordinados. Pero es necesario tener principios firmes para no vacilar cuando sólo se trata de las opiniones del momento. Una vez que uno está dispuesto a escuchar las opiniones de los demás, no debe quedarse siempre junto a personas afines y camaradas,

1. Comparar con las palabras de Goethe:
«Aún es de día, que el hombre se mueva,
La noche llegará, cuando nadie podrá actuar».

debe salir al mundo y relacionarse con personas de todo tipo, sean amigos o enemigos, sin prejuicios. Sólo así se logran las cosas.

SEIS EN SEGUNDO LUGAR SIGNIFICA:

Si te aferras al niño pequeño,
pierdes al hombre fuerte.

En cuestiones de amistad y relaciones estrechas, es necesario ser cuidadoso en la elección de compañía. Debes elegir entre buena o mala compañía; no puedes tener ambas al mismo tiempo. Si te asocias con personas indignas, perderás el contacto con personas espiritualmente importantes que pueden apoyarte en cosas buenas.

SEIS EN TERCER LUGAR SIGNIFICA:

Si sigues al hombre fuerte,
pierdes al niño pequeño.
Siguiendo, encontrarás lo que buscas.
Es beneficioso permanecer persistente.

Si has encontrado la conexión adecuada con personas importantes, esto conlleva naturalmente una cierta pérdida. Debes separarte de lo bajo y superficial. Sin embargo, te sentirás satisfecho en lo más profundo de tu ser cuando encuentres lo que buscas y necesitas para desarrollar tu personalidad. Lo único necesario es mantenerse firme en tus convicciones, sabiendo lo que quieres y no dejándote engañar por inclinaciones momentáneas.

NUEVE EN CUARTO LUGAR SIGNIFICA:

La sucesión crea el éxito.
La persistencia trae el desastre.

Recorrer el camino con veracidad trae claridad.
¿Cómo puede ser eso un defecto?

Si tienes cierta influencia, a menudo logras encontrar seguidores siendo humilde hacia abajo. Pero las personas que se unen a ti pueden no hacerlo con sinceridad, buscando sólo su propio beneficio personal e intentando hacerse indispensables mediante la adulación. Si te acostumbras tanto a tales partidarios que ya no puedes prescindir de ellos, te traerá el desastre. Sólo cuando uno se libera completamente de su propio ego y se preocupa únicamente por lo que es correcto, adquiere la claridad necesaria para ver a través de tales personas y liberarse de la mancha.

NUEVE EN QUINTO LUGAR SIGNIFICA

Verdad en el bien. Salvación.

Toda persona debe tener algo que seguir, algo que le sirva de estrella guía. Aquellos que siguen lo bello y lo bueno con convicción pueden fortalecerse con esta palabra.

UN SEIS EN LA CIMA:

Se encuentra firmemente adherido y está ligado a la bota.
El rey lo presenta a la Montaña Occidental.

Éste es un hombre que ya ha dejado atrás el ajetreo del mundo, un sabio exaltado. Sin embargo, un sucesor que lo comprende no lo deja partir, por lo que vuelve al mundo una vez más y contribuye con su trabajo. Así se crea un vínculo eterno. La parábola proviene de la dinastía Chou, que honraba a los asistentes meritorios dándoles un lugar en el templo ancestral de la familia gobernante en la Montaña Occidental. Esto significaba que ese hombre estaba incluido en la esfera del destino de la casa reinante.

18. *Gu* / Trabajando en lo corrupto

Arriba *Ken*, la Quietud, la montaña
Abajo *Sun*, la Suavidad, el viento

El carácter chino *Gu* representa un cuenco con gusanos creciendo en su contenido, simbolizando lo corrupto. Esto se ha producido debido a la suave indiferencia del signo inferior que se ha combinado con la rígida inercia del signo superior, provocando un estancamiento en las condiciones. Como existe una deuda, estas condiciones contienen una llamada a su eliminación. Por lo tanto, el significado del signo no es simplemente «lo corrupto», sino «lo corrupto como tarea», es decir, el «trabajo sobre lo corrupto».

EL JUICIO

El trabajo sobre los corruptos tiene un éxito sublime.
Es beneficioso cruzar las grandes aguas.
Tres días antes del punto de partida,
tres días después del punto de partida.

Lo que se estropea por culpa de los hombres puede ser reparado por el trabajo de los hombres. No es un destino inalterable, como en la época del estancamiento, sino una consecuencia del mal uso de la libertad humana lo que ha provocado el estado de ruina. Por ello, la obra de perfeccionamiento es prometedora, ya que está en armonía con las posibilidades de la época. Sin embargo, no hay que rehuir el trabajo y el peligro, simbolizado por la travesía de las grandes aguas, sino que hay que afrontarlo con energía. El éxito, no obstante, requiere la consideración adecuada. Esto se expresa en el añadido: «Tres días antes del punto de partida, tres días después del punto de partida». Primero, hay que entender las razones que llevaron a la ruina antes de poder ponerles fin; por eso, es crucial prestar atención durante el tiempo que precede al punto de partida. Luego, hay que asegurarse de que la nueva dirección se establece con seguridad para evitar una recaída, de ahí la atención al tiempo posterior al punto de partida. La indiferencia y la inercia que llevaron a la ruina deben ser sustituidas por determinación y energía, para que, al final, siga un nuevo comienzo.

LA IMAGEN

Abajo, en la montaña, sopla el viento: la imagen de la destrucción.
Así es como el hombre superior sacude a la gente y fortalece su espíritu.

Cuando el viento sopla montaña abajo, es arrojado hacia atrás y daña las plantas. Esto sugiere la necesidad de mejorar. Lo mismo ocurre con los bajos humores y las modas: traen la ruina a la sociedad humana. Para eliminarlos, el hombre superior debe renovar la sociedad. Los métodos para hacerlo también están tomados de los dos signos primigenios, pero sus efectos se despliegan en sucesión ordenada. Debe eliminar el estancamiento agitando a la opinión pública (como el viento tiene un efecto agitador) y luego fortalecer y calmar el carácter de la gente (como la montaña da descanso y alimento a todo lo que crece en su cercanía).

LAS LÍNEAS INDIVIDUALES

UN SEIS AL PRINCIPIO SIGNIFICA:

Rectificar lo que ha sido corrompido por el padre.
Cuando hay un hijo, no queda ninguna mancha en el padre que se ha ido a casa.
Peligro. Al final hay salvación.

Aferrarse obstinadamente a lo tradicional ha dado lugar a la corrupción. Sin embargo, la corrupción aún no está profundamente arraigada, por lo que puede corregirse fácilmente. Es como cuando un hijo compensa la corrupción que se ha infiltrado durante la vida de su padre. No queda ninguna mancha en el padre. Sin embargo, no se debe ignorar el peligro ni tomar las cosas a la ligera. Sólo siendo consciente del peligro asociado a cada reforma, al final todo saldrá bien.

NUEVE EN SEGUNDO LUGAR SIGNIFICA:

Arreglar lo estropeado por la madre. No debes ser demasiado persistente.

Se trata de errores que han causado corrupción por debilidad, representados aquí como la corrupción de la madre. Es necesario abordar la corrección con delicadeza. No hay que ser demasiado severo para no herir.

NUEVE EN TERCER LUGAR SIGNIFICA:

Arreglar lo que ha sido estropeado por el padre.
Habrá un poco de remordimiento. Ningún gran estigma.

Aquí se representa a alguien que, al corregir los errores del pasado, es demasiado enérgico. Sin duda, esto causará pequeños inconvenientes y disgustos ocasionales. Sin embargo, es mejor tener demasiada energía que muy poca. Por eso, aunque a veces se arrepienta de algunas cosas, permanece libre de toda mancha grave.

SEIS EN CUARTO LUGAR SIGNIFICA:

Tolerar lo que ha sido estropeado por el padre.
Cuando se continúa, se ve la vergüenza.

Aquí se describe la situación de alguien que, por debilidad, no enfrenta la corrupción heredada del pasado y que ahora empieza a mostrarse, sino que la deja seguir su curso. Si esto continúa, la vergüenza será el resultado.

SEIS EN QUINTO LUGAR SIGNIFICA:

Arreglar lo que ha sido estropeado por el padre.
Uno cosecha elogios.

Aquí te enfrentas a una corrupción causada por la negligencia de épocas anteriores. No tienes la fuerza para controlarla solo, pero encuentras ayudantes capaces. Con su apoyo, aunque no logres un nuevo comienzo creativo, al menos llevarás a cabo una reforma a fondo, lo cual también es digno de elogio.

UN NUEVE EN LA CIMA SIGNIFICA:

No sirvas a reyes y príncipes.
Fíjate metas más elevadas.

No todo el mundo está obligado a involucrarse en los asuntos mundanos. También hay quienes ya han alcanzado un alto nivel de desarrollo interior y están autorizados a dejar que el mundo siga su curso sin intervenir en la vida política de manera reformadora. Sin embargo, esto no significa que puedan permanecer inactivos o meramente críticos. Sólo el trabajo hacia los objetivos más elevados de la humanidad en su propia persona justifica tal reclusión. Aunque el sabio se mantenga al margen del ajetreo cotidiano, sigue creando valores humanos incomparables para el futuro.[1]

1. La posición de Goethe después de las guerras napoleónicas en Europa nos brinda un ejemplo de esta actitud.

19. *Lin* / El Acercamiento

Arriba *Kun*, lo Receptivo, la Tierra
Abajo *Dui*, lo Sereno, el lago

La palabra china *Lin* tiene varios significados que no pueden resumirse en una sola palabra occidental. Las antiguas explicaciones del *Libro de los Cambios* dan como primer significado «hacerse grande». Lo que se hace grande son las dos líneas fuertes que crecen en el signo desde abajo. La fuerza de la luz se expande con ellas. De ahí, el pensamiento continúa con el concepto de convergencia, es decir, la unión de lo fuerte y lo superior con lo inferior. Finalmente, también significa la condescendencia de una persona superior hacia el pueblo y la asunción de responsabilidades. Este signo se asigna al duodécimo mes (enero-febrero), ya que tras el solsticio la fuerza de la luz vuelve a crecer.

EL JUICIO

El acercamiento tiene un éxito sublime.
La perseverancia es favorable.
Cuando llega el octavo mes, se produce un desastre.

El signo en su conjunto apunta a una época de progreso esperanzador. Se acerca la primavera. La alegría y el cumplimiento acercan lo alto y lo bajo, y el éxito es seguro. Sin embargo, se requiere un trabajo decidido y persistente para aprovechar plenamente el favor de la época. Es importante recordar que la primavera no dura para siempre. En el octavo mes, los aspectos se invierten: las dos líneas fuertes y luminosas ya no avanzan, sino que retroceden (como se verá en el siguiente signo). Esta inversión debe considerarse a su debido tiempo. Si te preparas para enfrentar el mal antes de que siquiera aparezca, lograrás dominarlo.

LA IMAGEN

Por encima del lago está la tierra: la imagen del acercamiento. Así, el hombre superior es inagotable en su intención de enseñar, y en soportar y proteger al pueblo sin límites.

La tierra bordea el lago por arriba, representando el acercamiento y la condescendencia del superior hacia el inferior. El comportamiento del sabio hacia el pueblo se refleja en las dos partes de la imagen. Así como el lago muestra una profundidad inagotable, el sabio es inagotable en su voluntad de enseñar a la gente; y así como la tierra es ilimitadamente vasta y sustenta a todas las criaturas, el sabio protege y nutre a toda la humanidad, sin exclusión alguna.

LAS LÍNEAS INDIVIDUALES

UN NUEVE AL INICIO:

Acercamiento común. La perseverancia trae la salvación.

El bien comienza a afirmarse y encuentra favor en un lugar influyente, incentivando a la persona capaz a acercarse. Uno puede unirse a esta tendencia ascendente, pero debe tener cuidado de no perderse en la corriente de los tiempos. Permanecer persistentemente en lo correcto es lo que trae la salvación.

NUEVE EN SEGUNDO LUGAR SIGNIFICA:

Un acercamiento común. Salvación. Todo es favorable.

Estás en una posición para recibir inspiración desde arriba y tienes la fuerza y consistencia necesarias para acercarte. Gracias a esto, tienes la salvación. No es necesario preocuparse por el futuro; aunque todo ascenso es seguido por un declive, no te dejarás engañar por este destino general. Todo es favorable, lo que te permite recorrer la vida con rapidez, valentía y audacia.

SEIS EN TERCER LUGAR SIGNIFICA:

**Un acercamiento acogedor. Nada que sea favorable.
Si alcanzas la tristeza, te vuelves sin mancha.**

Progresas felizmente, ganando poder e influencia, pero esto encierra el peligro de que, confiando en tu posición, te sientas cómodo y dejes que este estado de ánimo cómodo prevalezca en tu trato con la gente. Esto es perjudicial en cualquier circunstancia. Sin embargo, si reconoces la tristeza que esta actitud equivocada podría causar y sientes la responsabilidad que implica una posición influyente, puedes corregir tu curso y liberarte de errores.

SEIS EN CUARTO LUGAR SIGNIFICA:

Enfoque perfecto. Sin tacha.

Mientras que las tres líneas inferiores denotan el ascenso al poder e influencia, las tres líneas superiores muestran el comportamiento de los que ocupan puestos elevados hacia los que están en posiciones más bajas. Aquí se muestra el acercamiento sin prejuicios de un superior hacia una persona capaz, atrayéndola a su círculo sin considerar los prejuicios de clase. Esto es muy favorable.

SEIS EN QUINTO LUGAR SIGNIFICA:

Sabio acercamiento.
Esto es correcto para un gran príncipe. Salvación.

Un príncipe o líder debe tener la sabiduría de atraer a su lado a personas capaces y conocedoras en la gestión de asuntos. Su sabiduría reside tanto en la elección adecuada de las personas como en dejarlas actuar libremente sin interferir en sus asuntos. Sólo así encontrará las personas necesarias para satisfacer todas las necesidades.

SEIS EN LA CIMA:

Un enfoque magnánimo. Salvación. Sin tacha.

Un sabio que ha superado las preocupaciones mundanas y que ha alcanzado la paz interior puede, en ciertas circunstancias, volver a involucrarse en el mundo y acercarse a otras personas. Esto es de gran salvación para quienes reciben su enseñanza y ayuda. Esta magnánima abnegación no es una mancha para él, sino una expresión de su grandeza.

20. *Guan* / La Contemplación (La Vista)

Arriba *Sun*, lo Apacible, el viento
Abajo *Kun*, lo Receptivo, la Tierra

El nombre chino del signo tiene un doble significado con un ligero cambio de énfasis. Por un lado, significa *mirar*, por otro *ser visto*, *ser un ejemplo*. Estos pensamientos vienen sugeridos por el hecho de que el símbolo puede entenderse como la imagen de una torre, ya que eran comunes en la antigua China. Desde tales torres se tenía una amplia vista de todo el entorno, y por otro lado, una torre así en una montaña era visible desde lejos. El símbolo representa así a un gobernante que mira hacia arriba, a la ley del Cielo, y hacia abajo, a las costumbres del pueblo, y cuyo buen gobierno es un ejemplo sublime para las masas. El signo se asigna al octavo mes (septiembre-octubre). La fuerza luminosa se está retirando, la fuerza oscura está de nuevo en alza. Sin embargo, este aspecto no es relevante aquí para la explicación general del signo.

EL JUICIO

La observación.
Ha tenido lugar la ablución, pero aún no la ofrenda.
Le miran con confianza.

El acto sacrificial en China comenzaba con la ablución y la libación, mediante las cuales se invocaba a la divinidad. A continuación, se ofrecían los sacrificios. El momento entre ambos actos es el más sagrado, el de mayor concentración interior. Si la piedad es fiel y sincera, su contemplación tiene un efecto transformador y sobrecogedor en quienes la presencian. Así, en la naturaleza, se aprecia una santa seriedad en la regularidad con que se suceden todos los acontecimientos naturales. La contemplación del sentido divino de los acontecimientos del mundo proporciona al hombre llamado a trabajar con las personas los medios para ejercer los mismos efectos. Esto requiere el tipo de concentración interior que la contemplación religiosa produce en las grandes personas con una fe fuerte. De este modo, ven las misteriosas leyes divinas de la vida y, mediante la mayor seriedad de la concentración interior, las llevan a la realización en su propia personalidad. Así emana de su vista un misterioso poder espiritual que actúa sobre las personas y las subyuga sin que éstas se den cuenta de cómo sucede.

LA IMAGEN

El viento pasa sobre la Tierra:
la imagen de la contemplación.
Así, los antiguos reyes visitaban las regiones del mundo,
contemplaban a la gente e impartían instrucción.

Cuando el viento sopla sobre la Tierra, llega a todas partes y la hierba debe inclinarse ante su poder. Estos dos procesos se confirman en el signo. En realidad, se realizaban en las instituciones de los reyes de la antigüedad, que, por una parte, obtenían una visión de su pueblo mediante viajes regulares, de modo que nada de lo que vivía como costumbre entre la gente podía escapar a su atención, y que, por otra parte, ejercían su influencia, mediante la cual se cambiaban las costumbres que no eran correctas. Todo esto apunta al poder de la personalidad superior. Tal persona pasará por alto a la gran multitud de hombres en sus verdaderos sentimientos, de modo que ningún engaño es posible hacia él, y por otro lado, causará una impresión en ellos por su mera existencia, por la fuerza de su personalidad, de modo que le seguirán como la hierba sigue al viento.

LAS LÍNEAS INDIVIDUALES

UN SEIS AL PRINCIPIO:

Contemplación infantil.
Ninguna falta para un hombre humilde.
Vergonzoso para una persona noble.

Aquí se dibuja una mirada incomprensiva desde lejos. Hay alguien que trabaja, pero cuyos efectos no son comprendidos por los humildes. Eso no ayuda mucho a las masas. Comprendan o no las acciones del sabio gobernante, siguen beneficiándose de ellas. Pero para el hombre superior esto es una desgracia. No debe contentarse con la observación tonta e irreflexiva de las influencias dominantes. Debe considerarlas en su contexto y tratar de comprenderlas.

SEIS EN SEGUNDO LUGAR SIGNIFICA:

Visión a través del hueco de la puerta.
Propicio para la perseverancia de una mujer.

Tienes una visión limitada a través de la rendija de la puerta. Se mira desde dentro hacia fuera. La vista es subjetivamente limitada. Relacionas todo contigo mismo. No puedes empatizar con la otra persona y sus motivos. Ése es el lugar de una buena ama de casa. No necesita entender nada de los asuntos mundanos. Para un hombre que tiene que trabajar en la vida pública, un enfoque tan limitado y egocéntrico es, por supuesto, algo malo.[1]

1. La diferencia en la valoración del comportamiento del hombre y la mujer no se limita a la antigua China. La imagen que Schiller presenta de la ama de casa en «La Campana» se mueve completamente dentro de este círculo.

SEIS EN TERCER LUGAR SIGNIFICA:

Contemplo mi vida,
decido si avanzo o retrocedo.

Éste es el lugar de la transición. Ya no miras hacia fuera para obtener imágenes más o menos limitadas o confusas, sino que diriges tu contemplación hacia dentro para orientar tus decisiones. Esta contemplación es precisamente la superación del egoísmo ingenuo de los que sólo miran todo desde su propio punto de vista. El autoconocimiento, sin embargo, no es una preocupación por los propios pensamientos, sino por los efectos que emanan de uno. Sólo los efectos de la vida nos dan una imagen que nos autoriza a decidir sobre el progreso o la decadencia.

SEIS EN CUARTO LUGAR SIGNIFICA:

Contemplación de la luz del reino.
Es beneficioso trabajar como invitado de un rey.

Aquí se representa a un hombre que comprende los secretos por los que un imperio puede florecer. Tal hombre debe ser colocado en una posición de autoridad donde pueda trabajar. Debe ser un invitado, por así decirlo, es decir, debe ser capaz de trabajar de forma independiente y ser honrado, no ser utilizado como una herramienta.

NUEVE EN QUINTO LUGAR SIGNIFICA:

Contemplación de mi vida.
El hombre superior no tiene tacha.

Un hombre que ocupa una posición de autoridad y a quien los demás admiran debe estar siempre dispuesto a examinarse a sí mismo. El autoexamen correcto, sin embargo, no consiste en reflexionar ociosamente sobre uno mismo, sino en examinar los efectos que emanan de uno mismo. Sólo si estos efectos son buenos, si uno ejerce una buena influencia sobre los demás, la contemplación de la propia vida otorgará la satisfacción de estar libre de culpa.

UN NUEVE EN LA CIMA SIGNIFICA:

Contemplación de la propia vida.
El hombre superior es sin tacha.

Mientras que la línea anterior representa a un hombre que se contempla a sí mismo, aquí, en el punto más alto, se elimina todo lo personal, lo relacionado con el propio ego. Aquí se muestra a un hombre sabio que, libre del ego, contempla las leyes de la vida fuera del impulso mundano y así comprende, como lo más elevado, cómo llegar a ser libre de mancha.

21. *Shï Ho* / La Mordedura a través

☲ Arriba *Li*, el Aferrarse, el fuego
☳ Abajo *Dschen*, lo Excitante, el trueno

El símbolo representa una boca abierta (*véase* n.º 27, I) con un obstáculo entre los dientes (en cuarto lugar). Como resultado, los labios no pueden unirse. Para lograr la unión, es necesario morder enérgicamente a través del obstáculo. El signo también consta de los signos del trueno y el relámpago, lo que indica cómo se eliminan por la fuerza los obstáculos en la naturaleza. La mordedura enérgica supera el obstáculo de la unión en la boca. La tormenta con truenos y relámpagos supera la tensión perturbadora en la naturaleza. El juicio y el castigo superan la perturbación de la convivencia armoniosa causada por criminales y calumniadores. A diferencia del hexagrama n.º 6, La controversia, que trata de los procedimientos civiles, este hexagrama trata de los procedimientos penales.

LA SENTENCIA

Morder tiene éxito.
Es favorable dejar que prevalezca la justicia.

Si un obstáculo se interpone en el camino de la unificación, la perseverancia vigorosa traerá el éxito. Esto se aplica en todas las circunstancias. Cuando no se logra la unidad, siempre se ve obstaculizada por un intermediario y un traidor, por un obstructor y un inhibidor. Debemos actuar enérgicamente para evitar daños duraderos. Estos obstáculos deliberados no desaparecen por sí solos. Son necesarios el juicio y el castigo para disuadirlos o eliminarlos. Pero es importante proceder de la manera correcta. El carácter se compone de *Li*, claridad, y *Dschen*, excitación. *Li* es suave, *Dschen* es duro. La mera dureza y excitación sería un castigo demasiado severo. La mera claridad y suavidad serían demasiado débiles. Ambos combinados crean la medida correcta. Es importante que el hombre decisivo representado por la quinta línea sea de naturaleza suave, mientras que su posición lo hace imponente.

LA IMAGEN

**Truenos y relámpagos: la imagen de la mordacidad.
Así es como los reyes anteriores hacían cumplir las leyes
mediante castigos claramente definidos.**

Los castigos son las aplicaciones individuales de las leyes. Las leyes contienen el registro de los castigos. La claridad prevalece cuando se hace una distinción clara entre castigos más leves y más severos en función del delito. Esto se simboliza con la claridad del rayo. Las leyes se refuerzan con la aplicación justa de los castigos. Esto se simboliza con el terror del trueno. La finalidad de esta claridad y severidad es mantener el respeto entre las personas; los castigos no son importantes por sí mismos. Todos los obstáculos a la convivencia humana se deben a la falta de claridad en las disposiciones penales y a la laxitud en su ejecución. Sólo mediante la claridad y cierta celeridad en los castigos se fortalecen las leyes.

LAS LÍNEAS INDIVIDUALES[1]

UN NUEVE AL PRINCIPIO:

**Mete los pies en la cuadra para que desaparezcan los dedos.
Sin mancha.**

Si alguien es castigado inmediatamente al primer intento de hacer algo malo, el castigo es sólo leve. Sólo los dedos de los pies quedan cubiertos por el bloque. Así se le impide seguir pecando y queda libre de mancha. Esto es un recordatorio para detenerse en el camino del mal a tiempo.

SEIS EN SEGUNDO LUGAR SIGNIFICA:

**Muerde a través de la carne blanda de modo que la nariz desaparece.
Sin mancha.**

El bien y el mal son fáciles de distinguir en este caso. Es como morder a través de la carne blanda. Pero te encuentras con un pecador duro. Por eso te pasas un poco de la raya en tu excitación. La desaparición de la nariz al morder significa que se pierde el fino sentido del tacto como consecuencia de la indignación. Pero esto no hace mucho daño, porque el castigo como tal es justo.

---

1. Las líneas individuales se explican, independientemente del sentido general del hexagrama, de tal manera que el primero y el superior sufren castigo, mientras que los demás están ocupados en la imposición de castigos (véase a este respecto los trazos correspondientes del signo n.º 4, Meng, la locura de la juventud).

SEIS EN TERCER LUGAR SIGNIFICA:

Muerde cecina vieja y se encuentra con cosas venenosas. Vergüenza menor. Ningún estigma.

Aquí alguien ejecuta un castigo para el que no tiene suficiente poder y prestigio. Por eso los castigados no cumplen. Se trata de un asunto antiguo –simbolizado por el venado salado– y surgen dificultades. La carne vieja se echa a perder. Al tratar el asunto, se genera un odio venenoso. Esto te coloca en una posición un tanto vergonzosa. Pero como era una exigencia de la época castigar, quedas libre de mancha.

NUEVE EN CUARTO LUGAR SIGNIFICA:

**Muerde carne cartilaginosa seca.
Recibe flechas de metal.
Es beneficioso ser consciente de las dificultades y perseverar.
Salvación.**

Hay que superar grandes dificultades. Hay que castigar a oponentes poderosos. Esto es muy arduo, pero se consigue. Uno debe tener la dureza del metal y la rectitud de una flecha para superar las dificultades. Si conoces estas dificultades y perseveras, alcanzarás la salvación. Al final, la tarea difícil tiene éxito.

SEIS EN QUINTO LUGAR SIGNIFICA:

**Muerde carne seca de músculo. Obtiene oro amarillo.
Sé persistentemente consciente del peligro. Sin tacha.**

Tienes que decidir un caso que no es fácil, pero claro. Sin embargo, tu naturaleza se inclina a ser bondadosa. Por eso tienes que recomponerte para ser como el oro amarillo, es decir, imparcial –el amarillo es el color del medio– y fiel como el oro. Sólo si eres constantemente consciente de los peligros que se derivan de la responsabilidad que has asumido, te mantendrás libre de errores.

UN NUEVE EN LA CIMA SIGNIFICA:

Atrapado con el cuello en un collar de madera,
tus orejas desaparecen.
Travesura.

En contraste con la línea inicial, aquí se trata de una persona incorregible. Lleva el collar de madera como castigo, pero sus orejas desaparecen en él. Ya no escucha las advertencias, sino que es sordo a ellas. Esta obstinación conduce al desastre.[2]

---

2. Cabe señalar que existe otra interpretación que, basándose en la idea de «la luz arriba, es decir, el Sol, y el movimiento abajo», sugiere un mercado que está en movimiento en la parte inferior, mientras que el Sol se encuentra en el Cielo, en la parte superior. Se trata de un mercado de alimentos, donde la carne se refiere a la comida, y el oro y las flechas son artículos de comercio. La desaparición de la nariz simboliza la desaparición del olor, lo que significa que la persona no es codiciosa. El veneno indica los peligros de la riqueza, entre otros aspectos. Respecto al «nueve al principio», Confucio comenta: «El hombre mezquino no se avergüenza de la crueldad ni se detiene ante la injusticia. Si no ve ninguna ventaja, no se mueve. Si no se le intimida, no se corrige. Sin embargo, si se le pone en su lugar en asuntos pequeños, actúa con cuidado en los grandes. Esto es favorable para el hombre humilde». Confucio también comenta sobre «un nueve en la cima»: «Si el bien no se acumula, no es suficiente para hacerse famoso. Si el mal no se acumula, no es lo suficientemente fuerte como para destruir a alguien. Por eso, el hombre común piensa que hacer el bien en cosas pequeñas no tiene valor, y por ello se abstiene de hacerlo. Piensa que los pequeños pecados no hacen daño, y por eso no se deshace de ellos. Así, sus pecados se acumulan hasta que ya no pueden ser ocultados, y su culpa se vuelve tan grande que ya no puede ser eliminada».

22. *Bi* / La Gracia

☶☲ **Arriba *Ken*, la Quietud, la montaña**
Abajo *Li*, el Aferramiento, el fuego

El símbolo muestra un fuego que brota de las profundidades secretas de la tierra y, parpadeando hacia arriba, ilumina y embellece la montaña, la altura celestial. La gracia, la forma bella, es necesaria en toda unión para que sea ordenada y hermosa, evitando que caiga en el caos y la desorganización.

EL JUICIO

La gracia tiene éxito.
A pequeña escala es beneficioso emprender algo.

La gracia trae éxito, pero no es la esencia ni el fundamento, sino sólo la decoración. Por lo tanto, debe utilizarse con moderación, a pequeña escala. En el signo inferior, Fuego, una línea suave aparece entre dos fuertes y las embellece; las fuertes, sin embargo, son la esencia, y la línea débil es la forma embellecedora. En el hexagrama superior, la montaña, la línea fuerte ocupa el centro del escenario, lo que la hace decisiva. En la naturaleza, vemos la luz fuerte del Sol en el Cielo, sobre la cual se basa la vida en la Tierra. Pero esta luz esencial se transforma y encuentra una elegante variedad en la luna y las estrellas. En la vida humana, la forma bella consiste en que, como las montañas, hay órdenes fijos y fuertes que se hacen agradables por su clara belleza. La contemplación de las formas en el Cielo permite comprender el tiempo y sus exigencias cambiantes. La contemplación de las formas en la vida humana da la capacidad de modelar el mundo.[1]

LA IMAGEN

Al pie de la montaña está el fuego: la imagen de la gracia.
Así procede el hombre superior cuando aclara asuntos de actualidad,
pero no se atreve a decidir disputas *a posteriori*.

El fuego, cuya luz ilumina la montaña y la embellece, no brilla a gran distancia. Así, la forma grácil es suficiente para alegrar e iluminar asuntos menores, pero las cuestiones importantes no pueden decidirse de este modo. Requieren mayor seriedad.

LAS LÍNEAS INDIVIDUALES

UN NUEVE AL PRINCIPIO SIGNIFICA:

Se pone de puntillas con gracia, abandona el carro y camina.

La posición al principio y en un lugar subordinado significa que uno mismo tiene que hacer el esfuerzo de avanzar. Uno tendría la oportunidad de obtener alivio a mano, representado por la imagen del carruaje.

---

1. Este signo indica una belleza serena, con claridad en el interior y quietud en el exterior. Es la calma de la pura contemplación. Cuando la codicia desaparece y la voluntad se sosiega, el mundo se manifiesta como una representación y, en ese sentido, es bello, sustraído de la lucha por la existencia. En este contexto, es el mundo del arte. Sin embargo, la mera contemplación no es suficiente para eliminar definitivamente la voluntad; ésta volverá a despertar, y todo lo bello no habrá sido más que un fugaz momento de exaltación. Por lo tanto, éste no es todavía el verdadero camino hacia la redención. Así, efectivamente, Confucio se sintió muy incómodo cuando, al consultar el oráculo, obtuvo en cierta ocasión el hexagrama de la gracia.

Pero una persona autosuficiente desdeña ese alivio obtenido de forma dudosa. Le parece más elegante ir a pie que viajar ilegalmente en un carruaje.

SEIS EN SEGUNDO LUGAR SIGNIFICA:

Hace que su barba tenga gracia.

La barba no es algo independiente; sólo puede moverse junto con la barbilla. Por lo tanto, la imagen significa que la forma sólo debe considerarse en relación y como acompañamiento del contenido. La barba es un adorno superfluo. Su cuidado independiente, sin tener en cuenta el contenido interior a adornar, sería signo de cierta vanidad.

NUEVE EN TERCER LUGAR SIGNIFICA:

Agraciado y húmedo.
La perseverancia trae la salvación.

Uno se encuentra en una situación llena de gracia. Estás rodeado de gracia y de un glamur húmedo. Esta gracia puede adornarte, pero también puede hundirte. De ahí la advertencia de no dejarse llevar por la comodidad, sino de perseverar constantemente. La salvación descansa en esto.

SEIS EN CUARTO LUGAR SIGNIFICA:

Gracia o simplicidad.
Un caballo blanco viene volando: No es ladrón,
Libre hasta la fecha límite.

Te encuentras en una situación en la que dudas si seguir buscando la gracia del esplendor exterior o si sería mejor volver a la sencillez. La respuesta está en esta duda. Una confirmación se acerca desde el exterior, como un caballo blanco alado. El color blanco indica sencillez. Aunque al principio pueda parecer decepcionante tener que prescindir de las comodidades, uno encuentra consuelo en la fiel conexión con el amigo y pretendiente. El caballo volador es la imagen de los pensamientos que superan todas las barreras del espacio y del tiempo.

SEIS EN QUINTO LUGAR SIGNIFICA:

Gracia en colinas y jardines.
El manojo de seda es pobre y pequeño.
Vergüenza, pero finalmente salvación.

Uno se retira del tráfico con la gente de las profundidades, que sólo busca esplendor y lujo, a la soledad de las alturas. Allí encuentra a una persona a la que admira y de la que quiere hacerse amigo. Pero los dones que le ofreces son pocos y escasos, lo que te hace sentir avergonzado. Sin embargo, lo que cuenta no es el don exterior, sino la verdadera actitud; por eso al final todo sale bien.

UN NUEVE EN LA CIMA SIGNIFICA:

Gracia sencilla.
Sin tacha.

Aquí, en el escalón superior, se descartan todas las joyas. La forma ya no oculta el contenido, sino que permite que se manifieste. La máxima gracia no está en la decoración externa del material, sino en su diseño sencillo y apropiado.

23. *Bo* / La Fragmentación

䷖ Arriba *Ken*, la Quietud, la montaña
Abajo *Kun*, la Recepción, la Tierra

Las líneas oscuras están a punto de elevarse y derribar incluso la última línea firme y luminosa, desintegrándola mediante su influencia. Lo común y oscuro no lucha directamente contra lo noble y fuerte, sino que lo erosiona poco a poco mediante efectos imperceptibles, hasta que finalmente se derrumba. El símbolo representa la imagen de una casa, donde la línea superior es el tejado. Al romperse el tejado, la casa se desmorona. El hexagrama está asignado al noveno mes (octubre-noviembre), cuando la fuerza yin avanza con más fuerza y está a punto de desplazar por completo a la fuerza yang.

EL JUICIO

La fragmentación.
No es favorable para ir a ninguna parte.

Es una época en la que los plebeyos avanzan y están a punto de desplazar a los últimos fuertes y nobles que quedan. Debido a las circunstancias del tiempo, no es favorable que el noble actúe en tales situaciones. El comportamiento correcto en tiempos tan adversos se puede deducir de las imágenes y sus características. El símbolo inferior, la Tierra, sugiere docilidad y devoción, mientras que el símbolo superior, la montaña, sugiere silencio. Esto aconseja someterse a los malos tiempos y permanecer en tranquilidad. No se trata de la actividad humana, sino de las relaciones temporales que, según las leyes celestiales, muestran una alternancia de aumento y disminución, plenitud y vacío. Estas relaciones no pueden ser contrarrestadas. Por lo tanto, someterse y evitar actuar no es cobardía, sino sabiduría.

LA IMAGEN

La montaña descansa sobre la tierra: la imagen de la fragmentación.
Así, los que están en la cima sólo pueden asegurar su posición dando generosamente a los que están abajo.

La montaña descansa sobre la Tierra. Si es empinada y estrecha y no tiene una base ancha, se derrumbará. Sólo si se eleva ancha y alta desde la tierra, y no orgullosa y empinada, su posición es segura. Del mismo modo, los gobernantes se apoyan en la amplia base del pueblo. Es necesario que sean generosos y magnánimos, como la Tierra que todo lo sostiene; entonces asegurarán su posición como lo hace una montaña.

LAS LÍNEAS INDIVIDUALES

UN SEIS AL PRINCIPIO SIGNIFICA:

La cama será destrozada por la pata.
El persistente será destruido. Calamidad.

Los viles se acercan y secretamente comienzan su excavación destructiva desde abajo para socavar el lugar sobre el que descansa el noble. Los partidarios del gobernante que permanecen leales a él son destruidos por calumnias y maquinaciones. La situación es ominosa, pero no queda más remedio que esperar.

SEIS EN SEGUNDO LUGAR SIGNIFICA:

**La cama se hará añicos por la pata.
Lo persistente será destruido. Desastre.**

El poder de los malvados crece y el peligro se acerca. Ya hay señales claras de que la paz se está viendo perturbada. En esta situación peligrosa, se carece de ayuda y apoyo tanto de arriba como de abajo. Es necesario extremar la precaución en este aislamiento. Si uno se mantiene firme e inflexible, esto llevará a la perdición.

SEIS EN TERCER LUGAR SIGNIFICA:

Se astilla con ellos. No es un defecto.

Te encuentras en medio de un mal ambiente con el que también estás relacionado externamente. Sin embargo, existe una relación interior con una persona superior, lo que te da estabilidad interior para liberarte de la influencia negativa de quienes te rodean. Esto puede ponerte en oposición a ellos, pero no es un error.

SEIS EN CUARTO LUGAR SIGNIFICA:

La cama está destrozada hasta la piel. Desastre.

Aquí, la desgracia alcanza al propio cuerpo, ya no sólo al lugar de descanso. No se adjunta ninguna advertencia ni ningún otro apéndice; el desastre está en su apogeo y ya no puede evitarse.

SEIS EN QUINTO LUGAR SIGNIFICA:

Una ristra de peces.
El favor llega a través de las damas de palacio.
Todo es favorable.

Aquí, en la cercanía del principio fuerte y luminoso, la naturaleza de la oscuridad cambia. Ya no se resiste al principio fuerte de manera intrigante, sino que se somete a su guía. Como jefe de los débiles restantes, los conduce hacia el fuerte, como una princesa que lleva a sus sirvientes hacia su marido, ganándose así su favor. Al someterse voluntariamente al superior, el inferior encuentra su felicidad, y el superior también alcanza la suya. Por eso todo va bien.

UN NUEVE EN LA CIMA SIGNIFICA:

Una gran fruta sigue sin comerse.
El superior recibe una carroza.
La casa del plebeyo está destrozada.

Éste es el final de la fragmentación. Cuando el desastre ha seguido su curso, vuelven tiempos mejores. La semilla de la bondad aún permanece. Justo cuando el fruto cae al suelo, la bondad vuelve a crecer a partir de su semilla. El hombre superior recupera su influencia y eficacia, siendo llevado por la opinión pública como en un carro. Sin embargo, la maldad se venga de los malvados, y su casa se hace añicos. Ésta es una ley de la naturaleza: el mal no sólo es pernicioso para el bien, sino que, en última instancia, se destruye a sí mismo porque el mal, que sólo vive de la negación, no puede existir por sí mismo. Incluso al hombre común le va mejor cuando es castigado por un hombre superior.

24. *Fu* / El Retorno (el tiempo de giro)

Arriba *Kun*, la Recepción, la Tierra
Abajo *Dschen*, lo Excitante, el trueno

El tiempo de retorno se manifiesta cuando, después de que las líneas oscuras hayan empujado a las claras hacia arriba, una línea clara vuelve a aparecer en el signo desde abajo. El tiempo de la oscuridad ha terminado. El solsticio trae la victoria de la luz. Este signo se asocia con el undécimo mes, el mes del solsticio (diciembre-enero).

EL JUICIO

El retorno. El éxito.
Salida y entrada sin error.
Los amigos vienen sin mancha.
El camino va y viene.
Al séptimo día llega el regreso.
Es beneficioso tener a dónde ir.

Después de un período de decadencia, llega el punto de inflexión. Vuelve la fuerte luz que antes se disipaba. Hay movimiento, pero este movimiento no es forzado. El carácter del signo superior, *Kun*, es la devoción, por lo que es un movimiento natural que surge por sí mismo. Esto hace que la transformación de lo viejo sea fácil. Lo viejo se suprime, lo nuevo se introduce, y ambos están en consonancia con los tiempos, por lo que no traen perjuicio. Se forman asociaciones de personas con ideas afines, y como esta unión tiene lugar en plena transparencia y es adecuada para la época, no hay errores. El retorno se basa en el curso natural de las cosas. El movimiento es circular y autónomo, por lo que no hay necesidad de apresurarlo artificialmente. Todo llega a su debido tiempo. Ese es el significado del Cielo y de la Tierra. Todos los movimientos tienen lugar en seis etapas, y la séptima etapa trae el retorno. Así, en el séptimo mes después del solsticio de verano, llega el solsticio de invierno, al igual que en la séptima hora doble después de la puesta del Sol, llega la salida del Sol. Por eso el siete es el número de la luz joven, que surge cuando el seis, el número de la gran oscuridad, aumenta en uno, deteniendo el movimiento.

LA IMAGEN

Truenos en medio de la tierra: la imagen del tiempo
que cambia.
Así es como los antiguos reyes cerraban los pasos a la hora
del solsticio.
Los comerciantes y los extranjeros no deambulaban,
y el soberano no recorría las regiones.

El solsticio de invierno siempre se ha celebrado en China como el tiempo de descanso del año, costumbre que se ha conservado en el período de descanso del Año Nuevo. En invierno, la fuerza vital, simbolizada por lo Excitante, el trueno, sigue bajo tierra. El movimiento está en sus primeros comienzos. Por ello, debe fortalecerse mediante el descanso, para que no se agote por consumo prematuro. Este principio de fortalecimiento de la fuerza restauradora mediante el reposo se aplica a todas las condiciones correspondientes. El retorno de la salud tras una enfermedad, el retorno de la comprensión tras una ruptura: todo debe tratarse con delicadeza y suavidad en los primeros comienzos para que el retorno conduzca al florecimiento.

LAS LÍNEAS INDIVIDUALES

UN NUEVE AL PRINCIPIO SIGNIFICA:

Regreso desde una distancia corta.
No se necesitan remordimientos.
Gran salvación.

Las pequeñas desviaciones del bien son inevitables. Lo importante es volver atrás a tiempo antes de ir demasiado lejos. Esto es crucial para la formación del carácter. Todo mal pensamiento debe ser eliminado inmediatamente antes de que uno se atrinchere en él. De este modo, no hay necesidad de remordimientos y todo marcha bien.

SEIS EN SEGUNDO LUGAR SIGNIFICA:

Retorno a la calma. Salvación.

El arrepentimiento siempre requiere una decisión y un acto de autocontención. Es más fácil si uno está en buena compañía. Si puedes entregarte y orientarte hacia las buenas personas, esto te traerá salvación.

SEIS EN TERCER LUGAR SIGNIFICA:

Retorno múltiple. Peligro. Sin tacha.

Algunas personas tienen cierta inestabilidad interior y requieren una constante inversión en la dirección de su voluntad. Existe un peligro en este continuo alejamiento del bien por inclinación irrefrenable y el posterior regreso por una decisión mejor. Sin embargo, como no se consolidan en el mal, no se excluye la dirección general hacia el abandono del error.

SEIS EN CUARTO LUGAR SIGNIFICA:

Caminando en medio de otros, se regresa solo.

Estás en medio de una compañía de personas inferiores, pero tienes una relación interior con un amigo fuerte y bueno. Como resultado, regresas solo. Aunque no se menciona recompensa ni castigo, tal decisión por el bien conlleva su propia recompensa.

SEIS EN QUINTO LUGAR SIGNIFICA:

Retorno generoso. Sin remordimientos.

Cuando llegue el momento de arrepentirse, no te escondas detrás de excusas mezquinas. Mira dentro de ti y examínate. Si has hecho algo mal, debes admitir tu error con generosidad. Éste es un camino del que nadie se arrepentirá.

UN SEIS EN LA PARTE SUPERIOR SIGNIFICA:

Falta de retorno. Desastre.
Desgracia desde fuera y desde dentro.
Si dejas que los ejércitos marchen así,
acabarás sufriendo una gran derrota,
de modo que sea desastroso para el soberano.
Durante diez años uno ya no es capaz de atacar.

Si se pierde el momento oportuno para retroceder, se llegará al desastre. La desgracia es causada internamente por la posición errónea en relación con el mundo. La desgracia externa es el resultado de esta posición errónea. La obstinación y el juicio erróneo llevan a la derrota y, por tanto, a un largo período de inactividad.

无妄

25. *Wu Wang* / La Inocencia

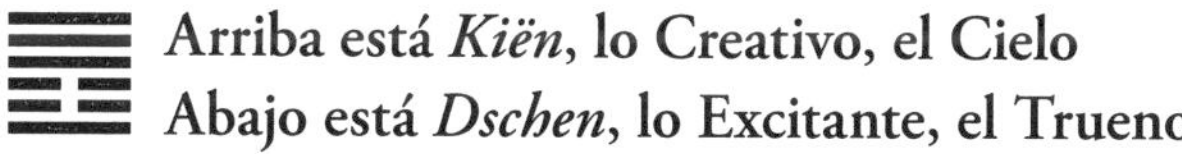

Arriba está *Kiën*, lo Creativo, el Cielo
Abajo está *Dschen*, lo Excitante, el Trueno

Arriba se encuentra *Kiën*, el Cielo; abajo está *Dschen*, el Movimiento.

El signo inferior, *Dschen*, está determinado por la línea fuerte que ha recibido desde arriba, desde el Cielo. Si, por consiguiente, el movimiento sigue la ley del Cielo, entonces el ser humano es inocente y sin falsedad. Esto representa lo auténtico, lo natural, que no está oscurecido por reflexiones ni segundas intenciones.

Donde se perciben motivos ocultos, la verdad y la inocencia de la naturaleza se pierden. La naturaleza, sin la directiva del espíritu, no es verdadera naturaleza, sino naturaleza degenerada. Partiendo del concepto de lo natural, el pensamiento se desarrolla parcialmente aún más, y de este modo, el signo abarca también la idea de lo no intencionado, lo inesperado.

EL JUICIO

La Inocencia. Sublime éxito.
Propicia es la perseverancia.
Si alguien no es recto, encontrará desgracia,
y no será favorable emprender algo.

El ser humano ha recibido del Cielo una naturaleza originalmente buena, destinada a guiarlo en todas sus acciones. A través de la entrega a esta esencia divina dentro de sí mismo, el hombre alcanza una inocencia pura, que, sin segundas intenciones de recompensa o beneficio, actúa correctamente con una seguridad instintiva.

Esta seguridad instintiva genera un éxito sublime y es propicia gracias a la perseverancia. Sin embargo, no todo lo instintivo pertenece a la naturaleza en este sentido elevado del término, sino solo aquello que es justo y está en consonancia con la voluntad del Cielo.

Sin este sentido de justicia, una acción instintiva e irreflexiva solo trae desgracia. Sobre esto, el maestro Kung dice: «Quien se aparta de la inocencia, ¿a dónde llega? La voluntad y la bendición del Cielo no están con sus actos».

LA IMAGEN

Bajo el Cielo retumba el Ttrueno:
todas las cosas alcanzan el estado natural de la inocencia.
Así cuidaban y alimentaban los antiguos reyes, ricos en virtud y atentos al momento adecuado, a todos los seres.

Cuando el Trueno –la fuerza vital– se despierta nuevamente bajo el Cielo en primavera, todo brota y crece, y todas las criaturas reciben de la naturaleza creadora la inocencia infantil de su esencia original.

De manera similar, los buenos gobernantes de los hombres, con la riqueza interior de su ser, se ocupan de toda la vida y la cultura, haciendo en el momento adecuado todo lo necesario para su cuidado y desarrollo.

LAS LÍNEAS INDIVIDUALES

UN NUEVE AL INICIO, SIGNIFICA:

Un cambio inocente trae bendición.

Los primeros impulsos originales del corazón son siempre buenos, por lo que se les puede seguir con confianza, seguro de que traerán fortuna y se logrará el propósito deseado.

UN SEIS EN EL SEGUNDO LUGAR, SIGNIFICA:

Si al arar no se piensa en la cosecha
y al limpiar el terreno no se piensa en usar el campo:
es propicio emprender algo.

Se debe realizar cada tarea por sí misma, según el tiempo y el lugar lo exijan, sin preocuparse por el éxito. Entonces, las acciones prosperan y lo que se emprende tiene buenos resultados.

UN SEIS EN EL TERCER LUGAR, SIGNIFICA:

Infortunio no merecido:
La vaca que alguien ató
es ganancia para el viajero, pero pérdida para el ciudadano.

A veces, el infortunio no merecido recae sobre uno, provocado por otro, como cuando un viajero se encuentra con una vaca atada y la toma, ganando él, pero perdiendo su dueño. Incluso en acciones inocentes, se debe actuar en el momento adecuado para evitar que ocurra un infortunio inesperado.

UN NUEVE EN EL CUARTO LUGAR, SIGNIFICA:

Quien logra ser perseverante permanece sin mancha.

Lo que realmente pertenece a uno no se puede perder, incluso si se dejara ir. Por lo tanto, no hay necesidad de preocuparse, salvo de mantenerse fiel a la propia esencia y no dejarse influir por los demás.

UN NUEVE EN EL QUINTO LUGAR, SIGNIFICA:

**En caso de enfermedad no merecida, no uses medicinas.
Todo mejorará por sí solo.**

Si ocurre un mal inesperado que proviene del exterior, sin fundamento en la propia naturaleza, no se deben buscar medios externos para eliminarlo. Permitiendo a la naturaleza seguir su curso, el problema se resolverá por sí mismo.

UN NUEVE EN LA CIMA, SIGNIFICA:

**La acción inocente trae infortunio.
Nada es propicio.**

Cuando uno se encuentra en una situación en la que no es el momento adecuado para avanzar, lo mejor es esperar con calma y sin segundas intenciones. Actuar de manera irreflexiva para intentar forzar el destino no conducirá al éxito.

26. *Da Tschu* / El Gran poder domador

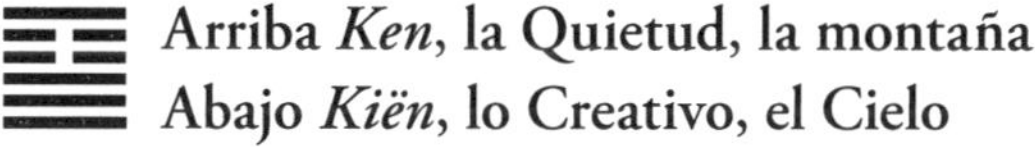

Arriba *Ken*, la Quietud, la montaña
Abajo *Kiën*, lo Creativo, el Cielo

Lo Creativo es domado por la Quietud. Esto le confiere un gran poder, a diferencia del hexagrama n.º 9, donde sólo lo apacible doma lo creativo. Mientras que en aquél una línea débil debe domar a cinco líneas fuertes, aquí hay dos líneas débiles, incluidas el ministro y el príncipe, lo que hace que su poder domador sea mucho mayor. El signo tiene un triple significado: el Cielo en el centro de la montaña da la idea de aguantar = mantenerse unidos; el signo *Ken*, que mantiene quieto al signo *Kiën*, da la idea de aguantar = mantenerse firmes. Finalmente, como una línea fuerte en la cima es el señor del signo, al que se honra y cuida como a un sabio, esto da la idea de aguantar = cuidar, alimentar. Esta última idea es particularmente evidente en el señor del signo, la fuerte línea superior, que representa al sabio.

EL JUICIO

El gran poder domador.
La perseverancia es benéfica.
No comer en casa trae la salvación.
Es beneficioso cruzar las grandes aguas.

Para retener y acumular grandes poderes creativos, como muestra el signo, se necesita un hombre fuerte y claro que sea honrado por el regente. El signo *Kiën* apunta a un fuerte poder creativo, y el signo *Ken* a la firmeza y la verdad; ambos sugieren luz y claridad y la renovación diaria del carácter. Sólo a través de esta auto-renovación diaria se puede permanecer en la cima de la fuerza. Mientras que en tiempos tranquilos el poder del hábito ayuda a mantener el orden, en momentos de gran acumulación de fuerzas, es el poder de la personalidad lo que resulta decisivo. Dado que se honra a los dignos, como demuestra la fuerte personalidad a la que el gobernante confía el liderazgo, es favorable no comer en casa, sino ganarse el pan en público asumiendo un cargo. Estando en armonía con los Cielos, incluso las empresas difíciles y peligrosas, como cruzar las grandes aguas, tienen éxito.

LA IMAGEN

El Cielo en el centro de la montaña: la imagen del poder domador del Grande.
De este modo, el hombre superior aprende muchas palabras y hechos del pasado para fortalecer su carácter.

El Cielo en el centro de la montaña señala tesoros ocultos. Así, en las palabras y los hechos del pasado hay un tesoro oculto que puede utilizarse para fortalecer y mejorar el carácter. Ésta es la forma correcta de estudiar: no limitarse al conocimiento histórico, sino hacer presente lo histórico una y otra vez mediante su aplicación.

LAS LÍNEAS INDIVIDUALES

UN NUEVE AL PRINCIPIO SIGNIFICA:

Hay peligro. Es beneficioso retroceder.

Probablemente se desee un progreso vigoroso, pero las circunstancias son un obstáculo. Uno se ve frenado. Forzar el progreso conduciría a la desgracia. Por lo tanto, es mejor aguantar y esperar a que se abra una salida para las fuerzas acumuladas.

NUEVE EN SEGUNDO LUGAR SIGNIFICA:

Los cojinetes del eje se retiran del carro.

Aquí se inhibe el progreso, de forma similar al poder domador de lo Pequeño (n.º 9, nueve en tercer lugar). Pero mientras que allí la fuerza de restricción es pequeña y surge un conflicto entre el que empuja hacia adelante y el que restringe, aquí la fuerza de restricción es absolutamente superior. Por lo tanto, no hay lucha. Te rindes y quitas los cojinetes del eje del carro, es decir, te limitas a esperar. Esto reúne la resistencia para un posterior progreso energético.

NUEVE EN TERCER LUGAR SIGNIFICA:

Un buen caballo que sigue a los demás.
La conciencia del peligro y la perseverancia son propicias.
Practica cada día la conducción del carro y la protección de las armas.
Es beneficioso tener a dónde ir.

El camino se abre. La inhibición ha cesado. Estás en relación con una voluntad fuerte que trabaja en la misma dirección. Avanzas como un buen caballo que sigue a otro. Pero sigue habiendo peligro, del que debes ser consciente para no perder la firmeza. Es necesario practicar tanto lo que te lleva hacia adelante como lo que te protege de ataques inesperados. Luego, es bueno tener una meta hacia la cual esforzarse.

SEIS EN CUARTO LUGAR SIGNIFICA:

**La tabla protectora de un toro joven.
Gran salvación.**

Esta línea y la siguiente son las que doman a las inferiores que se esfuerzan por avanzar. Antes de que a un toro le crezcan los cuernos, se le coloca una tabla protectora en la frente para garantizar que, una vez que los cuernos estén ahí, ya no pueda herir. Una buena forma de domar a un toro es tratar el brote de salvajismo antes de que se manifieste; esto crea un éxito fácil y grande.

SEIS EN QUINTO LUGAR SIGNIFICA:

Un diente de jabalí cortado. La salvación.

Aquí la doma del impetuoso se logra de forma indirecta. El diente de jabalí es peligroso en sí mismo, pero si se cambia la naturaleza del jabalí, pierde su peligrosidad. Del mismo modo, no es necesario combatir directamente el salvajismo en las personas, sino extirpar las raíces de ese salvajismo.

UN NUEVE EN LA CIMA SIGNIFICA:

Se alcanza el camino celestial. Éxito.

El tiempo de la inhibición ha terminado. La fuerza acumulada durante mucho tiempo a través de la inhibición se abre paso y logra un gran éxito. Es un hombre sabio, honrado por el gobernante, cuyos principios ahora impregnan y dan forma al mundo.

27. / / Las Comisuras de los labios (nutrición)

☶☳ Arriba *Ken*, la Quietud, la montaña
Abajo *Dschen*, lo Excitante, el trueno

El signo es la imagen de una boca abierta: arriba y abajo, los labios firmes, y entre ellos, la abertura de la boca. De la imagen de la boca, a través de la cual se toma alimento para nutrirse, el pensamiento pasa al alimento mismo. En las tres líneas inferiores, se representa el alimento propio, es decir, el alimento corporal, y en las tres líneas superiores, el alimento y el cuidado de los demás, es decir, el alimento espiritual, más elevado.

EL JUICIO

Las comisuras de los labios.
La perseverancia trae la salvación.
Mira el alimento y con qué se busca llenar la boca.

Al cuidar y alimentar, es importante que se cuide a las personas adecuadas y que uno se alimente a sí mismo de la manera correcta. Para conocer a alguien, basta con fijarse en a quién cuida y qué aspectos de su propio ser cuida y alimenta. La naturaleza nutre a todos los seres. El gran hombre nutre y alimenta a los virtuosos para cuidar de todas las personas a través de ellos. Mencio dice: «Si quieres reconocer si alguien es capaz o no, no necesitas mirar nada más a qué parte de su ser se toma particularmente en serio. El cuerpo tiene partes nobles y partes innobles, partes importantes y partes menores. No hay que dañar lo importante en aras de lo pequeño ni dañar lo noble en aras de lo innoble. Quien cuida las partes pequeñas de su ser es un hombre pequeño. Aquel que cultiva las partes nobles de su ser es una persona noble».

LA IMAGEN

Abajo, en la montaña, está el trueno: la imagen del alimento.
Por eso el hombre superior cuida sus palabras
y es moderado en el comer y el beber.

«Dios surge en el signo de la excitación». Cuando las fuerzas de la vida se agitan de nuevo en primavera, todas las cosas surgen de nuevo. «Se completa en el signo de la quietud». Así, al principio de la primavera, cuando las semillas caen al suelo, todas las cosas se completan. Ésta es la imagen de la nutrición a través del movimiento y la quietud. El hombre superior toma esto como modelo para la nutrición y el cultivo de su carácter. Las palabras son el movimiento de dentro hacia fuera. Comer y beber es un movimiento de fuera hacia dentro. Ambos tipos de movimiento deben ser templados por el silencio. Así, el silencio garantiza que las palabras que salen de la boca no excedan la medida y que la comida que entra en la boca tampco exceda la medida. Esto cultiva el carácter.

LAS LÍNEAS INDIVIDUALES

UN NUEVE AL PRINCIPIO SIGNIFICA:

Sueltas tu tortuga mágica
y me miras con las comisuras de los labios colgando.
Desventura.

La tortuga mágica es una criatura que no necesita alimento terrenal, pero tiene poderes mágicos que le permiten vivir del aire. La imagen implica que, de acuerdo con su naturaleza y posición, uno podría vivir libre e independientemente de sí mismo. Sin embargo, renuncia a esta independencia interior y mira con envidia y resentimiento a otros que lo tienen mejor por fuera. Esta envidia baja sólo provoca desprecio y desdén en los demás. Esto es un mal.

SEIS EN SEGUNDO LUGAR SIGNIFICA:

Volverse hacia la cumbre para alimentarse.
Desviarse del camino para buscar alimento en la colina:
Si uno continúa así, trae el desastre.

Lo normal es procurarse el propio alimento o ser alimentado de forma lícita por quienes tienen el deber y el derecho de hacerlo. Si, por debilidad interior, uno es incapaz de proveerse de su propio alimento, es fácil mostrar inquietud permitiendo que el sustento lo proporcionen los de rango superior, obviando la propia adquisición legítima a través del favor. Esto es indigno, pues uno se aparta de su propia especie. Si se practica continuamente, conduce al desastre.

SEIS EN TERCER LUGAR SIGNIFICA:

Desviación del régimen.
La perseverancia trae el desastre.
Durante diez años no se actúa de este modo.
Nada es nutritivo.

El que busca alimentos que no nutren se tambaleará del deseo al placer, y en el placer languidecerá por el deseo. El frenesí apasionado por satisfacer los sentidos nunca conduce a la meta. Nunca (diez años es un período completo) se debe actuar así. Nada bueno resulta de ello.

SEIS EN CUARTO LUGAR SIGNIFICA:

**Recurrir al alimento después de la cumbre trae la salvación.
Explorando alrededor con ojos agudos como un tigre en insaciable deseo.
Ningún defecto.**

A diferencia del seis en segundo lugar, que representa a una persona que sólo se preocupa por su propio beneficio, esta línea representa a alguien que se esfuerza por dejar que su luz brille desde un lugar elevado. Para ello, necesita ayudantes, porque no puede alcanzar su elevado objetivo por sí solo. Ansioso como un tigre hambriento, está deseoso de encontrar a las personas adecuadas. Pero como no mira por sí mismo, sino por el público en general, ese celo no es un error.

SEIS EN QUINTO LUGAR SIGNIFICA:

**Desviarse del camino.
La perseverancia trae la salvación.
Uno no debe cruzar las grandes aguas.**

Uno es consciente de una deficiencia. Uno debe proveer de comida para la gente, pero no tiene la fuerza. Así que hay que desviarse del camino habitual y pedir consejo y ayuda a alguien que es espiritualmente superior pero exteriormente discreto. Si cultivas persistentemente esta actitud, tendrás éxito y te salvarás. Pero debes ser consciente de tu dependencia. No debes poner por delante tu propia persona y querer emprender grandes obras, como cruzar las grandes aguas.

UN NUEVE EN LA CIMA SIGNIFICA:

**La fuente de alimento.
La conciencia del peligro trae la salvación.
Es beneficioso cruzar las grandes aguas.**

He aquí un sabio de la clase más elevada, de quien emanan todas las influencias que aseguran el alimento de los demás. Tal posición conlleva una gran responsabilidad. Si permanece consciente de ello, tendrá la salvación y podrá emprender con confianza obras grandes y difíciles, como cruzar las grandes aguas. Esto trae la felicidad general para él y para todos los demás.

28. *Da Go* /El Gran sobrepeso

䷛ Arriba *Dui*, lo Sereno, el lago
Abajo *Sun*, lo Suave, el viento, la madera

El signo consta de cuatro líneas fuertes en el interior y dos líneas débiles en el exterior. Cuando las líneas fuertes están en el exterior y las débiles en el interior, la estructura es estable. Sin embargo, en este caso, las líneas fuertes están en el interior y las débiles en los extremos, lo que genera un desequilibrio, simbolizado por una barra gruesa y pesada en el centro con extremos débiles que amenazan con romperse. Esta situación no es sostenible y debe cambiarse, o de lo contrario llevará al desastre.

EL JUICIO

El gran sobrepeso.
La viga cumbrera se dobla.
Es beneficioso tener a dónde ir.
Éxito.

La carga es demasiado grande para las fuerzas que la soportan. La viga cumbrera, que sostiene todo el techo, se dobla porque sus extremos portantes son demasiado débiles para la carga. Es un momento y una situación que requieren medidas extraordinarias para superarse, ya que es un tiempo excepcional. Es crucial encontrar una transición rápidamente para actuar con éxito. Aunque el fuerte esté en la mayoría, está en el centro, es decir, en el centro de gravedad interior, de modo que no hay que temer una revolución. Sin embargo, la situación no se puede resolver por la fuerza. El nudo debe desatarse suavemente, entendiendo el sentido de la situación (como sugiere la cualidad del signo interior, *Sun*). Se requiere gran superioridad, y por ello, el tiempo de la preponderancia de lo grande es un tiempo significativo.

LA IMAGEN

El lago se aleja sobre los árboles:
la imagen del gran desequilibrio.
Así, el hombre superior, cuando está solo, es despreocupado,
y cuando debe renunciar al mundo, es impertérrito.

Los momentos extraordinarios de preponderancia de lo grande son como una inundación, como un lago que pasa por encima de los árboles. Pero tales condiciones son temporales. La actitud correcta en estos tiempos excepcionales se representa en las líneas individuales: *Sun* es el árbol que se mantiene firme incluso cuando está solo, y la cualidad de *Dui* es la serenidad que permanece imperturbable incluso cuando se debe renunciar al mundo.

LAS LÍNEAS INDIVIDUALES

UN SEIS AL PRINCIPIO:

Cubierto de juncos blancos.
Sin tacha.

En tiempos extraordinarios, si se desea iniciar algo, se debe proceder con extraordinaria precaución, tal como se cubriría cuidadosamente con juncos algo pesado antes de colocarlo en el suelo para evitar daños. Esta precaución puede parecer excesiva, pero no es un error. Todos los esfuerzos extraordinarios sólo pueden tener éxito con extrema precaución en los comienzos y en los cimientos.

NUEVE EN SEGUNDO LUGAR SIGNIFICA:

De un álamo seco brota un retoño de raíz.
Un hombre mayor consigue una esposa joven.
Todo es favorable.

La madera junto al agua evoca la imagen de un viejo álamo que brota un retoño de raíz, una revitalización extraordinaria del proceso de crecimiento. Una situación igualmente extraordinaria es cuando un hombre mayor se casa con una joven adecuada. A pesar de lo inusual de la situación, todo va bien. En términos políticos, esto sugiere que en tiempos extraordinarios es favorable mantenerse en lo bajo, ya que allí existe la posibilidad de renovación.

NUEVE EN TERCER LUGAR SIGNIFICA:

La viga de la cresta se dobla y se quiebra.
Desastre.

Aquí se representa a una persona que, en tiempos de gran desequilibrio, intenta avanzar violentamente, sin aceptar consejos y sin apoyo de los demás. Esto aumenta la carga hasta que finalmente se rompe. En tiempos peligrosos, una conducción obstinada sólo acelera el derrumbe.

NUEVE EN CUARTO LUGAR SIGNIFICA:

La viga cumbrera está apoyada.
Salvación.
Si hay motivos ocultos, es vergonzoso.

Mediante relaciones amistosas con los que están por debajo de él, un hombre responsable logra dominar la situación. Pero si abusa de estas relaciones para obtener poder y éxito personal, eso sería vergonzoso.

NUEVE EN QUINTO LUGAR SIGNIFICA:

Un álamo seco echa flores.
Una mujer mayor consigue marido.
Ninguna mancha. Ningún elogio.

Un álamo escuálido que echa flores agota sus fuerzas y sólo se acerca al final. Una mujer mayor toma otro marido, pero no hay renovación; todo permanece estéril. Sólo queda la peculiaridad, aunque todo se haga en honor. Políticamente, esto sugiere que, en tiempos inciertos, renunciar a las conexiones descendentes y aferrarse sólo a relaciones con las clases superiores crea una condición que no es sostenible.

UN SEIS EN LA CIMA SIGNIFICA:

Hay que atravesar el agua.
Ésta pasa por encima de la cabeza.
Desastre. No hay mancha.

Aquí la situación ha alcanzado el máximo nivel de excepcionalidad. Uno es valiente y quiere dominar su tarea bajo cualquier circunstancia, lo que lo pone en peligro. El agua le pasa por encima, lo que provoca un desastre. Sin embargo, dar la vida por hacer lo que es bueno y correcto no es una falta. Hay cosas más importantes que la vida.

29. *K'an* / Lo Abismal. El Agua

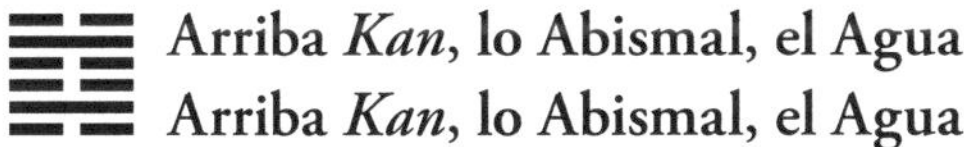

Arriba *Kan*, lo Abismal, el Agua
Arriba *Kan*, lo Abismal, el Agua

El signo se compone de la repetición del signo *Kan*. Es uno de los ocho signos dobles. *Kan* significa caer o sumergirse. Una línea Yang está atrapada entre dos líneas Yin, como el agua que fluye entre las paredes de una garganta. Representa al hijo del medio. Lo Receptivo ha tomado el trazo central de lo Creativo, dando origen a *Kan*.

Como imagen, simboliza el agua: el agua que desciende del Cielo y fluye en ríos y corrientes, dando vida a todo lo que existe en la Tierra. En términos humanos, representa el corazón, el alma encerrada en el cuerpo; la luz contenida en la oscuridad, la razón.

El nombre del signo, al repetirse, añade el matiz de *Repetición del peligro*. Esto no se refiere a una actitud subjetiva, sino a una situación objetiva a la que uno debe adaptarse. El peligro, como disposición subjetiva, puede significar temeridad o engaño. Por ello, el peligro se compara con una garganta o barranco: una condición en la que uno está inmerso, como el agua en una quebrada, de la cual se puede salir si se actúa correctamente.

EL JUICIO

Lo Abismal repetido.
Si eres verdadero, tendrás éxito en tu corazón,
y lo que emprendas prosperará.
A través de la repetición del peligro, uno se habitúa a él.

El agua da el ejemplo de la conducta adecuada en tales situaciones. Fluye constantemente y llena cada lugar por el que pasa, sin resistirse ni retroceder ante lugares peligrosos o caídas, y sin perder nunca su esencia. Permanece fiel a sí misma en todas las circunstancias.

De manera similar, la veracidad en condiciones difíciles permite comprender la situación internamente desde el corazón. Una vez que uno domina la situación internamente, las acciones externas se acompañan naturalmente de éxito.

En el peligro, es crucial la profundidad, asegurando que todo lo necesario se realice por completo, y el avance constante, para no quedar atrapado en la dificultad y perecer en ella. Utilizado activamente, el peligro puede tener una importancia estratégica como medida de protección. Así, el Cielo tiene su altura peligrosa que lo protege de cualquier intervención; la Tierra, sus montañas y aguas que dividen las regiones mediante sus peligros naturales. De la misma forma, los gobernantes emplean el peligro como medida de defensa, protegiéndose contra ataques externos y perturbaciones internas.

LA IMAGEN

El agua fluye incesantemente y alcanza su destino:
este es el símbolo de lo repetidamente Abismal.
Así actúa el hombre noble, cultivando la virtud constante
y dedicándose a la enseñanza.

El agua llega a su destino mediante su flujo continuo, llenando cada depresión antes de avanzar. De igual forma, el hombre noble busca convertir el bien en un rasgo permanente de su carácter, evitando que sea algo accidental o aislado.

En la enseñanza, la clave está en la constancia. Sólo a través de la repetición, el conocimiento se convierte en propiedad genuina del aprendiz.

LAS LÍNEAS INDIVIDUALES

UN SEIS AL INICIO, SIGNIFICA:

Repetición de lo Abismal.
Uno cae en un agujero dentro del abismo. Infortunio.

La familiaridad con el peligro puede llevar fácilmente a que la amenaza se integre en el propio carácter. Uno se acostumbra al mal y lo acepta como parte de su vida. Al hacerlo, se pierde el camino correcto, y la desgracia se convierte en la consecuencia natural.

UN NUEVE EN EL SEGUNDO LUGAR, SIGNIFICA:

El abismo conlleva peligro.
Debe aspirarse únicamente a logros pequeños.

Cuando se está dentro del peligro, no se debe buscar salir de cualquier manera ni a toda costa. Primero, es importante mantenerse firme y evitar ser vencido por la amenaza. Es necesario reflexionar con calma sobre las circunstancias del momento y conformarse con pequeñas victorias, ya que no es el momento adecuado para aspirar a grandes éxitos. De manera similar, un manantial comienza a fluir lentamente antes de abrirse camino hacia la superficie.

UN SEIS EN EL TERCER LUGAR, SIGNIFICA:

Adelante y atrás, abismo sobre abismo.
En tal peligro, detente primero,
o caerás en un agujero dentro del abismo.
No actúes así.

Cada paso hacia adelante o hacia atrás lleva a un mayor peligro. Escapar no es una opción en este momento. Por lo tanto, uno no debe dejarse llevar por la tentación de actuar, ya que cualquier movimiento podría agravar la situación. En lugar de ello, aunque sea incómodo permanecer en esa posición, se debe hacer una pausa y esperar hasta que aparezca una salida.

UN SEIS EN EL CUARTO LUGAR, SIGNIFICA:

Un jarro de vino, una escudilla de arroz como complemento,
vajilla de barro,
sencillamente entregados a través de la ventana.
Esto no es en absoluto un defecto.

En tiempos de peligro, las formalidades complicadas desaparecen. Lo esencial es la sinceridad de intención. Normalmente, un funcionario necesita regalos formales y recomendaciones antes de ser aceptado. Aquí todo se simplifica al máximo: los regalos son modestos, no hay un intermediario que recomiende, y uno mismo se presenta. Aun así, no hay motivo para avergonzarse si la intención es genuina y busca ayudar a superar el peligro.

Además, se sugiere otra idea: la ventana es el lugar por donde entra la luz a una habitación. Si se desea iluminar a alguien en tiempos difíciles, se debe comenzar con lo que es claro y evidente, y desde ahí avanzar de forma sencilla y directa.

UN NUEVE EN EL QUINTO LUGAR, SIGNIFICA:

El abismo no se llena en exceso,
sólo se llena hasta el borde.
Sin defecto.

El peligro surge cuando se aspira demasiado alto. El agua en la garganta no se acumula en exceso, sino que se eleva hasta el nivel más bajo necesario para fluir hacia fuera. Del mismo modo, en tiempos de peligro, se debe avanzar siguiendo la línea de menor resistencia para alcanzar el objetivo. No es el momento para realizar grandes obras; basta con salir del peligro.

UN SEIS EN LA CIMA, SIGNIFICA:

Atado con cuerdas y lazos,
encerrado entre muros de prisión rodeados de espinas;
durante tres años no encuentra la salida.
Desgracia.

Una persona que, en el extremo del peligro, ha perdido el camino correcto y se encuentra irremediablemente atrapada en sus errores, no tiene posibilidad de salir de la amenaza que lo rodea. Es como un criminal encarcelado, atado y confinado tras muros de prisión cubiertos de espinas. Su situación es desesperada, pues su obstinación lo mantiene atrapado, sin esperanza de liberarse.

30. *Li* / El Extremo aferrado, el fuego

☲☲ Arriba *Li*, el Extremo aferrado, el fuego
Abajo *Li*, el Extremo aferrado, el fuego

Este signo también es doble. El carácter único *Li* significa «aferrarse a algo», «estar condicionado», «basarse en algo», «brillo». Una línea oscura se adhiere a una línea de color claro por arriba y por abajo, formando la imagen de un espacio vacío entre dos líneas fuertes, lo que las hace resplandecer. Es la hija del medio. Lo Creativo ha absorbido la línea central de lo Receptivo, y así se crea *Li*. Como imagen, es el fuego. El fuego no tiene una forma particular, sino que se aferra a las cosas que arden, por lo que es brillante. Así como el agua desciende del Cielo, el fuego brota de la Tierra. Mientras que *Kan* representa el alma encerrada en el cuerpo, *Li* representa la naturaleza en su transfiguración.

EL JUICIO

Lo adherente. La perseverancia es propicia. Trae el éxito. Cuidar de la vaca trae la salvación.

La oscuridad se aferra a la luz y así perfecciona su brillo. Como la luz irradia, requiere perseverancia en su interior para no consumirse por completo y poder brillar continuamente. Todo lo que brilla en el mundo depende de algo a lo que se aferra para poder mantenerse. Así, el Sol y la Luna se aferran al Cielo; el grano, la hierba y los árboles se aferran a la Tierra. Del mismo modo, la doble claridad del hombre llamado se aferra a lo que es correcto y, así, es capaz de dar forma al mundo. El hombre, que está condicionado y no es independiente en el mundo, reconoce esta dependencia y se hace dependiente de las fuerzas armoniosas y buenas del contexto mundial. La vaca es el símbolo de la docilidad extrema. Cultivando en sí mismo esta docilidad y dependencia voluntaria, el hombre alcanza la claridad sin brusquedad y encuentra su lugar en el mundo.

LA IMAGEN

La luz se eleva dos veces: la imagen del fuego.
Así, el gran hombre ilumina las cuatro regiones del mundo continuando este resplandor.

Cada uno de los dos signos individuales representa al Sol en un ciclo diario. Por tanto, se representa la actividad repetida del Sol. Esto indica el efecto temporal de la luz. El gran hombre continúa la obra de la naturaleza en el mundo humano. Gracias a la claridad de su naturaleza, hace que la luz se extienda cada vez más y penetre cada vez más en el interior del ser humano.

LAS LÍNEAS INDIVIDUALES

UN NUEVE AL PRINCIPIO SIGNIFICA:

Las huellas se entrecruzan.
Si es serio: no hay mancha.

Es por la mañana temprano. Comienza el trabajo. Después de que el alma se cerrara al mundo exterior durante el sueño, comienzan de nuevo las relaciones con el mundo. Las huellas de las impresiones se entrecruzan y la actividad es frenética. Es importante mantener la concentración interior y no dejarse llevar por el ajetreo de la vida. Si te muestras serio y sereno, obtendrás la claridad que necesitas para enfrentarte a las numerosas impresiones que se abalanzan sobre ti. Esta seriedad serena es especialmente importante al principio, porque el principio contiene las semillas de todo lo que viene después.

SEIS EN SEGUNDO LUGAR SIGNIFICA:

Luz amarilla. Salvación sublime.

Ha llegado el mediodía. El Sol brilla con un resplandor amarillo. El amarillo es el color del medio y de la medida. Un resplandor amarillo es, por tanto, la imagen de la cultura y el arte perfectos, cuya máxima armonía reside en la moderación.

NUEVE EN TERCER LUGAR SIGNIFICA:

Ante el resplandor del Sol poniente,
la gente golpea la olla y canta,
o suspiran ruidosamente al acercarse la vejez.
Perdición.

Aquí está el final del día. El resplandor del Sol poniente es un recordatorio de la condicionalidad y fugacidad de la vida. En esta falta de libertad externa, la gente suele volverse también interiormente poco libre. O bien les motiva la fugacidad para ser tanto más exuberantes y disfrutar de la vida mientras dura, o bien se dejan llevar por la pena y echan a perder su precioso tiempo lamentándose por la proximidad de la vejez. Ambas cosas son malas. Para el hombre noble, una muerte temprana o tardía no son dos cosas diferentes. Aprecia su persona y espera su suerte, consolidando así su destino.

NUEVE EN CUARTO LUGAR SIGNIFICA:

Repentino es su advenimiento;
brota, muere, es arrojado lejos.

La claridad mental es a la vida como el fuego a la madera. El fuego se aferra a la madera, pero también la consume. La claridad mental está arraigada en la vida, pero también puede consumirla. Aquí se dibuja la imagen de un meteoro o de un fuego de paja. Un carácter agitado e inquieto se eleva rápidamente, pero carece de efectos duraderos. En estas circunstancias, es peligroso gastarse demasiado rápido y consumirse como un meteoro.

SEIS EN QUINTO LUGAR SIGNIFICA:

Llorar a torrentes, suspirar y lamentarse.
Salvación.

Aquí está el clímax de la vida. Sin previo aviso, uno se consumiría como una llama en esta posición. Si en cambio uno abandona el miedo y la esperanza, se da cuenta de la fugacidad de todo y llora y suspira, ansioso por mantener la propia claridad, la salvación viene de este lamento. Éste es el verdadero arrepentimiento, no sólo un estado de ánimo temporal como en el nueve en tercer lugar.

UN NUEVE EN LA CIMA SIGNIFICA:

El rey lo utiliza para desnudar y castigar.
Entonces es mejor matar a los jefes y capturar a los seguidores.
Sin mancha.

El propósito del castigo es disciplinar, no castigar ciegamente. El objetivo es curar la raíz del mal. En la vida del Estado, los cabecillas deben ser eliminados, pero los seguidores deben ser perdonados. En la autoeducación, los malos hábitos deben ser erradicados, pero los hábitos inofensivos deben ser tolerados. Porque el ascetismo demasiado estricto, como los tribunales penales demasiado severos, no conduce a ningún éxito.

SEGUNDA SECCIÓN

31. *Hiën* / La Influencia (la publicidad)

☱ Arriba *Dui*, lo Sereno, el lago
☶ Abajo *Ken*, la Quietud, la montaña

El nombre del hexagrama significa «general», «omnipresente» y, en sentido figurado, «influir», «estimular». El hexagrama superior es *Dui*, lo Sereno; el inferior, *Ken*, la Quietud. El signo rígido inferior estimula al signo débil superior a través de un efecto persistente y de quietud, que encuentra su correspondencia en la alegría y la jovialidad del signo superior. *Ken*, el signo inferior, es el hijo menor; *Dui*, el signo superior, es la hija menor. Esto representa la atracción mutua general de los sexos. El varón debe tomar la iniciativa y descender hacia la mujer en el cortejo. Al igual que la primera sección del libro comienza con los signos del Cielo y la Tierra, fundamentos de todo lo que existe, la segunda sección comienza con los signos del noviazgo y el matrimonio, como fundamentos de todas las relaciones sociales.

EL JUICIO

La influencia. El éxito.
La perseverancia es favorable.
Tomar una chica trae la salvación.

El débil está arriba, el fuerte abajo, atrayendo así sus fuerzas para que se unan. Esto crea el éxito, pues todo éxito se basa en el efecto de la atracción mutua. La moderación interior ante la alegría exterior garantiza que ésta no exceda la medida, sino que se mantenga dentro de los límites de lo correcto. Éste es el sentido de la admonición añadida: «La perseverancia es favorable»; porque esto distingue el cortejo de la seducción, en el que el hombre fuerte desciende hacia la muchacha débil y muestra consideración por ella. Esta atracción de la pareja es una ley general de la naturaleza. El Cielo y la Tierra se atraen, y así nacen todos los seres. El sabio trabaja en los corazones de los hombres a través de tal atracción, y así el mundo alcanza la paz. La naturaleza de todos los seres en el Cielo y en la Tierra puede reconocerse a partir de las atracciones que algo ejerce.

LA IMAGEN

En la montaña hay un lago: la imagen de la influencia.
Así, el hombre superior deja que la gente se acerque a él mediante la receptividad.

Una montaña con un lago en la cima es estimulada por su humedad. Esta ventaja le viene porque su cima no sobresale, sino que está empotrada. La imagen da el consejo de que uno debe mantenerse bajo y libre interiormente, para permanecer receptivo a los buenos consejos. Si quieres saberlo todo mejor, la gente pronto dejará de aconsejarte.

LAS LÍNEAS INDIVIDUALES

UN SEIS AL PRINCIPIO SIGNIFICA:

La acción se manifiesta en el dedo gordo del pie.

Un movimiento, antes de realizarse realmente, se manifiesta primero en los dedos de los pies. El pensamiento de la acción ya está presente, pero aún no se muestra a los demás. Mientras la intención no tenga efectos visibles, es indiferente al mundo exterior y no conduce ni al bien ni al mal.

SEIS EN SEGUNDO LUGAR SIGNIFICA:

La influencia se manifiesta en las pantorrillas.
Desastre.
La perseverancia trae la salvación.

La pantorrilla sigue al pie en movimiento. No puede avanzar por sí misma ni quedarse quieta por sí misma. Es un movimiento que no es independiente, y al no ser dueño de sí mismo, es desastroso. Uno debe esperar con calma hasta que una verdadera influencia lo impulse a actuar. Entonces permanecerá libre de daño.

NUEVE EN TERCER LUGAR SIGNIFICA:

La influencia se manifiesta en los muslos.
Se ciñe a lo que sigue.
Seguir es vergonzoso.

Cada estado de ánimo del corazón inspira un movimiento. A lo que el corazón se esfuerza, los muslos corren sin pensarlo, se adhieren a lo que el corazón sigue. Pero aplicado a la vida humana, este modo de ponerse en movimiento a cada capricho no es correcto y, si se continúa así constantemente, conduce a la vergüenza. Esto sugiere que uno no debe correr detrás de todas las personas sobre las que quiere influir sin reflexión, sino que debe ser capaz de contenerse en determinadas circunstancias. Del mismo modo, no hay que seguir inmediatamente los caprichos de aquellos a cuyo servicio se está. Y, por último, nunca hay que descuidar la posibilidad de contenerse, en la que se basa la libertad humana, ante los estados de ánimo del propio corazón.

NUEVE EN CUARTO LUGAR SIGNIFICA:

La perseverancia trae la salvación.
El remordimiento desaparece.
Si uno piensa con excitación de un lado a otro, sólo le siguen aquellos amigos a los que dirige pensamientos conscientes.

Aquí se alcanza el lugar del corazón. El estímulo que emana de aquí es lo más importante. Hay que tener especial cuidado para que la influencia sea constante y buena; entonces, a pesar del peligro que se deriva de la gran flexibilidad del corazón humano, no es necesario ningún remordimiento. Cuando actúa el poder sereno del ser personal, los efectos son normales. Todas las personas receptivas a las vibraciones de tal espíritu son entonces influenciadas. La influencia sobre los demás no debe manifestarse como una manipulación consciente y deliberada de los demás. Porque a través de tal agitación consciente, uno se agita y se desgasta por el eterno ir y venir. Además, los efectos se limitan entonces a las personas a las que uno dirige conscientemente sus pensamientos.

NUEVE EN QUINTO LUGAR SIGNIFICA:

La influencia se manifiesta en el cuello.
Sin remordimientos.

El cuello es la parte más inmóvil del cuerpo. Si la influencia se manifiesta aquí, la voluntad permanece firme y la influencia no conduce a la confusión. Por eso aquí no hay remordimientos. Lo que ocurre en estas profundidades del ser, el subconsciente, no puede ser causado ni obstaculizado por la mente consciente. Sin embargo, tampoco es posible influir en el mundo exterior si uno no puede ser influido.

UN SEIS EN LA CIMA SIGNIFICA:

La influencia se manifiesta en mandíbulas, mejillas y lengua.

La forma más externa de intentar influir en los demás es la mera charla, sin que las palabras correspondan a nada real. Tal estimulación por el mero movimiento de los órganos del habla permanece necesariamente insignificante. Por lo tanto, no se añade nada de felicidad o infelicidad.

32. *Hong* / La Duración

☳☴ **Arriba *Dschen*, lo Excitante, el trueno**
Abajo *Sun*, lo Suave, el viento

El signo fuerte *Dschen* está arriba, y el débil *Sun* está abajo. Este hexagrama es la contrapartida del anterior: allí se trataba del efecto, aquí se trata de la unión como estado permanente. Las imágenes son el trueno y el viento, que son fenómenos permanentemente unidos. El signo inferior apunta a la suavidad interior, mientras que el signo superior señala el movimiento exterior. Trasladado a las relaciones sociales, se representa aquí la institución del matrimonio como una unión permanente entre los sexos. En el noviazgo, el joven se coloca por debajo de la joven; en el matrimonio, representado por el hijo mayor y la hija mayor juntos, el hombre dirige y se mueve hacia afuera, mientras la mujer es suave y obediente en su interior.

EL JUICIO

Éxito. Sin tacha.
La perseverancia es propicia.
Tener a dónde ir es propicio.

La duración es un estado en el que el movimiento no se desgasta por las inhibiciones. No es un estado de reposo, pues la mera inmovilidad es regresión. Por el contrario, la duración es un movimiento autónomo y, por tanto, en constante renovación, de un todo organizado y autónomo que se realiza según leyes fijas, en el que a cada final le sigue un nuevo comienzo. El final se alcanza a través del movimiento hacia el interior, la inhalación, la sístole, la concentración. Este movimiento conduce a un nuevo comienzo en el que el movimiento se dirige hacia el exterior, la espiración, la diástole, la expansión. Así es como los cuerpos celestes tienen sus órbitas en el Cielo y pueden, por lo tanto, brillar continuamente. Las estaciones tienen una ley fija de cambio y transformación, y, por lo tanto, pueden tener un efecto permanente. Y así, también, el que es llamado tiene un propósito permanente en su camino, y el mundo llega así a su formación final. A partir de aquello en lo que las cosas tienen su duración, se puede reconocer la naturaleza de todos los seres del Cielo y de la Tierra.

LA IMAGEN

El trueno y el viento: la imagen de la duración.
Así, el hombre superior se mantiene firme y no cambia de dirección.

El trueno ruge y el viento sopla. Ambos son extremadamente móviles, de modo que parecen lo contrario de la duración. Pero su surgir y retroceder, su ir y venir siguen leyes permanentes. Así pues, la independencia de lo superior no se basa en que sea rígido e inmóvil. Siempre se mueve con los tiempos y cambia con ellos. Lo que es permanente es la dirección fija, la ley interior de su ser, que determina todas sus acciones.

LAS LÍNEAS INDIVIDUALES

UN SEIS AL PRINCIPIO SIGNIFICA:

Desear la permanencia demasiado deprisa trae persistentemente el desastre.
Nada que sea beneficioso.

Algo duradero sólo puede crearse gradualmente mediante un largo trabajo y una cuidadosa reflexión. «Si quieres comprimir algo, primero debes permitir que se expanda adecuadamente», dice Lao Tzú en este sentido. Quien exige demasiado de golpe está precipitando las cosas. Y como quiere demasiado, al final no consigue nada.

NUEVE EN SEGUNDO LUGAR SIGNIFICA:

El arrepentimiento desaparece.

La situación es anormal. La fuerza del carácter es más fuerte que el poder material del que se dispone. Tal vez se podría temer caer en la tentación de hacer algo que supere las propias fuerzas. Pero como es el tiempo de la duración, es posible controlar la fuerza interior para que se evite cualquier exceso y desaparezca así la causa del remordimiento.

NUEVE EN TERCER LUGAR SIGNIFICA:

A quien no da duración a su carácter se le ofrece
la vergüenza.
Vergüenza persistente.

Si la propia naturaleza se deja llevar por los estados de ánimo que despierta el mundo exterior a través del miedo y la esperanza, se pierde la consistencia interior del carácter. Tal inconsistencia interior conduce constantemente a experiencias embarazosas. Estas vergüenzas a menudo vienen de un lado en el que uno no había pensado. No son efectos del mundo exterior, sino conexiones lícitas provocadas por la propia naturaleza.

NUEVE EN CUARTO LUGAR SIGNIFICA:

No hay caza en el campo.

Si quieres conseguir un tiro mientras cazas, debes comenzar de la manera correcta. Si sigues buscando caza en un lugar donde no la hay, puedes esperar todo lo que quieras y aun así no encontrar ninguna. La duración en la búsqueda no es suficiente. Lo que no busques de la forma correcta, no lo encontrarás.

SEIS EN QUINTO LUGAR SIGNIFICA:

Dar duración al carácter a través de la perseverancia es la salvación para una mujer y el desastre para un hombre.

Una mujer debe seguir a un hombre toda su vida, pero un hombre debe atenerse a lo que es su deber en cada momento; si quisiera seguir a la mujer todo el tiempo, sería un error para él. En consecuencia, para una mujer, la adhesión conservadora a lo tradicional está bien. Un hombre, en cambio, debe permanecer flexible y adaptable y sólo dejarse determinar por lo que exige su deber.

UN SEIS EN LA CIMA SIGNIFICA:

La inquietud como estado permanente trae desastres.

Hay personas que están constantemente en movimiento sin encontrar la paz interior. La inquietud no sólo obstaculiza toda minuciosidad, sino que se convierte en un peligro directo si se encuentra en una posición decisiva.

33. *Dun* / El Retiro

☰☶ Arriba *Kiën*, lo Creativo, el Cielo
Abajo *Ken*, la Quietud, la montaña

El poder de lo sombrío aumenta. La luz se retira de él con seguridad, para que no pueda dañarla. Esta retirada no es una cuestión de arbitrariedad humana, sino de las leyes de la naturaleza. Por lo tanto, en este caso, la retirada es la forma correcta de actuar, que no desgasta las fuerzas. Como signo del mes, el hexagrama se asocia al sexto mes (julio-agosto), en el que las fuerzas del invierno ya empiezan a mostrar de nuevo su efecto.

EL JUICIO

La retirada. El éxito.
A pequeña escala, la perseverancia es favorable.

Las condiciones son tales que las fuerzas enemigas, favorecidas por el tiempo, avanzan. En este caso, la retirada es lo correcto, y es precisamente mediante la retirada como se alcanza el éxito. El éxito consiste en saber ejecutar correctamente la retirada. No hay que confundir la retirada con la huida, que no busca otra cosa que el rescate a toda costa. La retirada es un signo de fortaleza. No debes desaprovechar el momento oportuno siempre que estés en plena posesión de tu fuerza y de tu posición. Entonces sabrás leer a tiempo los signos de los tiempos y preparar una retirada temporal en lugar de enfrascarte en una lucha desesperada a muerte. Del mismo modo, no te limitas a ceder el paso a tu adversario, sino que le dificultas el avance mostrando perseverancia en las acciones individuales. De este modo, la retirada ya está preparando el giro. No es fácil comprender las leyes de una retirada tan activa. El significado que se esconde en un momento así es significativo.

LA IMAGEN

Bajo el Cielo está la montaña: la imagen del retiro.
Así, el hombre superior aleja al inferior, no con enfado, sino con mesura.

La montaña se eleva bajo el Cielo, pero está en su naturaleza que acabe por detenerse. El Cielo, en cambio, se retira hacia arriba, hacia la distancia que lo precede, de modo que permanece fuera de su alcance. Ésta es la imagen de la forma en que el hombre superior se comporta con el plebeyo ascendente. Se retira de él en su actitud. No le odia, porque el odio es una especie de implicación interior a través de la cual uno se conecta con el objeto odiado. El hombre superior demuestra fuerza (Cielo) al detener al hombre mezquino (montaña) con su templanza.

LAS LÍNEAS INDIVIDUALES

UN SEIS AL PRINCIPIO SIGNIFICA:

Al retirarse por la cola: esto es peligroso.
Uno no debe querer hacer algo.

Como el signo es la imagen de algo que se retira, la primera línea es la cola y la línea superior es la cabeza. Al retroceder, es ventajoso estar delante. Aquí estás en contacto directo con el enemigo que te persigue. Esto es peligroso. No es aconsejable hacer nada en circunstancias tan peligrosas. La forma más fácil de evitar el peligro es quedarse quieto.

SEIS EN SEGUNDO LUGAR SIGNIFICA:

**Lo sujeta fuertemente con cuero de buey amarillo.
Nadie puede soltarlo.**

El amarillo es el color del medio. Señala lo que es correcto y obediente. El cuero de buey es firme e inquebrantable. Mientras los nobles se retiran y los humildes les siguen, aquí se representa a un hombre humilde que se aferra tan firme y tenazmente a los nobles que estos no pueden separarse de él. Y como quiere lo que es justo y es tan fuerte en su voluntad, también logra su objetivo.[1] De este modo, la línea confirma la palabra de juicio: «En las cosas pequeñas (aquí tanto como: para el hombre humilde) la perseverancia es favorable».

NUEVE EN TERCER LUGAR SIGNIFICA:

**Detener la retirada es embarazoso y peligroso.
Mantener a la gente como sirvientes y criadas trae
la salvación.**

Cuando llega el momento de retirarse y te retienen, es desagradable y peligroso porque te privan de tu libertad de acción. En tal caso, la única salida es tomar a su servicio, por así decirlo, a quienes no te dejan ir, para al menos conservar la iniciativa y no quedar indefenso bajo su dominio. Pero, aunque esta sea una salida, la situación no es agradable. Porque, ¿qué se puede hacer con tales sirvientes?

1. Se sugiere un pensamiento similar al de la lucha nocturna de Jacob con el Dios de Peniel en *Génesis* 32: «No te dejaré, a menos que me bendigas».

NUEVE EN CUARTO LUGAR SIGNIFICA:

**La retirada voluntaria trae la salvación al noble,
la ruina al plebeyo.**

Para el hombre superior, la retirada significa que se despide con toda amabilidad y con placer. La retirada también le resulta fácil interiormente, porque así no necesita hacer violencia a sus convicciones. El único que sufre por ello es el hombre común, del que se retira y que debe degenerar sin la guía del hombre superior.

NUEVE EN QUINTO LUGAR SIGNIFICA:

**Retiro amistoso.
La perseverancia trae la salvación.**

Corresponde al hombre superior reconocer a tiempo cuándo es el momento de retirarse. Si uno elige el momento adecuado para retirarse, esta retirada puede tener lugar de forma totalmente amistosa, sin necesidad de discusiones desagradables. Pero a pesar de todo el carácter vinculante de la forma exterior, es necesaria una firmeza de resolución absoluta para no dejarse engañar por otras consideraciones.

NUEVE EN LA CIMA SIGNIFICA:

Retiro alegre. Todo es favorable.

La situación es inequívoca. El desapego interior es un hecho establecido. Esto te da la libertad de irte. Cuando uno ve su camino tan claro y sin ambigüedades ante sí, surge un estado de ánimo sereno que elige lo correcto sin ninguna vacilación. Un camino tan claro siempre conduce al bien.

大壯

34. *Da Dschuang* / El Gran poder

☳ Arriba *Dschen*, lo Excitante, el trueno
☰ Abajo *Kiën*, lo Creativo, el Cielo

Las grandes líneas, es decir, ligeras y fuertes, son poderosas. Cuatro líneas de luz han entrado en el signo desde abajo y están a punto de seguir ascendiendo. La mitad superior del signo es *Dschen*, lo Excitante, mientras que la inferior es *Kiën*, lo Creativo. Lo Creativo es fuerte, y lo Excitante es movimiento. La unión de movimiento y fuerza da la sensación del poder de lo grande. El signo se asigna al segundo mes (marzo-abril).

EL JUICIO

El poder de lo grande. La perseverancia es favorable.

El hexagrama señala un momento en el que el valor interior se eleva poderosamente y llega al poder. Pero la fuerza ya ha pasado el centro. Por eso existe el peligro de que uno confíe en su poder sin preguntarse siempre qué es lo correcto, de que uno se empeñe en el movimiento sin esperar el momento adecuado. Por eso se añade la frase de que la perseverancia es beneficiosa. Porque éste es verdaderamente el gran poder, que no degenera en mera fuerza, sino que permanece interiormente conectado con los principios del derecho y la justicia. Si se comprende este punto, que la grandeza y la justicia deben estar inseparablemente unidas, entonces se comprende el verdadero significado de todos los acontecimientos mundiales en el Cielo y en la Tierra.

LA IMAGEN

**El trueno está en lo alto de los Cielos:
la imagen del poder del Grande.
Así, el hombre superior no pisa caminos
que no se ajusten al orden.**

El trueno, la fuerza eléctrica, se eleva hacia arriba en la primavera. Este movimiento está en armonía con la dirección del movimiento de los Cielos. Por lo tanto, es un movimiento acorde con los Cielos lo que produce un gran poder. Pero la verdadera grandeza se basa en el hecho de que está en armonía con lo que es correcto. Por lo tanto, en tiempos de gran poder, el hombre superior tiene cuidado de no hacer nada que no esté en armonía con lo que está en orden.

LAS LÍNEAS INDIVIDUALES

UN NUEVE AL PRINCIPIO SIGNIFICA:

**Poder en los dedos de los pies.
Continuar trae desastres. Eso es cierto.**

Los dedos de los pies están en el fondo y están listos para avanzar. Así, un gran poder en la base se inclina a forzar el progreso. Pero esto llevaría ciertamente al desastre si se continuara. Por lo tanto, se adjunta una advertencia como consejo.

NUEVE EN SEGUNDO LUGAR SIGNIFICA:

La perseverancia trae la salvación.

Se supone que las puertas del éxito comienzan a abrirse. La resistencia empieza a ceder. Se hacen poderosos progresos. Éste es el punto en el que con demasiada facilidad se instala la arrogancia, que no se puede contener. De ahí el oráculo de que la perseverancia –es decir, en equilibrio interior, sin exageración de poder– trae la salvación.

NUEVE EN TERCER LUGAR SIGNIFICA:

El hombre común trabaja a través del poder,
el hombre superior no.
Avanzar es peligroso.
Un macho cabrío choca contra un seto y enreda sus cuernos.

La insistencia en el poder conduce a enredos, igual que una cabra que choca contra un seto y enreda sus cuernos. El hombre común, cuando está en posesión del poder, se deleita en él, el hombre superior no lo hace. Es consciente del peligro de continuar en cualquier circunstancia y, por tanto, renuncia a tiempo a la mera ostentación de poder.

NUEVE EN CUARTO LUGAR SIGNIFICA:

La perseverancia trae la salvación.
El remordimiento desaparece.
El cerco se abre, no hay enredo.
El poder descansa sobre el eje de un gran carro.

Si uno trabaja con perseverancia y en silencio para eliminar los obstáculos, finalmente lo logrará.[1] Las dificultades retroceden, y la causa del

1. Esto también se aplica a las luchas con la propia naturaleza imperfecta. Aquí también es importante no cansarse, a pesar de las recaídas constantes, sino continuar hasta que se logre el éxito y llegue el momento en el que se pueda decir:
   «Todo lo transitorio,
   lo atrapado en pecados,
   fue una vez.
   Crecen alas,
   se levanta el cerrojo
   del salón eterno».

arrepentimiento, que se basa en una exageración del uso del poder, desaparece. El poder no se muestra externamente, pero tiene el efecto de mover cargas pesadas, como un gran carro cuya fuerza reside en su eje. Cuanto menos se use el poder externamente, más fuerte será su efecto.

SEIS EN QUINTO LUGAR SIGNIFICA:

Pierde el dinero con facilidad.
Sin remordimientos.

Se caracteriza por su dureza externa y su debilidad interna. Ahora la situación es tal que todo es muy fácil; ya no hay resistencia. Se puede descartar el carácter combativo y obstinado y no habrá que lamentarlo.

UN SEIS EN LA CIMA:

Una cabra tropieza con un seto.
No puede retroceder, no puede avanzar.
Nada es favorable.
Darse cuenta de la dificultad trae la salvación.

Si se aventura demasiado, se llega a un callejón sin salida donde no se puede ni avanzar ni retroceder, y sólo sirve para complicar aún más las cosas. Tal obstinación conduce a dificultades insuperables. Si te das cuenta de la situación y no quieres avanzar, sino calmarte, todo mejorará con el tiempo.

35. *Dsin* / El Progreso

☲ Arriba *Li*, el Aferrarse, el fuego
☷ Abajo *Kun*, la Recepción, la Tierra

El hexagrama representa el Sol que se eleva por encima de la Tierra; es, por tanto, la imagen de un progreso rápido y fácil, que al mismo tiempo significa una expansión y una claridad cada vez mayores.

EL JUICIO

El progreso:
El príncipe fuerte es honrado por caballos en gran número.
Es recibido tres veces en un día.

Este hexagrama describe un momento en el que un príncipe feudal fuerte reúne a los demás príncipes en torno al Gran Rey en obediencia y paz, y es ricamente dotado por el Gran Rey y atraído cerca de él. El verdadero efecto del progreso procede de un hombre en posición de dependencia, al que los demás consideran su igual, razón por la cual le siguen de buen grado. Este líder tiene suficiente claridad interior para no abusar de la gran influencia que tiene, sino para utilizarla en favor del Señor. El Señor, por su parte, está libre de toda envidia, concede al gran hombre abundantes dones y lo atrae constantemente hacia sí. Un maestro iluminado y un siervo obediente son las condiciones de un gran progreso.

LA IMAGEN

El Sol se eleva sobre la Tierra:
la imagen del progreso.
Así es como el propio hombre superior hace brillar sus claras disposiciones.

La luz del Sol que se eleva sobre la Tierra es clara por naturaleza, pero cuanto más alto se eleva el Sol, más emerge de los vapores nubosos y brilla tanto más en su pureza original. Así, la verdadera naturaleza del hombre también es originalmente buena, pero está enturbiada por su conexión con lo terrenal y, por tanto, necesita purificarse para poder brillar en su claridad original.[1]

LAS LÍNEAS INDIVIDUALES

UN SEIS AL PRINCIPIO:

Progresando, pero rechazado.
La perseverancia trae la salvación.
Si no encuentras confianza, mantén la calma.
No te equivocas.

En un momento en el que todo te empuja a progresar, sigues sin saber si encontrarás rechazo a medida que avances. Es importante simplemente continuar en la dirección correcta: esto traerá finalmente la salvación. Puede ocurrir que no confíen en ti. En este caso, no te esfuerces por conseguir la confianza en cualquier circunstancia; debes permanecer tranquilo y alegre y no permitir que te provoquen la ira. De este modo permanecerás intachable.

---

1. Aquí está el tema que se trata en detalle en *La Educación Superior* (Da Hüo).

SEIS EN SEGUNDO LUGAR SIGNIFICA:

**Progresar, pero con dolor.
La perseverancia trae la salvación.
Entonces recibirás una gran suerte de tu antepasada.**

El progreso se detiene, se le impide entrar en contacto con la persona en posición de liderazgo con la que tiene una relación. Esto trae tristeza. Pero en tal caso es importante perseverar; entonces experimentarás una gran felicidad de esa personalidad en dulzura maternal. Esta felicidad llega y es bien merecida, porque el afecto mutuo no se basa en motivos egoístas y partidistas, sino en principios firmes y correctos.

SEIS EN TERCER LUGAR SIGNIFICA:

**Todos están de acuerdo.
El remordimiento se desvanece.**

Uno se esfuerza hacia adelante, en comunidad con otros, a través de cuyo acuerdo uno se eleva. Así desaparece la causa del remordimiento, que se encontraría en el hecho de que uno no tiene la independencia para afirmarse sólo contra todo destino hostil.

NUEVE EN CUARTO LUGAR SIGNIFICA:

**Progresar como un hámster.
La perseverancia conlleva peligros.**

En tiempos de progreso, es fácil para las personas fuertes, si están en el lugar equivocado, reunir muchas cosas. Pero tal comportamiento rehúye la luz. Y como los tiempos de progreso son siempre tiempos en los que el sol saca a la luz todos los comportamientos tímidos ante la luz, persistir en tales actividades trae necesariamente peligro.

SEIS EN QUINTO LUGAR SIGNIFICA:

**El remordimiento se desvanece.
No te tomes a pecho las ganancias y las pérdidas.
Los esfuerzos traen la salvación.
Todo es favorable.**

Se trata de una situación en la que, en tiempos de progreso, uno se encuentra en una posición de autoridad y se muestra suave y reservado. Uno podría reprocharse no haber utilizado el favor de la época con suficiente energía y haber procurado todas las ventajas posibles. Pero este remordimiento se desvanece. No hay que tomarse a pecho las pérdidas y las ganancias. Son cosas secundarias. Lo que es más importante es que te hayas asegurado oportunidades para un trabajo exitoso y beneficioso de esta manera.

UN NUEVE EN LA CIMA SIGNIFICA:

**Uno sólo puede avanzar con los cuernos para castigar su propia área.
La conciencia del peligro trae la salvación.
No hay mancha.
La perseverancia trae vergüenza.**

En tiempos como los que nos ocupan, sólo se debe avanzar con los cuernos, es decir, atacar los errores del propio pueblo. Al hacerlo, uno debe permanecer consciente de que tal enfoque de ataque siempre está asociado con el peligro. De este modo se evitan los errores que de otro modo serían inminentes, y lo que se pretendía tiene éxito. Por otra parte, si se persiste en esta actitud demasiado enérgica, sobre todo con los distantes, el resultado será vergonzoso.

36. *Ming I* / El Oscurecimiento de la luz

☷ Arriba *Kun*, el Receptivo, la Tierra
☲ Abajo *Li*, lo Adherente, el fuego

El Sol se ha hundido aquí por debajo de la Tierra, de ahí que esté oscurecido. El nombre del hexagrama significa en realidad «herida de la luz», por lo que las líneas individuales hablan a menudo de heridas. La situación es exactamente la opuesta a la del signo anterior. Allí un hombre sabio estaba a la cabeza, con ayudantes capaces con los que avanzaba conjuntamente; aquí, un hombre oscuro ocupa una posición de autoridad, perjudicando al hombre capaz y sabio.

EL JUICIO

El oscurecimiento de la luz.
Es beneficioso perseverar en la adversidad.

No hay que dejarse llevar indefenso por las circunstancias desfavorables ni permitir que se doblegue la voluntad interior. Esto es posible si se es interiormente ligero y exteriormente dócil y complaciente. Incluso la mayor adversidad puede superarse con esta actitud. Es posible que debas ocultar tu luz para perseverar a pesar de las dificultades de tu entorno. La perseverancia debe vivir en la conciencia más íntima y no debe aflorar al exterior. Sólo así se puede mantener la propia voluntad frente a las dificultades.

LA IMAGEN

La luz se ha hundido en la tierra:
la imagen del oscurecimiento de la luz.
Así es como el hombre superior convive con la gran multitud:
oculta su luz y, sin embargo, sigue siendo luminoso.

En tiempos de oscuridad, es importante ser prudente y reservado. No se debe incurrir en enemistades inútiles por un comportamiento imprudente. En esos tiempos, no hay que seguir las costumbres de la gente, pero tampoco hay que criticarlas. No es el momento de querer saberlo todo; hay que dejar pasar algunas cosas sin dejarse seducir por ellas.

LAS LÍNEAS INDIVIDUALES

UN NUEVE AL PRINCIPIO:

Oscurecimiento de la luz en vuelo.
Baja sus alas.
El hombre noble en sus andanzas no come nada durante tres días.
Pero tiene adónde ir.
El terrateniente tiene que hablar de él.

Con gran determinación, uno quiere elevarse por encima de todos los obstáculos. Pero entonces se encuentra con un destino hostil, retrocede y cede. El tiempo es duro; hay que apresurarse sin un lugar fijo. Si uno permanece fiel a sus principios, encontrará desgracia, pero tendrá una meta fija por la que luchar, aunque la gente con la que convive no lo comprenda y hable mal de él.

SEIS EN SEGUNDO LUGAR SIGNIFICA:

**El oscurecimiento de la luz hiere su muslo izquierdo.
Aporta ayuda con la fuerza de un caballo. La salvación.**

Aquí el Señor de la luz está en una posición subordinada, herido por el Señor de las tinieblas. Pero la herida no es mortal, sólo un obstáculo. Todavía es posible el rescate. La persona afectada no piensa en sí misma, sino sólo en la salvación de los demás que también están amenazados. La salvación reside en esta acción obediente.

NUEVE EN TERCER LUGAR SIGNIFICA:

**El oscurecimiento de la luz en la caza en el sur.
Su gran cabeza es capturada.
No hay que esperar la perseverancia demasiado precipitadamente.**

Mientras el hombre fuerte y leal se esfuerza por crear el orden mediante una actividad celosa, sin segundas intenciones, encuentra por casualidad al cabecilla del desorden y lo captura. Así se consigue la victoria, pero no hay que precipitarse a la hora de poner fin a los abusos, ya que estos han durado demasiado tiempo.

SEIS EN CUARTO LUGAR SIGNIFICA:

**Penetra en la cavidad abdominal izquierda.
Uno recibe el corazón del oscurecimiento de la luz y abandona la puerta y el patio.**

Se está cerca de la cabeza de las tinieblas y se aprenden sus pensamientos más secretos. De este modo, uno se da cuenta de que no hay esperanza de mejora y está preparado a tiempo para abandonar el lugar del desastre antes de que éste se produzca.

SEIS EN QUINTO LUGAR SIGNIFICA:

Oscurecimiento de la luz como con el príncipe Gi.
La perseverancia es favorable.

El príncipe Gi vivió en la corte del tirano oscuro Dschou Sin, quien es el ejemplo histórico que está detrás de toda esta situación. Gi ocultó su buena disposición y fingió estar loco, manteniéndose como esclavo sin dejarse engañar por las adversidades externas. Ésta es la lección para quienes no pueden abandonar su lugar en tiempos de oscuridad: con una perseverancia invencible en el interior, deben ser doblemente cuidadosos en el exterior para evitar el peligro.

UN SEIS EN LA CIMA SIGNIFICA:

No luz, sino oscuridad.
Primero ascendió al Cielo,
luego se sumergió en las profundidades de la Tierra.

Ésta es la cima de la oscuridad. Al principio, el poder oscuro era tan alto que podía dañar todo lo bueno y la luz. Sin embargo, al final, perece por su propia oscuridad, ya que el mal debe caer en el momento en que ha vencido completamente al bien y consumido así el poder al que antes debía su existencia.

37. *Jia Ren* / El Clan

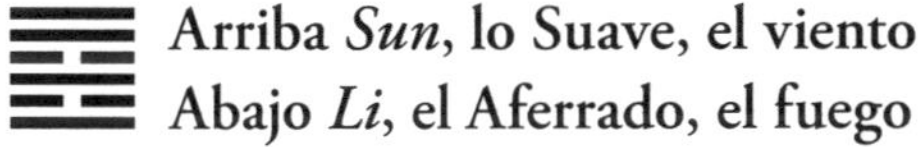

Arriba *Sun*, lo Suave, el viento
Abajo *Li*, el Aferrado, el fuego

El símbolo representa las leyes que se aplican dentro del clan. La línea fuerte de arriba representa al padre, la línea de abajo al hijo; la quinta línea fuerte representa al marido, y la segunda línea suave a la mujer. Además, las dos líneas fuertes en el quinto y tercer lugar representan a dos hermanos, mientras que las correspondientes líneas débiles en el cuarto y segundo lugar representan a sus esposas, de modo que todas las relaciones y parentescos dentro del clan se expresan según su naturaleza. Cada línea individual tiene la naturaleza correspondiente a su lugar. El hecho de que esté en el sexto lugar, donde cabría esperar una línea débil, haya sin embargo una línea fuerte, indica claramente la firmeza que debe emanar del jefe del clan. El clan muestra las leyes que actúan en el interior de la casa y que mantienen el Estado y el mundo en orden en el exterior. La influencia que actúa desde el interior del clan hacia el exterior está representada por la imagen del viento generado por el fuego.

EL JUICIO

El clan. La perseverancia de la mujer es favorable.

La base del clan es la relación entre marido y mujer. El vínculo que mantiene unido al clan reside en la fidelidad y la perseverancia de la mujer. Su lugar está en el interior (segunda línea), el del hombre en el exterior (quinta línea). El hecho de que el hombre y la mujer ocupen el lugar que les corresponde obedece a las grandes leyes de la naturaleza. El clan necesita una autoridad firme, que son los padres. Si el padre es realmente un padre y el hijo un hijo, si el hermano mayor ocupa su lugar como hermano mayor y el hermano menor su lugar como hermano menor, si el marido es realmente un marido y la mujer una mujer, entonces el clan está en orden. Si el clan está en orden, entonces todas las relaciones sociales de la humanidad están en orden. De las cinco relaciones sociales, tres están dentro del clan: entre padre e hijo –amor–, entre marido y mujer –disciplina–, entre hermano mayor y hermano menor –orden–. La reverencia amorosa del hijo se transfiere al príncipe como lealtad al deber, y el orden y el afecto de los hermanos al amigo como lealtad y la relación con los superiores como subordinación. El clan es el núcleo de la sociedad, el suelo natural en el que el ejercicio de los deberes morales se ve facilitado por el afecto natural, de modo que en el círculo íntimo se sientan las bases que luego se transfieren a las relaciones humanas en general.

LA IMAGEN

El viento sale del fuego: la imagen del clan.
Así, el hombre superior tiene la causa en sus palabras
y la duración en su comportamiento.

El calor produce poder, es decir, el viento que se enciende con el fuego y surge de él. Éste es el efecto de adentro hacia afuera. Lo mismo es necesario en la regulación del clan. En este caso, el efecto debe emanar de uno mismo hacia los demás. Para ejercer tal efecto, las palabras deben tener poder; sólo pueden hacerlo si se basan en algo real, como la llama en el combustible. Sólo si las palabras se basan en hechos y se refieren claramente a circunstancias concretas tienen influencia. Los discursos y exhortaciones generalizados son completamente ineficaces. Además, las palabras deben estar respaldadas por el conjunto del comportamiento, ya que el viento actúa a través de su duración. Sólo un comportamiento firme y coherente causará en los demás la impresión de que pueden amoldarse a él y seguirlo. Si las palabras y el comportamiento no están en armonía y no son coherentes, el efecto no se materializará.

LAS LÍNEAS INDIVIDUALES

UN NUEVE AL PRINCIPIO:

Cierre firme dentro del clan.
Desaparecen los remordimientos.

La familia debe formar una unidad firmemente delimitada en la que cada miembro conozca su lugar. Desde el principio, los niños deben acostumbrarse a reglas fijas, incluso antes de que su voluntad se centre en otra cosa. Si se empieza a imponer el orden demasiado tarde, cuando la voluntad de los niños ya está estropeada, los caprichos y las pasiones que han crecido opondrán resistencia y habrá motivos para el remordimiento. Si se empieza a poner orden a tiempo, también habrá ocasiones para el remordimiento, pero éste siempre desaparecerá . Todo se pondrá en su sitio.

SEIS EN SEGUNDO LUGAR SIGNIFICA:

Ella no debe seguir su capricho.
Debe proporcionar alimento en su interior.
La perseverancia trae la salvación.

La mujer debe seguir siempre la voluntad del dueño de la casa, ya sea el padre, el marido o el hijo adulto.[1] Su posición está en el centro del hogar. Aquí tiene grandes e importantes deberes que no necesita buscar. Debe proporcionar alimentos a la familia y comidas de sacrificio,

1. «Aprenda a tiempo la mujer a servir según su designio».

lo que la convierte en el centro de la vida social y religiosa de la familia. La perseverancia en este puesto trae la salvación a toda la casa. Aplicado a las circunstancias generales, se aconseja no buscar nada por la fuerza, sino limitarse con calma a los deberes que se tienen entre manos.

NUEVE EN TERCER LUGAR SIGNIFICA:

Si las cosas se calientan en el clan,
habrá remordimientos por un rigor excesivo.
Pero salvación.
Si la esposa y el hijo se divierten y ríen,
esto acabará en vergüenza.

En la familia debe existir el justo equilibrio entre severidad e indulgencia. La excesiva severidad con la propia carne y sangre conduce al remordimiento. Lo mejor es erigir barreras firmes dentro de las cuales el individuo tenga total libertad de movimiento. Pero en caso de duda, es mejor ser demasiado riguroso, ya que, a pesar de las faltas individuales, se preserva la disciplina de la familia, que es preferible a una debilidad que conduce a la desgracia.

SEIS EN CUARTO LUGAR SIGNIFICA:

Es la riqueza de la casa.
Gran salvación.

Es del ama de casa de quien depende la prosperidad de la familia. Siempre hay prosperidad cuando los gastos y los ingresos están en sano equilibrio. Esto conduce a una gran salvación. Aplicado a la vida pública, se refiere al administrador fiel que promueve el bien común a través de sus medidas.

NUEVE EN QUINTO LUGAR SIGNIFICA:

**Un rey se acerca a su clan, no temáis.
Salvación.**

Un rey es la imagen de un hombre paternal, interiormente rico. No actúa de tal manera que haya que temerle, sino que toda la familia puede tener confianza porque en su trato prevalece el amor.[2] Su naturaleza ejerce por sí misma la influencia adecuada.

UN NUEVE EN LA CIMA SIGNIFICA:

**Su obra sobrecoge.
Finalmente, llega la salvación.**

El orden de la familia se basa en última instancia en la persona del cabeza de familia. Si él forma su persona de tal manera que tenga un efecto impresionante por el poder de la verdad interior, entonces todo irá bien en la familia. La responsabilidad del liderazgo debe ser asumida por uno mismo.

---

2. «No hay temor en el amor».

38. *Kui* / El Contraste

☲ Arriba *Li*, lo Adherente, la llama
☱ Abajo *Dui*, lo Sereno, el lago

El hexagrama *Kui* representa el contraste y la oposición. El fuego (*Li*) asciende mientras que el agua del lago (*Dui*) desciende, simbolizando movimientos opuestos. Además, *Li* la segunda hija y *Dui* la hija menor; aunque coexisten en el mismo espacio, sus naturalezas y voluntades difieren, creando contrastes y oposiciones.

EL JUICIO

El contraste. La salvación se encuentra en las cosas pequeñas.

Cuando las personas viven en oposición y distanciamiento, es difícil lograr grandes obras comunes debido a diferencias profundas en opiniones y objetivos. En tales situaciones, es mejor enfocarse en pequeñas acciones y avances graduales que puedan conducir a la comprensión y armonía. Aunque la oposición puede parecer obstructiva, también desempeña un papel vital al crear equilibrio y diversidad en el mundo, como se ve en las polaridades de Cielo y Tierra, espíritu y naturaleza, hombre y mujer.

LA IMAGEN

Sobre el fuego, debajo el lago: la imagen del contraste.
Así, el hombre superior conserva su singularidad a pesar de toda comunidad.

Al igual que el fuego y el agua mantienen sus propiedades únicas incluso cuando están juntos, el individuo sabio mantiene su integridad y singularidad aun cuando interactúa y coopera con personas de diferentes naturalezas. No se conforma ni pierde su esencia al mezclarse con otros.

LAS LÍNEAS INDIVIDUALES

NUEVE AL PRINCIPIO:

El remordimiento se desvanece.
Si pierdes tu caballo, no corras tras él; volverá por sí mismo.
Si ves gente malvada, ten cuidado con los errores.

En tiempos de oposición, no debes forzar la unidad o perseguir con desesperación lo que parece perdido; la confianza y la paciencia permitirán que las cosas regresen a su curso natural. Al encontrarte con personas de mala influencia, mantén la cautela y evita acciones precipitadas que puedan empeorar la situación. La tolerancia y la calma ayudarán a resolver malentendidos y restaurar la armonía.

NUEVE EN SEGUNDO LUGAR:

Te encuentras con tu amo en un camino estrecho.
Ni una mancha.

Debido a malentendidos, las reuniones formales pueden ser difíciles. Sin embargo, encuentros fortuitos en circunstancias simples permiten que las conexiones auténticas se reafirmen, siempre que exista una unión interior y comprensión mutua.

SEIS EN TERCER LUGAR:

Ves el carro tirado hacia atrás,
el ganado sujetado,
el pelo y la nariz del hombre cortados.
No es un buen comienzo, pero sí un buen final.

Aunque al principio puedas enfrentar obstáculos, retrasos y humillaciones, mantener la perseverancia y la fidelidad hacia aquellos con quienes estás conectado resultará en un desenlace positivo. La adversidad inicial puede transformarse en éxito si no te desanimas y mantienes tu compromiso.

NUEVE EN CUARTO LUGAR:

Solitario por contraste,
conoces a una persona afín con la que puedes socializar de buena fe.
No es un defecto a pesar del peligro.

Sentirse aislado debido a diferencias con quienes te rodean puede ser difícil, pero encontrar a alguien que comparte tus valores y perspectivas brinda apoyo y reduce los peligros del aislamiento. La confianza y la conexión genuina con esta persona te ayudarán a superar desafíos.

SEIS EN QUINTO LUGAR:

El arrepentimiento desaparece.
El compañero muerde la cáscara.
Si vas hacia él, ¿cómo podría ser un error?

Una persona fiel rompe las barreras de la separación y se acerca a ti. Es tu deber responder y colaborar con él. Al hacerlo, superas malentendidos y restauras la conexión, eliminando cualquier sentimiento de remordimiento o arrepentimiento.

NUEVE EN LA CIMA:

Aislado por contraste, ves a tu compañero
como un cerdo sucio,
como un carro lleno de demonios.
Primero le apuntas con el arco y luego lo bajas.
No es un ladrón, quiere ser libre en el plazo fijado.
La lluvia cae a su paso, luego llega la salvación.

Los malentendidos internos te hacen percibir erróneamente a tus verdaderos amigos como enemigos o amenazas. Inicialmente te pones a la defensiva, pero al reconocer tu error, bajas tus armas y aceptas sus buenas intenciones. Este reconocimiento disipa la tensión y restaura la armonía, como la lluvia que alivia la pesadez antes de una tormenta. Al máximo punto de contraste, se produce la reconciliación y la salvación.

39. *Giën* / El Obstáculo

☵☶ Arriba *Kan*, lo Abismal, el agua
Abajo *Ken*, la Quietud, la montaña

El hexagrama *Giën* representa obstáculos y dificultades: un peligroso abismo delante y una montaña inaccesible detrás. Sin embargo, también sugiere que estos obstáculos pueden y deben superarse mediante la quietud y la introspección que simboliza la montaña.

EL JUICIO

El obstáculo. El suroeste es favorable; el noreste no es favorable.
Es beneficioso ver al gran hombre.
La perseverancia trae la salvación.

Cuando te enfrentas a obstáculos insuperables de manera directa, es sabio retroceder o desviarse (suroeste) en lugar de avanzar obstinadamente (noreste). Buscar la guía y el apoyo de personas sabias y capaces («el gran hombre») es esencial. Mantener una actitud perseverante y constante, incluso cuando se toman caminos indirectos, conducirá eventualmente a superar las dificultades. Los obstáculos temporales pueden servir como oportunidades para fortalecer y formar el carácter.

LA IMAGEN

**En la montaña está el agua: la imagen del obstáculo.
Así, el hombre superior se vuelve hacia su propia persona y forma su carácter.**

Las dificultades llevan a la reflexión interna. Mientras que las personas comunes culpan a factores externos, el individuo sabio mira dentro de sí mismo para encontrar y corregir sus propias deficiencias, utilizando los obstáculos como medio para el crecimiento personal y el enriquecimiento interior.

LAS LÍNEAS INDIVIDUALES

SEIS AL PRINCIPIO:

Ir conduce al obstáculo; venir encuentra la alabanza.

Al enfrentar un obstáculo, avanzar impulsivamente sólo empeorará la situación. Es mejor retroceder y reevaluar, preparándose adecuadamente antes de intentar superar la dificultad. La paciencia y la prudencia serán reconocidas y alabadas.

SEIS EN SEGUNDO LUGAR:

**El siervo del rey se encuentra con obstáculo tras obstáculo.
Pero no es culpa suya.**

A veces, el deber te obliga a enfrentar dificultades consecutivas. Si estás sirviendo una causa mayor y no actúas por interés propio, puedes afrontar estos desafíos con tranquilidad y sin culpa, sabiendo que estás cumpliendo con tu responsabilidad.

NUEVE EN TERCER LUGAR:

Ir conduce a obstáculos; allí se vuelve.

Como líder o responsable de otros, es importante reconocer cuándo avanzar es inútil o peligroso. Retroceder y enfocarse en cuidar y apoyar a quienes dependen de ti es la decisión más sabia en tales circunstancias, y serás recibido con alegría y gratitud.

SEIS EN CUARTO LUGAR:

Ir conduce a obstáculos;
venir conduce a la unión.

Enfrentar un obstáculo sólo puede ser infructuoso. Es más efectivo detenerse y reunir el apoyo de aliados confiables antes de intentar superar la dificultad. La cooperación y la preparación conjunta aumentan las posibilidades de éxito.

NUEVE EN QUINTO LUGAR:

En medio de los mayores obstáculos llegan los amigos.

Cuando te enfrentas a desafíos abrumadores, tu fuerza de espíritu y dedicación atraen a personas de ideas afines que están dispuestas a ayudarte. Con su apoyo y una planificación cuidadosa, puedes superar incluso los obstáculos más difíciles.

SEIS EN LA CIMA:

Ir conduce a obstáculos;
venir conduce a una gran salvación.
Es útil ver al gran hombre.

Aunque podrías sentir la tentación de retirarte completamente de las dificultades del mundo, tu experiencia y libertad interior te llaman a regresar y contribuir a la solución de los problemas. Al colaborar con individuos sabios y capaces, puedes lograr grandes cosas y brindar salvación en tiempos difíciles. Ver y seguir el ejemplo del «gran hombre» es especialmente beneficioso en este proceso.

40. *Hië* / La Liberación

☳☵ Arriba *Dschen*, lo Excitante, el trueno
Abajo *Kan*, lo Abismal, el agua

Este hexagrama representa un momento en el que las tensiones y los obstáculos comienzan a resolverse. La combinación del trueno y el agua simboliza el movimiento y la liberación de las dificultades. Es un momento de transición en el que las condiciones que impedían el progreso se disuelven, y la energía acumulada puede ser liberada.

EL JUICIO

La liberación.
El suroeste es favorable.
Cuando ya no queda nada por ir,
es el retorno de la salvación.
Si no queda nada a lo que ir,
la rapidez es la salvación.

Este momento es propicio para retornar a la normalidad después de un período de tensión. El «suroeste» simboliza la dirección hacia la cual uno puede retirarse y encontrar seguridad. Una vez que la liberación ha comenzado, es importante no forzar la situación ni extender innecesariamente el proceso. En lugar de celebrar en exceso, es crucial actuar con rapidez y eficacia para completar cualquier tarea restante y restaurar el orden.

LA IMAGEN

Surgen el trueno y la lluvia:
la imagen de la liberación.
Así es como el hombre superior perdona los errores y perdona la culpa.

El trueno y la lluvia purifican la atmósfera, de la misma manera que el hombre sabio aborda las tensiones y los errores. Él no se detiene en los errores pasados ni guarda rencor; en cambio, perdona y avanza. La capacidad de pasar por alto los errores menores y de perdonar las faltas más graves es esencial para alcanzar una verdadera liberación.

LAS LÍNEAS INDIVIDUALES

SEIS AL PRINCIPIO:

Sin mancha.

En este momento, no es necesario hacer grandes declaraciones ni tomar acciones excesivas. La liberación ha comenzado, y es suficiente con permanecer tranquilo y permitir que la paz interior guíe las decisiones. Este enfoque asegura que no se cometan errores y que se conserve la integridad.

NUEVE EN SEGUNDO LUGAR:

Matas tres zorros en el campo
y obtienes una flecha amarilla.
La perseverancia es la salvación.

La imagen de cazar y eliminar a tres zorros representa la superación de obstáculos astutos y engañosos. La «flecha amarilla» simboliza la acción justa y equilibrada. En la vida pública, esto puede significar deshacerse de influencias negativas y mantener una conducta justa y centrada. La perseverancia en este enfoque asegura que las dificultades se superen de manera eficaz.

SEIS EN TERCER LUGAR:

Si uno lleva una carga a la espalda
y sigue montado en el carro,
provoca con ello la llegada de los ladrones.
La perseverancia conduce a la vergüenza.

Una persona ha salido de una situación de pobreza y ha llegado a una posición cómoda, libre de necesidad. Si ahora, como un advenedizo, intenta disfrutar de las comodidades sin que su naturaleza corresponda a esas condiciones, atrae a los ladrones, y si sigue así, inevitablemente caerá en la vergüenza.

Kung Tse dice al respecto: «Llevar una carga en la espalda es asunto de un hombre común. Un carro es el medio de transporte de un hombre noble. Si un hombre común utiliza el medio de un noble, los ladrones pensarán en quitárselo. Si alguien es insolente hacia los superiores y duro con los inferiores, los ladrones pensarán en atacarlo. El almacenamiento descuidado incita a los ladrones a robar. La opulencia en la vestimenta de una joven la expone a la pérdida de su virtud».

NUEVE EN EL CUARTO LUGAR SIGNIFICA:

Libérate de tu gran dedo del pie.
Entonces llegará el compañero en quien puedes confiar.

En tiempos de estancamiento, es común que personas vulgares se asocien con una persona superior y, a través de la convivencia diaria, se vuelvan indispensables, como el dedo gordo del pie facilita el caminar. Sin embargo, cuando se acerca el tiempo de liberación con su llamado a la acción, es necesario deshacerse de esas amistades fortuitas con las que no se comparte una verdadera afinidad. De lo contrario, los amigos afines en quienes realmente se puede confiar y con quienes se pueden lograr cosas importantes, se mantendrán alejados por desconfianza.

SEIS EN EL QUINTO LUGAR SIGNIFICA:

Si el noble logra liberarse,
esto traerá salvación.
Muestra así a los vulgares que va en serio.

Los tiempos de liberación requieren una decisión interna. Los vulgares no pueden ser eliminados mediante prohibiciones o medios externos. Si se desea deshacerse de ellos, primero es necesario liberarse completamente de ellos internamente, entonces ellos mismos percibirán que uno va en serio y se retirarán.

SEIS ARRIBA SIGNIFICA:

El príncipe dispara a un halcón en un alto muro.
Lo abate.
Todo es favorable.

El halcón en el alto muro es la imagen de un vulgar poderoso en una posición elevada que impide la liberación. Resiste la influencia de factores internos, ya que está endurecido en su maldad. Debe ser eliminado por la fuerza, para lo cual se requieren los medios apropiados.

Kung Tse dice al respecto: «El halcón es el objetivo de la caza. Flecha y arco son las herramientas y medios. El arquero es el hombre que debe usar los medios correctamente para alcanzar el objetivo. El noble alberga los medios en su persona. Espera el momento adecuado y luego actúa. ¿Cómo no iba a salir todo bien? Actúa y es libre. Por eso sólo necesita salir, y abate la presa. Así es con un hombre que actúa después de haber preparado los medios».

41. *Sun* / La Reducción

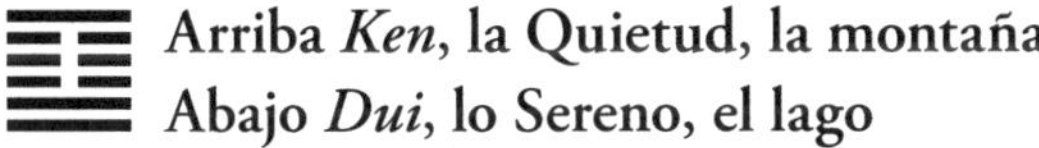

Arriba *Ken*, la Quietud, la montaña
Abajo *Dui*, lo Sereno, el lago

El hexagrama representa la reducción del trigrama inferior en favor del superior. La línea fuerte en la parte inferior se ha desplazado hacia arriba, mientras que una línea débil ha ocupado su lugar. Esto simboliza una reducción de las bases en favor de los niveles superiores. Sin embargo, tal disminución puede ser perjudicial si no se maneja adecuadamente. Es vital que el proceso de reducción se lleve a cabo sin debilitar las fuentes de prosperidad en las clases más bajas.

EL JUICIO

La disminución combinada con la veracidad
obra una salvación sublime sin mancha.
Uno puede perseverar en esto.
Es beneficioso pasar a la acción. Pero ¿cómo practicarlo?
Se pueden utilizar dos cuencos pequeños para
el sacrificio.

La reducción no siempre es negativa. El aumento y la disminución son ciclos naturales que deben ser manejados con honestidad y transparencia. Es esencial encontrar el momento adecuado para la reducción y no encubrir la pobreza con apariencias vacías. La sinceridad en tiempos de escasez fortalece el espíritu interior y permite que se realicen grandes cosas, incluso con medios modestos. No hay necesidad de falsas apariencias ante lo divino; lo que cuenta es la pureza del corazón.[1]

LA IMAGEN

Abajo, en la montaña, está el lago:
la imagen de la disminución.
Así es como el hombre superior doma su cólera y refrena sus impulsos.

El lago, situado al pie de la montaña, se evapora y disminuye, enriqueciendo la montaña con su humedad. La montaña representa la fuerza y la voluntad, que pueden convertirse en ira; el lago simboliza la lujuria incontrolada, que puede desencadenar pasiones. Es crucial reducir estas fuerzas inferiores mediante la calma y la contención, permitiendo que los aspectos superiores del alma se fortalezcan.

LAS LÍNEAS INDIVIDUALES

NUEVE AL PRINCIPIO:

Cuando el negocio está listo,
ir rápidamente no es ninguna mancha.
Pero uno debe considerar hasta qué punto puede disminuir a los demás.

Es noble y desinteresado ofrecer ayuda a los demás una vez que se han completado las propias tareas. Sin embargo, quien recibe la ayuda debe ser consciente de no aprovecharse excesivamente, para no perjudicar al ayudante. Sólo con esta delicadeza se puede actuar sin vacilación.

---

1. Como el óbolo de la viuda en el Evangelio de Lucas.

NUEVE EN SEGUNDO LUGAR:

La perseverancia es propicia.
Emprender algo es de malhechores.
Sin disminuir uno mismo,
uno es capaz de aumentar a los demás.

La verdadera nobleza reside en servir a los demás sin disminuir la propia posición. Si uno se sacrifica excesivamente, se pierde el valor duradero del servicio. La perseverancia en mantener la dignidad propia mientras se ayuda a los demás es lo que trae un beneficio duradero.

SEIS EN TERCER LUGAR:

Si tres personas deambulan juntas,
disminuyen en uno.
Cuando una persona vaga sola,
encuentra a su pareja.

La compañía de tres personas puede generar celos y conflictos. La verdadera unión y cooperación sólo se logran entre dos personas. Cuando uno está solo, seguro que encontrará un compañero con quien complementarse.

SEIS EN CUARTO LUGAR:

Si uno minimiza sus defectos,
hace que el otro venga de prisa y tenga alegría.
Sin defectos.

Nuestros defectos pueden alejar a personas bienintencionadas. Si nos atrevemos a minimizar nuestros errores, liberamos a los demás de la presión interior, permitiéndoles acercarse a nosotros con mayor facilidad y alegría.

SEIS EN QUINTO LUGAR:

Es probable que alguien lo aumente.
Diez pares de tortugas no pueden resistirlo.
Salvación sublime.

Cuando alguien está destinado a recibir buena fortuna, ésta llegará inevitablemente. Todos los signos oraculares coinciden en señalar que su suerte está asegurada, y no hay necesidad de temer, pues la providencia superior lo protege.

NUEVE EN LA CIMA:

Si uno se incrementa sin disminución de otros,
esto no es un defecto.
La perseverancia trae la salvación.
Es beneficioso hacer algo.
Se obtienen sirvientes,
pero ya no se tiene un hogar especial.

Algunas personas, al crecer en poder y fuerza, benefician a todos sin causar perjuicio a nadie. A través del trabajo constante y diligente, obtendrás éxito y los ayudantes necesarios. Sin embargo, el beneficio no es sólo personal; se comparte y está abierto a todos.

42. // El Aumento

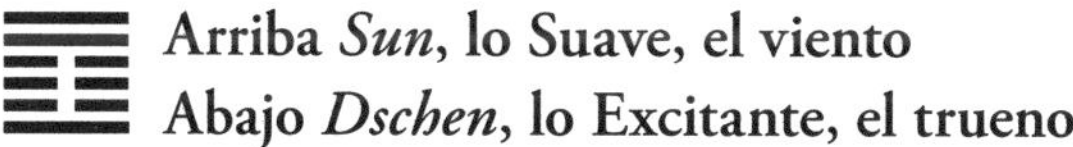

Arriba *Sun*, lo Suave, el viento
Abajo *Dschen*, lo Excitante, el trueno

El aumento se simboliza aquí por el movimiento de la línea fuerte inferior del trigrama superior hacia el trigrama inferior. Este acto de sacrificio de lo superior en favor de lo inferior es un verdadero aumento, que se considera esencial para el bienestar del mundo. La idea central del *I Ching* se refleja en este hexagrama: el verdadero liderazgo es un servicio.

EL JUICIO

El aumento.
Es beneficioso emprender algo.
Es beneficioso cruzar las grandes aguas.

El sacrificio desde arriba para aumentar lo que está abajo crea un ambiente de alegría y gratitud que es esencial para el progreso de la comunidad. Cuando el pueblo está unido a sus líderes, incluso las tareas más difíciles se pueden lograr con éxito. Éste es un momento para aprovechar las oportunidades, ya que el tiempo de aumento no dura para siempre.

LA IMAGEN

El viento y el trueno:
la imagen del aumento.
Así el hombre superior: si ve el bien, lo imita;
si tiene defectos, los desecha.

El trueno y el viento se fortalecen mutuamente, enseñándonos que debemos mejorar continuamente al imitar lo bueno que vemos en los demás y deshacernos de nuestros defectos. Este cambio ético es el aumento más importante que puede lograr una persona.

LAS LÍNEAS INDIVIDUALES

NUEVE AL PRINCIPIO:

Es beneficioso realizar grandes acciones.
Salvación exaltada. Sin mancha.

Cuando uno recibe un gran impulso desde arriba, debe utilizar esta energía para lograr grandes cosas. Al actuar sin egoísmo, se alcanza una gran salvación y se evita cualquier reproche.

SEIS EN SEGUNDO LUGAR:

Alguien lo aumenta.
Diez pares de tortugas no pueden oponerse a esto.
La perseverancia trae la salvación.
El rey lo presenta ante Dios. Salvación.

El aumento verdadero llega cuando se crean las condiciones adecuadas: receptividad y amor al bien. Si el aumento está en armonía con las leyes superiores, nada puede detenerlo. La perseverancia en esta buena fortuna asegura su permanencia.

SEIS EN TERCER LUGAR:

Te honran los acontecimientos desastrosos.
No hay mancha si eres sincero y caminas en el centro,
e informas al príncipe con un sello.

En tiempos de bendición, incluso los eventos desastrosos pueden resultar beneficiosos si se manejan con sinceridad y verdad. La autoridad interior se fortalece, permitiendo ejercer una influencia positiva.

SEIS EN CUARTO LUGAR:

Si caminas por el centro e informas al príncipe,
él te seguirá.
Es favorable para ser utilizado en la transferencia del capital.

En tiempos de aumento, es crucial tener personas que actúen como mediadores entre los líderes y los dirigidos. Estas personas, desinteresadas y dedicadas al bienestar común, aseguran que la bendición llegue a quienes la necesitan, fortaleciendo la comunidad.

NUEVE EN QUINTO LUGAR:

Si de verdad tienes un corazón bondadoso, no pidas.
Salvación exaltada.
La verdadera bondad será reconocida como tu virtud.

La verdadera bondad no busca reconocimiento ni recompensas, sino que actúa desde una necesidad interior de hacer el bien. Este tipo de bondad es siempre recompensada y reconocida, expandiendo su influencia.

NUEVE EN LA CIMA:

No se suma a nadie.
Alguien puede incluso ganarle.
No sujeta con fuerza su corazón. Desventura.

Cuando los de arriba descuidan su deber de aumentar a los de abajo, se aíslan y pierden la influencia favorecedora de los demás. Esta falta de armonía con las exigencias del tiempo inevitablemente conduce al desastre.

43. *Guai* / El Avance (La Determinación)

Arriba *Dui*, lo Sereno, el lago
Abajo *Kiën*, lo Creativo, el Cielo

Este hexagrama representa un avance tras una larga tensión acumulada, como la irrupción de un río crecido a través de sus presas o como un chaparrón. Aplicado a las condiciones humanas, es el momento en que las influencias negativas empiezan a decaer. Gracias a una acción decidida, se produce un cambio en las circunstancias. Este signo se asocia con el tercer mes (abril-mayo).

EL JUICIO

El avance.
El asunto debe anunciarse resueltamente en la corte del rey.
Debe proclamarse de acuerdo con la verdad. Hay peligro.
Hay que informar a la propia ciudad.
No es favorable tomar las armas.
Es favorable tomar medidas.

Si incluso una influencia negativa ocupa una posición de poder, es capaz de oprimir a los nobles. Si una pasión permanece en el corazón, puede oscurecer la razón. La pasión y la razón no pueden coexistir; es necesaria una lucha incondicional para que prevalezca el bien. Sin embargo, hay reglas que deben seguirse en esta lucha decidida para alcanzar el éxito:

1. La determinación debe basarse en la unión de fuerza y bondad.
2. No es posible transigir con el mal; hay que desacreditarlo abiertamente en cualquier circunstancia.
3. La lucha no debe librarse directamente mediante la violencia. Si se marca el mal, éste buscará armas, y si se combate golpe a golpe, se perderá porque uno mismo se verá envuelto en el odio y la pasión.
4. La mejor manera de combatir el mal es progresar enérgicamente en el bien.

LA IMAGEN

El lago se ha elevado hasta el Cielo:
la imagen del avance.
Así, el Noble dispensa la riqueza hacia abajo
y evita detenerse en su virtud.

Cuando las aguas del lago han subido hasta el Cielo, es señal de aguacero. El hombre superior lo advierte previniendo a tiempo un colapso violento. Quien acumula riquezas sólo para sí mismo, sin pensar en los demás, experimentará un colapso inevitable. Así como la acumulación es seguida por la dispersión, el hombre superior distribuye mientras sigue acumulando. En la formación de su carácter, evita anquilosarse en la obstinación y mantiene su receptividad mediante un autoexamen constante.

LAS LÍNEAS INDIVIDUALES

NUEVE AL PRINCIPIO:

Poderoso en los dedos de los pies hacia adelante.
Si va y no está a la altura de las circunstancias,
está cometiendo un error.

En tiempos de progreso decidido, el primer paso es especialmente difícil. Aunque sientas la inspiración para avanzar con determinación, es importante medir tus fuerzas y comprometerte sólo en la medida en que estés seguro de tener éxito. La bravuconería ciega es peligrosa, especialmente al inicio.

NUEVE EN SEGUNDO LUGAR:

Dar la voz de alarma.
Armas al atardecer y por la noche.
No tener miedo a nada.

La preparación es fundamental. La determinación va de la mano con la precaución. Si eres prudente y sensato, no hay razón para temer o alarmarse. Estar siempre alerta te permite estar preparado cuando el peligro se acerca.

NUEVE EN TERCER LUGAR:

Mandíbulas poderosas traen desastres.
El hombre superior es decidido.
Camina solo y le sorprende la lluvia.
Es salpicado y la gente refunfuña contra él. Sin tacha.

En situaciones ambiguas, la determinación interior es crucial. Aunque puedas ser juzgado mal y se te considere del lado de los mezquinos, es importante mantenerte fiel a ti mismo, incluso si eso significa soportar juicios erróneos y soledad.

NUEVE EN CUARTO LUGAR:

No tiene piel en los muslos
y caminar le resulta difícil.
Si uno fuera conducido como una oveja,
el arrepentimiento se desvanecería.
Pero cuando oiga estas palabras,
no las creerá.

La inquietud interior puede impedirte perseverar en tu lugar. Querer avanzar a toda costa cuando encuentras obstáculos conduce a un conflicto interno. Dejar de lado la obstinación traerá alivio, pero este consejo es a menudo ignorado por quienes están atrapados en su terquedad.

NUEVE EN QUINTO LUGAR:

Necesitas una firme determinación frente a las malas hierbas.
Determinación.
Quien camina por el centro permanece libre de manchas.

Las malas hierbas siempre vuelven a crecer y son difíciles de erradicar. La lucha contra un plebeyo de alto rango requiere determinación firme. Mantenerse en el camino correcto sin dejarse influenciar por el mal es crucial para permanecer libre de manchas.

SEIS EN LA CIMA:

No hay llamada.
Después de todo, el desastre se acerca.

La victoria parece asegurada, pero queda un resto de maldad que debe erradicarse con decisión. El peligro reside en subestimar el mal restante. Si no se está en guardia, el mal puede resurgir de los gérmenes que quedan y provocar nuevos problemas.

44. *Gou* / La Concesión

☰ Arriba *Kiën*, lo Creativo, el Cielo
☴ Abajo *Sun*, lo Suave, el viento

El hexagrama describe una situación en la que el principio oscuro, después de haber sido eliminado, se inmiscuye nuevamente de forma secreta e inesperada desde dentro y desde abajo. Lo femenino sale al encuentro de los hombres por voluntad propia. Se trata de una situación peligrosa y desfavorable debido a las posibles consecuencias, que deben reconocerse a tiempo para evitar el desastre. El hexagrama se asigna al quinto mes (junio-julio), cuando el principio oscuro comienza a resurgir gradualmente con el solsticio de verano.

EL JUICIO

La concesión. La chica es poderosa.
No hay que casarse con una chica así.

El ascenso de lo plebeyo se representa con la imagen de una muchacha descarada que se entrega fácilmente y usurpa así el poder. Esto no sería posible si los fuertes y brillantes no se acercaran a ella. Lo común parece tan inofensivo y halagador que uno se complace en ello. Parece tan pequeño y débil que uno cree que puede bromear con él sin preocuparse. Así, lo plebeyo surge porque el hombre superior lo considera inofensivo y le da poder. Si se le enfrentara desde el principio, nunca podría ganar influencia. Sin embargo, la concesión tiene otra faceta que merece atención: cuando el débil cede ante el fuerte, puede haber un gran valor en ello. Cuando el Cielo y la Tierra se encuentran, todas las criaturas prosperan. Cuando gobernante y ayudante se acomodan mutuamente, el mundo se ordena. Es necesaria una acomodación mutua de principios interdependientes. Sin embargo, esta concesión debe estar libre de pensamientos secundarios impuros; de lo contrario, es perjudicial.

LA IMAGEN

Bajo el Cielo está el viento:
la imagen de la concesión.
Así, el príncipe difunde sus órdenes
y las proclama a las cuatro partes del Cielo.

La situación es similar a la del hexagrama «La Contemplación» (n.º 20). Allí, el viento sopla sobre la Tierra; aquí, sopla bajo el Cielo, alcanzando a todos los lugares. En ambos casos, llega a todas partes. Mientras que en el hexagrama «La Vista» el viento representaba la conciencia del gobernante sobre las circunstancias, aquí representa la influencia que ejerce el gobernante a través de sus órdenes. El Cielo, aunque alejado de las cosas de la Tierra, las pone en movimiento a través del viento. Del mismo modo, el gobernante, aunque distante de la gente, la pone en movimiento a través de sus órdenes y expresiones de voluntad.

LAS LÍNEAS INDIVIDUALES

SEIS AL PRINCIPIO:

Debe ser refrenado con una rueda-zapato de hierro.
La perseverancia es la salvación.
Si te dejas llevar, te encontrarás con el desastre.
Incluso un cerdo flaco tiene la disposición de desbocarse.

Si se ha infiltrado un elemento inferior, hay que contenerlo enérgicamente. Si se inhibe sistemáticamente, se pueden evitar los efectos nocivos. No hay que subestimar la insignificancia de lo que se cuela. Aunque un cerdo sea joven y delgado, si no se le restringe a tiempo, su verdadera naturaleza se manifestará cuando se fortalezca.

NUEVE EN SEGUNDO LUGAR:

Hay un pez en la pecera.
No es un defecto.
No favorece a los invitados.

El elemento inferior no se viola, sino que se mantiene bajo suave control. No hay nada que temer si se evita que se mezcle con influencias externas que podrían desencadenar su lado negativo.

NUEVE EN TERCER LUGAR:

No hay piel en los muslos,
caminar es difícil.
Si eres consciente del peligro,
no cometes grandes errores.

Interiormente, te sientes tentado a involucrarte con el mal elemento que se presenta. Es una situación peligrosa. Afortunadamente, las circunstancias te lo impiden. Aunque desearías involucrarte, no puedes. Si te das cuenta de lo peligrosa que es la situación, evitarás cometer errores graves.

NUEVE EN CUARTO LUGAR:

No hay peces en la pecera.
Esto significa desastre.

Es importante mantener a los pequeños elementos a tu disposición, ya que su disposición favorable puede ser útil en momentos de necesidad. Si los alienas y no les das cabida, se alejarán, y cuando los necesites, ya no estarán a tu disposición. Esto puede llevar a un desastre.

NUEVE EN QUINTO LUGAR:

Melón cubierto de hojas de sauce: líneas ocultas.
Cae del Cielo.

El melón simboliza el principio oscuro, dulce pero propenso a la descomposición, por lo que se cubre protectoramente con hojas de sauce. Una persona fuerte y elevada protege con tolerancia a los humildes bajo su cuidado. Aunque tiene firmes principios de orden y belleza interior, no los impone ni agobia con apariencias externas. Confía en el poder transformador interior inherente a una personalidad fuerte y pura, y, como resultado, el destino es favorable. Los humildes son influenciados y se acercan a él como fruto maduro.

NUEVE EN LA CIMA:

Se acerca con sus cuernos.
Vergüenza. Sin mancha.

Cuando uno se ha retirado del mundo, el ajetreo del mundo puede volverse insoportable. A menudo, las personas con noble orgullo se mantienen alejadas de lo mezquino y lo rechazan con dureza cuando se cruza en su camino. Aunque estas personas pueden ser criticadas por ser orgullosas e inaccesibles, su aislamiento del mundo y su libertad de los deberes mundanos hacen que estas críticas no les afecten. Saben soportar con compostura la aversión de las masas.

45. *Tsui* / La Recolección

☱ Arriba *Dui*, lo Sereno, el lago
☷ Abajo *Kun*, lo Receptivo, la Tierra

Este hexagrama está relacionado en forma y significado con el hexagrama *Bi* (n.º 8), que trata de mantener unidos a los seres. Aquí, el lago sobre la tierra representa un punto de reunión del agua, lo que intensifica la idea de reunión. En este hexagrama, dos líneas fuertes en el cuarto y quinto lugar provocan la reunión, en contraste con el hexagrama *Bi*, donde sólo hay una línea fuerte en el quinto lugar rodeada de líneas débiles.

EL JUICIO

La recolección.
El éxito.
El rey se acerca a su templo.
Es favorable ver al gran hombre.
Esto trae éxito.
La perseverancia es beneficiosa.
Hacer grandes sacrificios trae la salvación.
Es beneficioso pasar a la acción.

La reunión de personas en grandes comunidades es un proceso natural, como en la familia, o artificial, como en el Estado. La familia se reúne en torno al padre como cabeza. Esta reunión se perpetúa a través de los sacrificios ancestrales, donde todo el clan se une espiritualmente. Allí donde se necesita reunir a la gente, se requieren fuerzas religiosas y un líder humano como centro de la reunión. Para reunir a otros, este centro debe estar primero reunido en sí mismo. El mundo sólo puede unirse mediante la unión del poder moral. Los grandes tiempos de unificación dejan tras de sí grandes obras, simbolizadas por los grandes sacrificios realizados. Estas grandes obras también son necesarias en la esfera mundana en tiempos de unificación.

LA IMAGEN

El lago está sobre la Tierra:
la imagen de la reunión.
Así, el hombre superior renueva sus armas
para hacer frente a lo imprevisto.

Cuando el agua se acumula en el lago hasta elevarse por encima de la tierra, amenaza con desbordarse. Es necesario tomar precauciones para evitarlo. Del mismo modo, cuando las personas se reúnen en gran número, surgen fácilmente conflictos; donde se acumulan mercancías, surge el riesgo de robo. Por lo tanto, en tiempos de reunión, uno debe prepararse para lo inesperado. Las desgracias en la tierra suelen venir por sucesos imprevistos para los que no se está preparado. Si se está preparado, se pueden evitar.

LAS LÍNEAS INDIVIDUALES

SEIS AL PRINCIPIO:

Si eres sincero, pero no hasta el final,
pronto habrá confusión,
pronto recolección.
Si gritas, puedes volver a reír después de un apretón.
No te arrepientas de nada.
Irse es sin mancha.

En esta situación, uno desea reunirse en torno a un líder admirado, pero se encuentra influenciado por numerosas compañías, lo que provoca vacilación en la decisión. Sin un centro fijo para reunirse, es fácil caer en la confusión. Sin embargo, si se expresa la necesidad de ayuda, un simple toque del líder puede resolver todos los problemas. No se debe dudar en unirse a ese líder; es lo correcto.

SEIS EN SEGUNDO LUGAR:

Dejarse llevar trae la salvación y permanece sin mancha.
Si eres sincero, también es beneficioso hacer un pequeño sacrificio.

No debes elegir tu camino arbitrariamente en tiempos de reunión. Existen fuerzas secretas que unen a las personas que son afines. Si te entregas a esta atracción, no cometerás errores. Cuando hay una relación interior, no se necesitan grandes preparativos ni formalidades; la deidad acepta graciosamente incluso una pequeña ofrenda si viene del corazón.

SEIS EN TERCER LUGAR:

Recogida con suspiros.
Nada beneficioso.
Irse es sin mancha.
Un poco de vergüenza.

A menudo, uno siente la necesidad de unirse, pero todos los vecinos ya se han reunido, lo que provoca aislamiento. La situación es insostenible, y es necesario unirse a alguien más cercano al centro de la reunión que pueda introducirte en el círculo cerrado. Aunque esto pueda resultar un tanto vergonzoso al principio, no es un error.

NUEVE EN CUARTO LUGAR:

Gran salvación. No es un error.

Esta línea representa a alguien que reúne a las personas en nombre de su señor. Como no busca ventajas personales, sino que trabaja desinteresadamente por la unidad general, su labor es exitosa y todo sale bien.

NUEVE EN QUINTO LUGAR:

Si uno tiene la posición en la reunión, no hay falta.
Si algunos aún no están verdaderamente en ella,
se requiere una perseverancia sublime y constante,
entonces el remordimiento desaparece.

Si las personas se reúnen a tu alrededor por voluntad propia, es bueno siempre que no las busques. Esta influencia puede ser muy útil, aunque algunas personas se acerquen por razones menos nobles. Para ganarte su confianza, es necesario demostrar una lealtad creciente e inquebrantable al deber, lo que eventualmente disipará cualquier desconfianza y evitará remordimientos.

SEIS EN LA CIMA:

Lamentos y suspiros, lágrimas a raudales.
Ni una mancha.

Puede suceder que, a pesar de tus buenas intenciones, tus deseos de unirte sean malinterpretados. Esto te provoca tristeza y lamentos, pero este es el camino correcto. Con el tiempo, la otra persona puede entrar en razón, y así encontrar la conexión que tanto has anhelado y echado de menos.

升

46. *Schong* / La Penetración hacia arriba

☷☴ Arriba *Kun*, lo Receptivo, la Tierra
Abajo *Sun*, lo Suave, el viento, la madera

El signo inferior, *Sun*, simboliza la madera, mientras que *Kun*, el superior, representa la Tierra. Esto sugiere la idea de que la madera crece hacia arriba a través de la tierra. A diferencia del hexagrama «El Progreso» (n.º 35), «La Penetración hacia Arriba» está relacionada con el esfuerzo, similar a cómo una planta necesita fuerza para penetrar la tierra. Aunque este signo está asociado con el éxito, también lo está con el esfuerzo de la voluntad. Mientras que el «progreso» muestra expansión, «La Penetración hacia Arriba» indica un ascenso directo hacia el poder e influencia desde la oscuridad y la humildad.

EL JUICIO

El avance tiene un éxito sublime.
Es favorable ver al gran hombre.
No hay que temer.
La partida hacia el sur trae la salvación.

El avance de los elementos capaces no encuentra obstáculos y, por lo tanto, conduce a un gran éxito. El camino hacia el avance no es violento, sino modesto y dócil. Sin embargo, conforme uno se deja llevar por el favor de los tiempos, avanza. Es beneficioso buscar la compañía de personas con autoridad, y no hay que temer hacerlo, pues el éxito se manifestará. Es crucial actuar (esto es lo que significa dirigirse al sur), ya que la actividad es la salvación.

LA IMAGEN

En medio de la Tierra crece el bosque:
la imagen del ascenso.
Así, el hombre superior, de naturaleza devota,
acumula cosas pequeñas para hacerlas grandes.

La madera en la Tierra crece sin prisa y sin descanso hacia las alturas, doblándose dócilmente alrededor de los obstáculos. De igual manera, el hombre superior, devoto en su carácter, progresa sin descanso, acumulando pequeñas acciones hasta hacerlas grandes.[1]

LAS LÍNEAS INDIVIDUALES

SEIS AL PRINCIPIO:

Ascender, encontrar la confianza, trae una gran salvación.

Este es el punto de partida del ascenso. Así como la madera extrae su fuerza de la raíz, que se encuentra en el fondo, la fuerza para el ascenso proviene de esta posición baja y desconocida. Existe una afinidad interna entre el ser y las reglas superiores, y este carácter común proporciona la confianza necesaria para lograr algo.

1. Compárese con lo siguiente:
   «Ocupación que nunca se cansa,
   que crea lentamente, pero nunca destruye,
   que para la construcción de las eternidades
   aporta grano de arena tras grano de arena,
   pero que de la gran culpa de los tiempos
   borra minutos, días, años».

NUEVE EN SEGUNDO LUGAR:

Si eres sincero,
es beneficioso hacer un pequeño sacrificio.
No hay defecto.

Aquí se requiere un hombre fuerte, alguien que no encaja completamente con su entorno porque es rudo y no presta suficiente atención a las formas externas. Sin embargo, su sinceridad interior le gana el favor de los demás, y su falta de formalidades externas no le perjudica. En este contexto, la sinceridad surge de cualidades sólidas.

NUEVE EN TERCER LUGAR:

Uno penetra hacia arriba en una ciudad vacía.

Aquí, se eliminan todas las restricciones que normalmente obstaculizarían el avance. Se progresa con sorprendente facilidad. Es importante seguir este camino sin vacilar y aprovechar el éxito. Aunque externamente todo parece estar en orden, no hay garantías de que este éxito sea duradero. No obstante, es importante no detenerse en tales preocupaciones, sino aprovechar rápidamente el favor del tiempo.

SEIS EN CUARTO LUGAR:

El rey lo ofrece al monte Ki.
Salvación. Sin mancha.

El monte Ki, situado en el oeste de China, era la tierra ancestral del Rey Wen, cuyo hijo, el duque de Dschou, añadió las palabras a las líneas individuales. Este recuerdo de la dinastía Jou simboliza una etapa en la que el avance alcanza su meta. Uno se hace famoso ante los hombres y los dioses, y es aceptado en el círculo de los grandes, adquiriendo así un significado duradero e intemporal.

SEIS EN QUINTO LUGAR:

La perseverancia trae la salvación.
Uno sube peldaños hacia arriba.

A medida que avanzas, es importante no dejarse embriagar por el éxito. Especialmente en momentos de gran éxito, es crucial mantener la sobriedad y no intentar saltarse ningún paso, sino avanzar lentamente, paso a paso. Sólo un progreso tranquilo y constante, sin precipitaciones, conduce a la meta.

SEIS EN LA CIMA:

Avanzar en la oscuridad.
Es beneficioso ser persistente sin cesar.

Quienes avanzan a ciegas son impulsados por un capricho interior. Conocen el progreso, pero no el retroceso, lo que puede llevar al agotamiento. En tales circunstancias, es vital recordar la necesidad de ser y permanecer concienzudo y constante. Sólo así se puede liberar uno del impulso ciego, que siempre es perjudicial.

47. *Kun* / La Aflicción (El Agotamiento)

☱ Arriba *Dui*, lo Sereno, el lago
☵ Abajo *Kan*, lo Abismal, el agua

El lago está vacío, agotado, y el agua se ha retirado. Esto simboliza el agotamiento. La estructura del hexagrama refuerza esta idea: una línea oscura arriba sostiene dos líneas claras abajo, mientras que una línea clara abajo está flanqueada por dos oscuras. El principio oscuro predomina en el trigrama superior, mientras que el principio luminoso predomina en el inferior. Así, en todas partes, los nobles son oprimidos por los comunes y mantenidos a raya.

EL JUICIO

La tribulación.
El éxito.
La perseverancia.
El gran hombre obra la salvación. Sin mancha.
Si tienes algo que decir, no serás creído.

Los momentos de adversidad son contrarios al éxito, pero pueden conducir a él si afectan a la persona adecuada. Cuando una persona fuerte enfrenta la adversidad, permanece alegre a pesar del peligro, y esta alegría es la base del éxito posterior. La constancia es más fuerte que el destino. Aquellos que se dejan vencer por el agotamiento no tendrán éxito. Sin embargo, si la adversidad sólo te fortalece, un poder contrario surgirá y eventualmente triunfará. Sólo el gran hombre obra la salvación y permanece sin mancha. Aunque al principio sus palabras no tengan impacto y su influencia sea limitada, en tiempos de necesidad es crucial ser interiormente fuerte y hablar poco.

LA IMAGEN

No hay agua en el lago: la imagen del agotamiento.
Así, el hombre superior se juega la vida siguiendo su voluntad.

Cuando el agua se retira del lago, éste se seca y se agota. Esto simboliza el destino adverso en la vida humana. En esos momentos, no se puede hacer más que aceptar el propio destino y permanecer fiel a uno mismo. Ésta es la capa más profunda del ser real, pues sólo ella es superior a cualquier destino externo.

LAS LÍNEAS INDIVIDUALES

SEIS AL PRINCIPIO:

Uno se sienta oprimido bajo un árbol desnudo
y cae en un valle oscuro.
Durante tres años no se ve nada.

Cuando estás en apuros, es crucial ser fuerte y superar la dificultad interiormente. Si eres débil, la adversidad te vencerá. En lugar de avanzar, te quedas estancado bajo un árbol desnudo y caes más profundamente en la oscuridad. Esto sólo empeora la situación, y es resultado de una ceguera interior que debe ser superada.

NUEVE EN SEGUNDO LUGAR:

Uno está oprimido por el vino y la comida.
Viene el hombre de las vendas escarlatas en las rodillas.
Es favorable hacer sacrificios.
Se sale del desastre.
Ni una mancha.

Aquí se presenta una angustia interior. Exteriormente, todo parece estar bien; tienes comida y bebida, pero te sientes agotado por la monotonía de la vida. La ayuda llega desde arriba, representada por un príncipe que busca ayudantes capaces. Sin embargo, aún quedan obstáculos por superar. Es importante enfrentarlos mediante el sacrificio y la oración, y no partir sin estar preparado, pues eso llevaría al desastre.

SEIS EN TERCER LUGAR:

Te dejas oprimir por la piedra
y te apoyas en espinos y cardos.
Entras en tu casa y no ves a tu mujer. Desastre.

Esto describe a una persona inquieta e indecisa en momentos de necesidad. Primero quiere avanzar, pero se encuentra con obstáculos que sólo causan más angustia si se afrontan precipitadamente. Se apoya en cosas que no ofrecen apoyo y, al regresar a casa, descubre que su esposa no está allí. Esta actitud lleva al desastre.

NUEVE EN CUARTO LUGAR:

Viene muy suavemente,
oprimido en un carro de oro.
Vergüenza, pero se llega al final.

Un hombre rico desea ayudar a los demás, pero no toma acciones rápidas y enérgicas cuando se necesitan. En su lugar, actúa con vacilación, lo que lo lleva a ser arrastrado por personas poderosas y ricas. Esto lo coloca en una situación embarazosa, pero la angustia es temporal, y finalmente, el objetivo se alcanza.

NUEVE EN QUINTO LUGAR:

Le cortan la nariz y los pies.
Uno es acosado por el de vendas púrpuras en las rodillas.
La alegría llega suavemente.
Es beneficioso hacer sacrificios y donaciones.

Aquí se representa a alguien que tiene el bienestar del pueblo en su corazón, pero es oprimido tanto desde arriba como desde abajo. No recibe ayuda de aquellos cuyo deber sería asistir. Sin embargo, las cosas empiezan a mejorar. Es crucial concentrarse interiormente, rezar y sacrificarse por el bien común.

SEIS EN LA CIMA:

Está oprimido por zarcillos.
Se mueve inestablemente y dice: «El movimiento crea remordimiento».
Si uno siente remordimiento por esto y se pone en marcha, entonces tiene la salvación.

Te sientes oprimido por lazos que podrían romperse fácilmente. La aflicción está llegando a su fin, pero sigues indeciso, influenciado por tu estado anterior. Piensas que te arrepentirás si actúas. Sin embargo, en cuanto recapacites y tomes una decisión firme, superarás la aflicción.

48. *Dsing* / El Pozo

䷯ **Arriba *Kan*, lo Abismal, el agua**
Abajo *Sun*, lo Suave, el viento, la madera

El signo describe la imagen de un pozo antiguo en el que la madera baja a la tierra para hacer subir el agua. La madera aquí no se refiere a los cubos, que antiguamente eran de barro, sino al palo de madera que permite elevar el agua del pozo. La imagen también evoca la naturaleza vegetal, que extrae agua de la tierra a través de sus raíces. El pozo representa un suministro inagotable de recursos esenciales para la vida.

EL JUICIO

El Pozo.
Puedes cambiar la ciudad, pero no puedes cambiar el pozo.
No disminuye ni aumenta.
Van y vienen y sacan del pozo.
Si casi has llegado al agua del pozo, pero aún no has tocado el fondo con la cuerda o se te rompe el cántaro, se producirá un desastre.

Las ciudades pueden cambiar, pero el pozo, símbolo de las necesidades básicas y permanentes de la vida, permanece inmutable. Las generaciones van y vienen, pero la vida sigue siendo constante e inagotable, disponible para todos. Sin embargo, para que la sociedad funcione bien, es necesario ir a las raíces de la vida. La superficialidad en la organización es tan inútil como no intentar nada. Del mismo modo, la negligencia que rompe el cántaro impide que se pueda aprovechar el agua. Esto también se aplica al individuo: por muy diferentes que sean las personas, los fundamentos de la naturaleza humana son los mismos para todos. Es vital no descuidar la formación y educación personal, pues hacerlo sería como romper el cántaro.

LA IMAGEN

Sobre la madera hay agua: la imagen del pozo.
Así, el hombre superior anima a las personas en el trabajo
y las exhorta a ayudarse mutuamente.

El signo *Sun*, madera, está abajo, y el signo *Kan*, agua, está arriba. La madera extrae el agua hacia arriba, imitando la actividad del pozo, que beneficia a toda la planta. Del mismo modo, el hombre superior organiza la sociedad para que todos trabajen juntos para el bien común.

LAS LÍNEAS INDIVIDUALES

SEIS AL PRINCIPIO:

El lodo del pozo no se bebe.
Ningún animal acude a un pozo viejo.

Si alguien se pierde en las tierras bajas pantanosas, su vida se hunde en el fango. Tal persona pierde su significado para la humanidad. Si se tira a la basura, los demás ya no acudirán a él. Al fin y al cabo, ya no le importa a nadie.

NUEVE EN SEGUNDO LUGAR:

Disparas a los peces en el pozo.
El cántaro se rompe y pierde.

El agua en sí es clara, pero no se usa. El pozo sólo contiene peces, y quienes vienen sólo buscan pescar, pero la tinaja está rota, lo que hace imposible guardar los peces. Esto describe a una persona con buenos dones que son descuidados. Si no se valora, se deprime y se asocia con malas compañías, lo que le impide hacer el bien.

NUEVE EN TERCER LUGAR:

El pozo está limpio, pero tú no bebes de él.
Ésta es la pena de mi corazón,
pues uno podría beber de él.
Si el rey estuviera limpio,
disfrutaríamos juntos de la felicidad.

Aquí se representa a un buen hombre, como un pozo purificado del cual se podría beber. Pero no se le valora ni se le necesita, lo que causa pena a quienes lo conocen. El deseo es que el líder lo reconozca, lo que traería felicidad para todos.

SEIS EN CUARTO LUGAR:

El pozo estará tapiado, sin mancha.

Si el pozo está tapiado, no puede utilizarse durante mucho tiempo, pero el trabajo no es en vano, ya que garantiza que el agua siga siendo clara. Así también hay momentos en la vida en los que uno debe ordenarse a sí mismo. Aunque no puedas hacer nada por los demás en ese tiempo, es valioso porque aumentas tu fuerza y capacidades a través del entrenamiento interior, preparándote para hacer más en el futuro.

NUEVE EN QUINTO LUGAR:

En el pozo hay un manantial claro y fresco
del que puedes beber.

Éste es un buen pozo, con un manantial de agua viva en su fondo. Un hombre con tales virtudes está destinado a ser un salvador y líder de los hombres. Tiene el agua de la vida, pero todo depende de que la gente beba de su manantial, lo que significa que sus palabras y acciones deben ser aprovechadas por los demás.

SEIS EN LA CIMA:

Se bebe del pozo sin obstáculos.
Es fiable. Salvación sublime.

El pozo está ahí para todos. No hay restricciones para quienes sacan agua, y por muchos que vengan, siempre encontrarán lo que necesitan. El pozo es fiable y no se seca, siendo una gran salvación para todos. Así es el hombre verdaderamente grande, cuya riqueza interior es inagotable y que, cuanto más da, más se enriquece.

49. *Go* / La Agitación (La Muda)

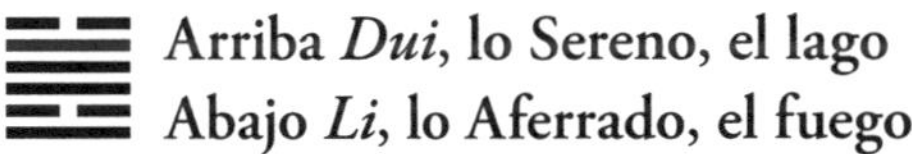

Arriba *Dui*, lo Sereno, el lago
Abajo *Li*, lo Aferrado, el fuego

El símbolo originalmente representaba la piel de un animal que muda a lo largo del año, y de ahí se deriva su significado en la vida estatal, asociado a grandes cambios y agitaciones, como una revolución o un cambio de gobierno. Las fuerzas opuestas del fuego y el agua luchan entre sí, lo que simboliza la agitación y el conflicto. Este hexagrama resalta la importancia de la transformación, especialmente en situaciones de tensión donde el cambio es inevitable.

EL JUICIO

La agitación.
En tu propio día, allí encontrarás la fe.
El éxito sublime, favorecido por la perseverancia.
El remordimiento se desvanece.

La agitación del Estado es una tarea difícil que sólo debe emprenderse en situaciones extremas y con la confianza del pueblo. El cambio debe basarse en la necesidad real y no en deseos egoístas. Es crucial proceder de manera correcta para evitar excesos y lograr el éxito. Los tiempos cambian, y con ellos las demandas de la sociedad, lo que requiere transformaciones sociales inevitables, comparables a las estaciones del año.

LA IMAGEN

Hay fuego en el lago: la imagen de la agitación.
Así es como el Noble organiza el calendario
y aclara los tiempos.

El fuego bajo el lago representa la lucha entre fuerzas opuestas, como ocurre en las estaciones del año. El hombre superior reconoce la regularidad de estos cambios y organiza el curso del tiempo, trayendo orden y claridad a las transformaciones aparentes, permitiendo a las personas prepararse para los desafíos que vendrán.

LAS LÍNEAS INDIVIDUALES

NUEVE AL PRINCIPIO:

Estás envuelto en la piel de una vaca amarilla.

Al comienzo de un cambio, es necesario actuar con extrema moderación y firmeza interior. El amarillo, color del centro, y la vaca, símbolo de docilidad, indican que no se debe precipitar ningún cambio, pues cualquier movimiento prematuro puede tener consecuencias negativas.

SEIS EN SEGUNDO LUGAR:

En tu día, puedes cambiar de opinión.
La partida trae la salvación. Sin tacha.

Cuando todos los intentos de reforma han fallado, una revolución puede ser necesaria, pero debe estar bien preparada y liderada por alguien que tenga la confianza del pueblo. Este cambio debe ser anticipado y aceptado con una actitud abierta y proactiva.

NUEVE EN TERCER LUGAR:

La partida trae el desastre.
La perseverancia trae peligro.
Cuando se ha hablado de revolución tres veces,
entonces uno puede volverse hacia ella
y encontrará la fe.

El cambio necesario no debe abordarse con demasiada rapidez ni con demasiada lentitud. Es importante considerar cuidadosamente la situación antes de actuar. Si la necesidad de cambio ha sido discutida repetidamente y con fundamento, entonces es seguro actuar y lograr el apoyo necesario.[1]

NUEVE EN CUARTO LUGAR:

Los remordimientos desaparecen.
Encuentras la fe.
Cambiar el orden del estado trae la salvación.

Los cambios fundamentales requieren autoridad y una base de verdad interior. Si las acciones se guían por principios superiores y no por caprichos, el resultado será positivo. Las personas sólo apoyan los cambios que perciben como justos.

NUEVE EN QUINTO LUGAR:

El gran hombre cambia como un tigre.
Incluso antes de preguntar al oráculo, encuentra la fe.

---

1. Compárese con el triple *Es ist an der Zeit* (Ha llegado la hora) en el cuento de Goethe antes de que ocurra la gran transformación.

Los cambios impulsados por un gran hombre son claros y visibles, como las rayas de un tigre. Estos cambios son comprendidos por todos, y el líder no necesita consultar oráculos, pues el pueblo lo sigue naturalmente.

SEIS EN LA CIMA:

El hombre superior cambia como una pantera.
El humilde muda su rostro.
La partida trae el desastre.
La perseverancia trae la salvación.

Una vez que los grandes cambios se han decidido, es necesario implementarlos en detalle, comparables a las manchas de una pantera, que son pequeñas pero claras. Los cambios afectan a todos, incluso a los humildes, quienes también deben adaptarse. No se debe buscar un cambio demasiado profundo, pues esto podría llevar al desastre. La meta es estabilizar las condiciones para proporcionar seguridad en lo que es actualmente posible.

50. *Ting* / El Crisol

☲ Arriba *Li*, lo Aferrado, el fuego
☴ Abajo *Sun*, el Gentil, el viento, la madera

El hexagrama simboliza el crisol, un objeto de gran importancia en la cultura antigua, utilizado para cocinar y para los sacrificios religiosos. La imagen del crisol sugiere la idea de nutrir y refinar, tanto en el sentido literal de preparar alimentos, como en el sentido metafórico de cultivar y elevar a los seres humanos a través de la cultura y la religión. El fuego arde con la madera, y así se cocinan los alimentos, lo que simboliza cómo el esfuerzo espiritual alimenta el desarrollo cultural y moral de la sociedad.

EL JUICIO

El crisol.
La salvación sublime. El éxito.

Mientras que «El pozo» (hexagrama 48) trata de la base social de la vida, el crisol se enfoca en la superestructura cultural, la cual transforma y refina lo terrenal en lo espiritual. El crisol es un símbolo de la cultura que, en su máximo nivel, se convierte en un vehículo de sacrificio a lo divino. La verdadera cultura es la que se sacrifica a sí misma por lo más elevado, lo espiritual, que a su vez se manifiesta en líderes iluminados que guían a la sociedad hacia el éxito y la salvación.

LA IMAGEN

Sobre la madera está el fuego: la imagen del crisol.
Así es como el hombre superior consolida su destino rectificando su posición.

La madera alimenta el fuego, que a su vez cocina los alimentos en el crisol. De manera similar, en la vida humana, el destino de una persona le proporciona la fuerza para vivir, y si esa persona logra alinear su vida con su destino, su camino se consolida y se refuerza.

LAS LÍNEAS INDIVIDUALES

SEIS AL PRINCIPIO:

Un crisol con las patas hacia arriba.
Propicio para sacar la punta del palo.
Se toma una concubina por el bien de su hijo.
No es una mancha.

Si se le da la vuelta al crisol, se limpia la suciedad. Esta imagen sugiere que, incluso en una posición humilde, si uno se purifica y se prepara, podrá alcanzar logros y ser reconocido. Como una concubina que es honrada por tener un hijo, una persona humilde también puede elevarse si demuestra su valor.

NUEVE EN SEGUNDO LUGAR:

Hay comida en el crisol.
Mis compañeros son envidiosos,
pero no pueden hacerme daño.
Salvación.

En tiempos de alta cultura, los logros reales son lo más importante. La envidia puede surgir, pero no tendrá poder sobre quien se concentra en sus méritos y esfuerzos positivos. La salvación viene al perseverar en lo que es correcto.

NUEVE EN TERCER LUGAR:

El mango del crisol está cambiado.
Tu transformación se ve obstaculizada.
La grasa del faisán no se come.
Una vez que la lluvia ha caído, el arrepentimiento se agota.
La salvación llega al fin.

Si el mango del crisol está cambiado, no se puede utilizar adecuadamente, y su contenido, aunque valioso, se desperdicia. Esto representa a una persona con talento que no es reconocida ni utilizada en su potencial. Sin embargo, si uno mantiene su valor interior, llegará el momento en que los obstáculos desaparecerán y se alcanzará la salvación.

NUEVE EN CUARTO LUGAR:

El crisol se rompe.
La comida del príncipe se derrama
y la figura se mancha.
Desastre.

Una persona con una tarea importante puede fracasar si no se dedica completamente a su misión y se deja influenciar por personas inferiores. Este fracaso no sólo afecta la tarea, sino que también trae deshonra y desastre personal.

SEIS EN QUINTO LUGAR:

El crisol tiene asas amarillas,
anillos de oro.
La perseverancia es favorable.

Este símbolo representa a un líder modesto y accesible que encuentra ayudantes capaces que complementan su labor. La perseverancia y la humildad son clave para mantener esta actitud y asegurar el éxito continuo.

NUEVE EN LA CIMA:

El crisol tiene anillos de nefrita.
Gran salvación.
Nada que no sea beneficioso.

La nefrita, con su dureza y brillo suave, simboliza la combinación de fuerza y pureza en la guía y el consejo. Un líder que actúa con esta cualidad será favorecido por la divinidad, logrando gran salvación y éxito en sus acciones.

51. *Dschen* / Lo Emocionante (La Agitación, El Trueno)

䷲ Arriba *Dschen*, el Energizante, el trueno
Abajo *Dschen*, el Energizante, el trueno

El hexagrama *Dschen* representa el poder del trueno, una fuerza poderosa y energética que surge desde abajo y asciende con gran ímpetu. Este movimiento enérgico y repentino provoca temor y conmoción. *Dschen* simboliza el hijo mayor, que asume el control de manera decidida y vigorosa, provocando un impacto tan fuerte que es capaz de sacudir todo lo que lo rodea.

EL JUICIO

La sacudida trae el éxito.
La sacudida viene: Hu, Hu.
Palabras risueñas: Ja, Ja, Ja.
El temblor asusta a cien millas,
y no deja caer la cuchara y la copa del sacrificio.

El trueno, como manifestación de lo divino, infunde temor, pero este temor es beneficioso porque lleva a una renovación interna y, finalmente, a la alegría. Aquellos que han experimentado el temor sagrado están mejor preparados para enfrentar las adversidades externas con calma. Incluso cuando el trueno ruge y provoca temor en un área extensa, el sabio permanece sereno y continúa con sus deberes rituales, simbolizando la profunda estabilidad interior que se requiere en tiempos de crisis.

LA IMAGEN

Continuación del trueno: la imagen de ser sacudido.
Así, el hombre superior hace su vida correcta con temor y temblor.
Corrige su vida y se explora a sí mismo.

El trueno que retumba repetidamente provoca miedo y temblor, recordándole al hombre superior la presencia constante del poder divino. Este estado de reverencia y temor lo impulsa a mantener su vida en orden, a reflexionar sobre sus acciones y a corregir cualquier desvío de la rectitud.

LAS LÍNEAS INDIVIDUALES

NUEVE AL PRINCIPIO:

Viene el temblor: Hu, Hu.
Esto es seguido por palabras risueñas: Ha, Ha.
Salve.

El miedo inicial provocado por la sacudida se disipa, y lo que sigue es alivio y alegría. La experiencia del temor, aunque intensa al principio, lleva finalmente a la salvación y al bienestar.

SEIS EN SEGUNDO LUGAR:

La sacudida viene con el peligro.
Cien mil veces pierdes tus tesoros
y debes escalar las nueve colinas.
No los persigas.
Los recuperarás al cabo de siete días.

Ante el peligro, se experimentan pérdidas significativas. Sin embargo, en lugar de aferrarse a lo perdido, es mejor retirarse y esperar. Eventualmente, lo que se ha perdido regresará por sí mismo cuando las circunstancias mejoren.

SEIS EN TERCER LUGAR:

Las sacudidas llegan y dejan a uno aturdido.
Si uno actúa como resultado de la sacudida,
permanece libre de la desgracia.

La sacudida del destino puede ser desconcertante, pero es crucial reaccionar con prudencia y no dejarse llevar por la confusión. La capacidad de mantenerse firme y actuar correctamente, a pesar de la agitación, protege contra la desgracia.

NUEVE EN CUARTO LUGAR:

La agitación se adentra en el barro.

Cuando la agitación no encuentra resistencia ni cede, sino que todo se estanca en la pereza y la dureza del barro, el movimiento queda paralizado. Esto refleja una situación en la que no se puede avanzar ni retroceder, lo que lleva a un estancamiento.

SEIS EN QUINTO LUGAR:

La agitación va y viene: peligro.
Pero no se pierde nada, sólo hay negocio.

La sacudida es repetida y persistente, sin dar respiro. Sin embargo, no se pierde nada esencial, ya que uno se mantiene centrado y logra manejar la situación sin ser arrastrado por el caos.

SEIS EN LA CIMA:

Las sacudidas traen la decadencia y la mirada ansiosa alrededor. Avanzar trae el desastre.
Si aún no ha llegado a tu propio cuerpo, sino sólo al del vecino, no hay culpa.
Los compañeros tienen que hablar.

Cuando el *shock* alcanza su punto más alto, priva de claridad y reflexión, lo que lleva al peligro si se actúa precipitadamente. Es crucial mantenerse tranquilo y evitar involucrarse hasta que la situación esté bajo control. Si logras mantenerte alejado del caos mientras observas sus efectos en los demás, podrás evitar errores, aunque los demás, en su agitación, puedan no entender tu retiro prudente.

52. *Ken* / Mantenerse quieto, (La Montaña)

Arriba *Ken*, la Quietud, la montaña
Abajo *Ken*, la Quietud, la montaña

El hexagrama *Ken* simboliza la montaña, el hijo menor del Cielo y la Tierra, representando la quietud y el reposo. En la montaña, el movimiento ha cesado, alcanzando su fin natural. Aplicado al ser humano, el desafío es lograr la paz interior, especialmente la tranquilidad del corazón. A diferencia del budismo, que busca la paz a través de la cesación del movimiento en el nirvana, el *I Ching* considera la quietud como un estado polar complementado por el movimiento. La paz interior se consigue cuando se logra un equilibrio entre la quietud y el movimiento.

EL JUICIO

Mantiene la espalda inmóvil,
de modo que ya no siente su cuerpo.
Entra en su patio y no ve a los suyos.
No se mancha.

La verdadera quietud se alcanza cuando uno sabe cuándo detenerse y cuándo avanzar. Este equilibrio entre el reposo y el movimiento, adecuado a las circunstancias, es la clave para una vida plena. El signo representa el final y el principio de todo movimiento. La espalda, donde se encuentran los nervios que transmiten el movimiento, simboliza la interrupción de la inquietud del ego. En este estado de paz interior, uno puede observar el mundo sin ser afectado por la lucha y la agitación, lo que permite una comprensión profunda de las leyes universales y una acción correcta. Quien actúa desde esta profunda serenidad no comete errores.

LA IMAGEN

Montañas unidas: la imagen de la quietud.
Así, el hombre superior no va más allá de su posición
con sus pensamientos.

El corazón está en constante movimiento. Esto es natural y no se puede cambiar. Sin embargo, los pensamientos deben centrarse en la situación presente. Los pensamientos que van más allá de esto sólo causan inquietud y malestar.[1]

LAS LÍNEAS INDIVIDUALES

SEIS AL PRINCIPIO:

Mantener los pies quietos.
No es un defecto.
La perseverancia es beneficiosa.

Mantener los pies quietos significa evitar el movimiento antes de que sea necesario. Al mantenerse en reposo en el momento adecuado, se evita cometer errores. Esta actitud permite permanecer en armonía con la inocencia original, viendo las cosas como realmente son, sin ser in-

---

1. Compárese con Goethe:

   «Para aplacar el anhelo por lo lejano, lo futuro,
   ocupate aquí y hoy en lo útil».

fluenciado por deseos o intereses. Es crucial mantener esta firmeza constante para no perder la claridad y la voluntad.

SEIS EN SEGUNDO LUGAR:

Mantener quietas las pantorrillas.
No puede salvar a quien sigue.
Su corazón no está contento.

La pierna no puede moverse por sí sola; depende del movimiento del cuerpo. Si el cuerpo se mueve con fuerza y la pierna se detiene, se produce un desequilibrio. De manera similar, si alguien sigue a una personalidad más fuerte, se deja llevar y pierde la capacidad de detenerse en el camino de la injusticia. Aunque intente detenerse, ya no puede influir en el movimiento del otro, lo que genera insatisfacción y descontento.

NUEVE EN TERCER LUGAR:

Mantener las caderas quietas.
Endurecer el sacro.
Peligroso.
El corazón se ahoga.

Aquí se describe el reposo forzado. Cuando el corazón inquieto se reprime a la fuerza, esto crea una tensión interna que resulta en incomodidad y angustia. La meditación y la calma no deben imponerse, sino que deben surgir de manera natural a partir de un estado interior de concentración. Forzar la tranquilidad sólo conduce a un gran malestar.

SEIS EN CUARTO LUGAR:

Mantener el torso inmóvil.
No es un defecto.

Aquí, aunque aún no se ha alcanzado el nivel más alto de tranquilidad, se ha logrado aquietar el ego hasta cierto punto. La mente aún no está completamente libre de dudas e inquietudes, pero esta actitud de calma es positiva, ya que es un paso hacia la eliminación completa de los impulsos egoístas.

SEIS EN QUINTO LUGAR:

Mantener las mandíbulas quietas.
Las palabras tienen orden.
El remordimiento desaparece.

En situaciones de peligro, es fácil hablar sin pensar, lo que puede llevar a errores y arrepentimiento. Sin embargo, si se controla la lengua y se habla con cuidado, las palabras se vuelven más sólidas y efectivas, eliminando cualquier motivo de arrepentimiento.

NUEVE EN LA CIMA:

Silencio generoso.
La salvación.

Aquí se alcanza la culminación del esfuerzo por lograr la quietud. No se trata sólo de una tranquilidad individual, sino de una paz general que beneficia a todos. Esta resignación general y generosa conduce a la salvación y a la calma para todos.

53. *Dsien* / El Desarrollo (Progreso gradual)

Arriba *Sun*, la Suavidad, el viento, el bosque
Abajo *Ken*, la Quietud, la montaña

El hexagrama *Dsien* simboliza el desarrollo gradual, representado por la imagen de un árbol que crece en una montaña. La madera *(Sun)* arriba y la montaña *(Ken)* abajo sugieren un crecimiento lento y constante, bien arraigado. Este desarrollo se logra a través de la calma interior y la suavidad exterior, lo que permite un avance seguro y duradero.

EL JUICIO

El desarrollo. La chica se casa. La curación.
La perseverancia es favorable.

El desarrollo, como en el matrimonio, requiere tiempo y paciencia. Las formalidades deben completarse antes de que el matrimonio se consume, lo que representa el progreso gradual en las relaciones y en la vida en general. Este progreso no debe apresurarse; requiere constancia y calma interior. La influencia positiva sobre los demás también se desarrolla de manera lenta pero segura, al igual que el crecimiento moral y personal. La perseverancia en este proceso garantiza que el progreso sea significativo y duradero.

LA IMAGEN

En la montaña hay un árbol: la imagen del desarrollo.
Así el hombre superior habita en la virtud digna
para mejorar la moral.

El árbol en la montaña crece lentamente, influyendo en su entorno de manera gradual y duradera. Este crecimiento, visible desde lejos, es una metáfora del desarrollo moral y personal del hombre superior. A través de un trabajo cuidadoso y constante en su propia virtud, el hombre superior mejora la moral y la cultura a su alrededor.

LAS LÍNEAS INDIVIDUALES

SEIS AL PRINCIPIO:

El ganso salvaje se acerca poco a poco a la orilla.
El hijo pequeño está en peligro.
Se habla. No hay mancha.

El ganso salvaje, símbolo de la fidelidad conyugal, comienza su viaje desde el agua hacia la tierra firme. Éste es el primer paso en su desarrollo, lleno de incertidumbre y peligro. Sin embargo, la precaución y la falta de precipitación garantizan que el progreso sea exitoso, a pesar de las críticas iniciales.

SEIS EN SEGUNDO LUGAR:

La oca salvaje avanza poco a poco hacia la roca.
Come y bebe en paz y armonía. La salvación.

La roca es un lugar seguro y estable, donde la oca encuentra sustento y paz. Éste es un paso más en el desarrollo, superando la incertidumbre inicial y encontrando una base sólida. La satisfacción no se busca sólo para uno mismo, sino que se comparte con los demás, lo que trae armonía y salvación.

NUEVE EN TERCER LUGAR:

El ganso salvaje se mueve gradualmente hacia la meseta.
El hombre se va y no vuelve.
La mujer lleva un niño, pero no da a luz. Desastre.
Es favorable para ahuyentar a los depredadores.

La meseta es un lugar seco e inapropiado para el ganso, que ha perdido su camino. Este desvío del camino natural de desarrollo trae consecuencias desastrosas. Sin embargo, si uno se defiende firmemente y no busca la lucha, puede evitar el desastre.

SEIS EN CUARTO LUGAR:

El ganso salvaje avanza poco a poco hacia el árbol.
Quizás consiga una rama plana. No es un defecto.

El árbol no es un lugar ideal para el ganso, pero con prudencia puede encontrar una rama segura. En la vida, cuando se presentan situaciones difíciles, es importante ser flexible y prudente para encontrar seguridad incluso en medio del peligro.

NUEVE EN QUINTO LUGAR:

La oca salvaje se acerca poco a poco a la cumbre.
La mujer no tiene un hijo desde hace tres años.
Por fin, no puede hacer nada para evitarlo. La salvación.

La cumbre es un lugar elevado, pero también puede llevar al aislamiento. Las relaciones estériles pueden finalmente dar frutos si se resuelven los malentendidos. El progreso gradual lleva finalmente a la salvación y a la unión deseada.

NUEVE EN LA CIMA:

**El ganso salvaje se desplaza gradualmente hacia las alturas de las nubes.
Sus plumas pueden ser utilizadas para la danza sagrada.
Ventura.**

Aquí, el desarrollo ha llegado a su culminación. El vuelo del ganso salvaje hacia las alturas simboliza la realización de la vida y el cumplimiento de su propósito. Las plumas del ganso, utilizadas en danzas sagradas, representan la influencia positiva y duradera que una vida realizada puede tener en los demás, dejando un legado de luz y ejemplo para el mundo.

54. *Gui Me* / La Casadera

☳☱ Arriba *Dschen*, el Excitante, el trueno
Abajo *Dui*, lo Sereno, el lago

Este hexagrama describe la situación en la que una joven se casa, siguiendo a un hombre mayor. La imagen refleja la unión en la que el hombre toma la iniciativa y la joven lo sigue, simbolizando la entrada de una muchacha en la casa de su esposo. Esta situación puede implicar desafíos y requiere tacto y moderación para mantener la armonía en la relación.

EL JUICIO

La chica que se casa.
Las empresas traen desastres.
Nada que sea beneficioso.

Cuando una joven entra en una familia sin ser la esposa principal, debe comportarse con cautela y moderación. No debe intentar usurpar el lugar de la ama de casa, pues eso podría llevar al desorden y a situaciones insostenibles. Esta situación se aplica a todas las relaciones que no están organizadas legalmente; requieren tacto y moderación para evitar conflictos y desastres.

LA IMAGEN

Sobre el lago está el trueno:
la imagen de la muchacha que se casa.
Así, a través de la eternidad del fin,
el hombre superior reconoce lo efímero.

El trueno agita el agua del lago, reflejando la emoción y agitación que la unión de dos personas puede causar. Sin embargo, es importante mantener en mente el objetivo final de la relación, asegurando que esta unión no se vea afectada por malentendidos y conflictos, lo que requiere un enfoque consciente y firme.

LAS LÍNEAS INDIVIDUALES

NUEVE AL PRINCIPIO:

La chica que se casa como concubina.
Un cojo que puede actuar.
Los esfuerzos traen la salvación.

Aquí se describe a una joven que entra en una familia como concubina, no como esposa principal. Si se comporta con modestia y sabe adaptarse a su posición, encontrará seguridad y aceptación en su nuevo hogar. La situación se compara con alguien que, aunque tenga dificultades (como un cojo), puede lograr algo significativo a través de la perseverancia y la bondad.

NUEVE EN SEGUNDO LUGAR:

Un tuerto que puede ver.
La perseverancia de una persona solitaria es beneficiosa.

En esta línea, la joven está unida a un hombre que la decepciona o que ha fallecido. Sin embargo, ella mantiene su fidelidad y su luz interior, incluso en la soledad. Su perseverancia en mantener su dignidad y principios trae consigo beneficios, a pesar de las circunstancias adversas.

SEIS EN TERCER LUGAR:

La chica que se casa como esclava.
Se casa como concubina.

Aquí se describe a una joven que, al no poder encontrar un esposo adecuado, se convierte en concubina. Esto refleja una situación en la que alguien desea algo que no puede obtener de manera legítima y se conforma con menos, comprometiendo su propia dignidad. Es una advertencia sobre las consecuencias de buscar placeres a cualquier costo.

NUEVE EN CUARTO LUGAR:

La chica que se casa retrasa el plazo.
Un matrimonio tardío llega a su debido tiempo.

La joven, por su pureza y cautela, no se apresura en casarse. Aunque llega tarde a la unión, es recompensada por su paciencia y finalmente encuentra al hombre adecuado. Este retraso no le causa daño, sino que le asegura una unión correcta y feliz.

SEIS EN QUINTO LUGAR:

El gobernante I casa a su hija.
Los vestidos bordados de la princesa
no eran tan espléndidos como los de la sirvienta.
La Luna, casi llena, trae buena fortuna.

Este hexagrama describe a una princesa que, en circunstancias modestas, se adapta con gracia a su nueva vida. Aunque su rango es alto, no se apega a las apariencias externas y se coloca debajo de su esposo con humildad, como la Luna que aún no está llena. Su actitud modesta y sincera trae buena fortuna.

SEIS EN LA CIMA:

La mujer sostiene la cesta,
pero no hay fruta.
El hombre apuñala a la oveja,
pero no hay sangre.
Nada que sea favorable.

En esta línea se describe un matrimonio en el que las formas y rituales se cumplen sólo superficialmente, sin verdadero espíritu o significado. La falta de sinceridad y devoción en las acciones lleva a una relación vacía y sin sentido, lo que no augura nada bueno para el futuro de esa unión.

55. *Fong* / La Plenitud

䷶ Arriba *Dschen*, el Excitante, el trueno
Abajo *Li*, lo Adherente, la llama

El hexagrama *Fong* simboliza un tiempo de gran abundancia y plenitud, donde el movimiento y la claridad se combinan para crear un período de esplendor. Sin embargo, esta plenitud lleva implícita la idea de que no puede durar indefinidamente, ya que todo estado de grandeza tiene su declive.

EL JUICIO

La plenitud tiene éxito.
El rey lo consigue. No estés triste; debes ser como el Sol a mediodía.

Éste es un tiempo de suprema grandeza y abundancia, otorgado sólo a aquellos que están en posiciones de poder y responsabilidad. Aunque el declive inevitable de tal esplendor pueda causar tristeza, es fundamental mantener una actitud libre de preocupaciones, irradiando luz y alegría como el Sol en su apogeo.

LA IMAGEN

El trueno y el relámpago:
la imagen de la abundancia.
Así el Noble decide los juicios y ejecuta los castigos.

El hexagrama *Fong* sugiere un tiempo en que la claridad interior y el movimiento exterior permiten la ejecución precisa de decisiones y castigos. Es un tiempo en que la justicia y el orden deben ser aplicados con exactitud, asegurando que las leyes establecidas sean llevadas a cabo de manera justa y decidida.

LAS LÍNEAS INDIVIDUALES

NUEVE AL PRINCIPIO:

Cuando se encuentre con su maestro particular,
pueden pasar diez días juntos y no es un error.
Al ir allí se encuentra el reconocimiento.

En tiempos de plenitud, es crucial que las personas que poseen claridad y energía se encuentren y trabajen juntas. La unión de estas cualidades permite que incluso un período largo de colaboración sea beneficioso, sin que se cometan errores. El trabajo conjunto en este momento es reconocido y valorado.

SEIS EN SEGUNDO LUGAR:

La cortina es de tal plenitud
que se pueden ver los cojines al mediodía.
Yendo uno alcanza la desconfianza y el odio.
Si uno lo despierta a través de la verdad, llega la salvación.

A veces, en tiempos de plenitud, las intrigas y las sombras oscurecen la claridad, llevando a la desconfianza y al odio. En tales momentos, cualquier acción enérgica podría ser malinterpretada y causar más daño. La clave es mantenerse firme en la verdad interior, confiando en que la claridad eventualmente se restablecerá y traerá salvación.

NUEVE EN TERCER LUGAR:

La maleza es tan abundante,
que se pueden ver las pequeñas estrellas al mediodía.
Se rompe el brazo derecho. Sin mancha.

Cuando la oscuridad cubre el Sol, incluso las estrellas menores se hacen visibles durante el día. Esto representa una situación en la que personas insignificantes ganan poder mientras los verdaderos líderes son oscurecidos y su capacidad de actuar es limitada. Aunque la mano derecha, símbolo de la acción, está «rota», no es culpa de la persona que se ve impedida de actuar.

NUEVE EN CUARTO LUGAR:

La cortina es de tal plenitud
que se pueden ver los cojines al mediodía.
Se encuentra con su mismo Señor. Salvación.

La oscuridad está disminuyendo, y la energía encuentra su complemento en la sabiduría. Cuando la energía y la sabiduría se encuentran, todo mejora y se alcanza la salvación. Aquí, se destaca la importancia de la cooperación entre cualidades opuestas pero complementarias para superar los desafíos.

SEIS EN QUINTO LUGAR:

Se acercan las líneas,
se acercan las bendiciones y la gloria. Salvación.

El gobernante es humilde y accesible a los consejos de personas capaces. Esta apertura a la sabiduría y el consejo trae bendición, gloria y salvación, no sólo para el gobernante sino también para todo el pueblo que gobierna.

SEIS EN LA CIMA:

Su casa está en abundancia.
Oculta a su clan.
Se asoma por la puerta y ya no ve a nadie.
No ve nada durante tres años. Desastre.

Un hombre que busca la plenitud y el esplendor sólo para su propio beneficio, excluyendo a los demás, termina solo. Su deseo de control y riqueza lo aísla, y al final, queda solo en su propia casa, sin nadie a su alrededor. Esto advierte sobre los peligros de la arrogancia y la autosuficiencia.

56. *Lü* / El Errante

Arriba *Li*, el Aferramiento, el fuego
Abajo *Ken*, la Quietud, la montaña

La imagen de este hexagrama nos muestra el fuego sobre la montaña. El fuego no se queda quieto; sube, se desplaza. Así es la vida del errante, que no tiene un hogar fijo y cuya naturaleza es la de moverse constantemente. La montaña representa la estabilidad y la quietud, pero el fuego, al estar sobre ella, simboliza que esta estabilidad no puede sostenerse cuando el fuego la recorre.

EL JUICIO

El vagabundo.
El éxito a través de lo pequeño.
La perseverancia es la salvación del vagabundo.

El errante, como extranjero, debe ser cauteloso y modesto, evitando comportamientos altaneros o pretenciosos. No tiene raíces firmes ni un amplio círculo social que lo respalde, por lo que debe proceder con prudencia y mantener su dignidad. El éxito llega en pequeñas dosis y sólo a través de la perseverancia se asegura su seguridad y avance.

LA IMAGEN

**Hay fuego en la montaña: la imagen del viajero.
Así el hombre superior es claro y cuidadoso en el uso de castigos y no alarga las disputas.**

El fuego en la montaña es un fenómeno pasajero, no permanece en un lugar por mucho tiempo. Así, las acciones del hombre superior deben ser claras y decididas, pero no deben prolongarse innecesariamente. Los castigos y las pruebas deben ser breves, evitando que se conviertan en una carga prolongada para las personas.

LAS LÍNEAS INDIVIDUALES

SEIS AL PRINCIPIO:

Si el caminante está ocupado con cosas insignificantes, atrae la desgracia sobre sí mismo.

El errante debe evitar involucrarse en asuntos triviales que puedan desacreditarlo o hacerle perder su dignidad. Cuanto más baja sea su posición, más debe esforzarse en mantener su integridad y no rebajarse a comportamientos indignos. Si se deja llevar por las banalidades, corre el riesgo de ser despreciado y tratado con desdén.

SEIS EN SEGUNDO LUGAR:

**El viajero llega a la posada.
Lleva consigo sus posesiones.
Consigue la perseverancia de un joven sirviente.**

Este viajero es modesto y reservado, lo que le permite encontrar un lugar seguro donde descansar y guardar sus pertenencias. Además, su comportamiento leal y digno le permite ganarse la confianza y el apoyo de otros, como la de un sirviente fiel que le acompaña en su camino.

NUEVE EN TERCER LUGAR:

El caminante quema su posada.
Pierde la perseverancia de su joven sirviente.
Peligro.

Un viajero que no se comporta de manera adecuada y se involucra en conflictos que no le conciernen corre el riesgo de perder su lugar de refugio. Si trata a quienes le rodean con arrogancia, perderá su apoyo. Esto es peligroso, ya que un errante sin apoyo ni refugio está en una situación muy vulnerable.

NUEVE EN CUARTO LUGAR:

El viajero descansa en un lugar de alojamiento.
Gana sus posesiones y un hacha.
Mi corazón no es feliz.

Este viajero encuentra un lugar donde quedarse y logra adquirir posesiones, pero su situación es inestable. Debe estar siempre en guardia, listo para defender lo que tiene, lo que le impide encontrar la verdadera paz. Se siente constantemente como un extraño en tierra ajena, lo que le causa una inquietud persistente.

SEIS EN QUINTO LUGAR:

Dispara a un faisán; cae en la primera flecha.
Al final, esto trae elogios y cargos.

El viajero busca entrar al servicio de un príncipe y lo hace de manera efectiva, acertando en su primer intento. Esto le permite ganar amigos, elogios y, finalmente, un cargo bajo el patrocinio del príncipe. En situaciones donde uno debe buscar su lugar en tierras extranjeras, es crucial comprender bien el entorno y presentarse adecuadamente para ser aceptado y prosperar.

NUEVE EN LA CIMA:

El pájaro quema su nido.
El viajero primero ríe,
luego debe lamentarse y llorar.
Pierde la vaca por imprudencia. Desastre.

El pájaro que quema su nido es una metáfora de perder el propio refugio debido a la imprudencia. El viajero, al comportarse de manera descuidada y frívola, termina perdiendo lo que le brindaba seguridad. La vaca simboliza su capacidad de adaptarse y mantenerse seguro. Una vez que alguien la pierde, enfrenta un desastre inevitable.

57. *Sun* / Lo Suave (Lo Fuerte, El Viento)

Arriba *Sun*, lo Suave, el viento, la madera
Abajo *Sun*, lo Suave, el viento, la madera

El hexagrama *Sun* es uno de los ocho signos dobles, representando la suavidad y la penetración. Como el viento que, aunque suave, es constante y persistente, también se asocia con la madera, que crece penetrando en la tierra con sus raíces. La idea central es que lo suave puede, con el tiempo y la perseverancia, penetrar y superar incluso lo que parece inamovible. En la vida humana, la claridad del juicio y la influencia sutil y constante de una personalidad importante pueden disipar las oscuras maquinaciones y traer luz.

EL JUICIO

Lo suave. Pequeños éxitos.
Es beneficioso tener a dónde ir.
Es beneficioso ver al gran hombre.

El éxito que se logra aquí es gradual y menos ostentoso, pero más duradero. Se recomienda tener un objetivo claro y seguir una dirección constante. Es crucial subordinarse a una persona con gran capacidad para ordenar y guiar, lo cual es la clave para lograr algo significativo. Las pequeñas acciones, cuando se alinean con un propósito mayor y un liderazgo fuerte, pueden traer beneficios duraderos.

LA IMAGEN

Vientos que se suceden: la imagen del que penetra suavemente.
Así es como el hombre superior difunde sus mandamientos y hace sus negocios.

El viento es poderoso por su constancia y capacidad de actuar a lo largo del tiempo. De la misma manera, el hombre superior influye en la comunidad a través de una enseñanza continua y mandatos claros. La preparación cuidadosa y la influencia constante son esenciales para asegurar que las órdenes se cumplan efectivamente y no simplemente se reciban con resistencia o rechazo.

LAS LÍNEAS INDIVIDUALES

SEIS AL PRINCIPIO:

Al avanzar y al retroceder es propicia la perseverancia de un guerrero.

La suavidad a menudo puede llevar a la indecisión. En lugar de dudar entre avanzar o retroceder, es crucial adoptar una determinación firme, similar a la de un guerrero. Es mejor actuar con disciplina y decisión que vacilar y perder la oportunidad de acción.

NUEVE EN SEGUNDO LUGAR:

Penetración bajo la cama.
Sacerdotes y magos son utilizados en gran número.
Salvación. Sin mancha.

A veces, las influencias oscuras se ocultan en los rincones más profundos e intangibles. Es necesario perseguir estas influencias hasta sus fuentes más secretas, tarea que requiere una acción continua y decidida. Sacando a la luz estas fuerzas, se les priva de su poder, lo cual es esencial para lograr la salvación.

NUEVE EN TERCER LUGAR:

Intrusión repetida. Vergüenza.

Reflexionar y reconsiderar es valioso, pero si se lleva al extremo, puede inhibir la capacidad de tomar decisiones. Cuando se ha reflexionado suficientemente sobre un asunto, es el momento de actuar. La vacilación continua lleva a la inacción y, eventualmente, a la vergüenza.

SEIS EN CUARTO LUGAR:

El arrepentimiento se desvanece.
Cuando cazas, atrapas tres tipos de caza.

La experiencia y la responsabilidad en la acción traen éxito. Al actuar con energía y prudencia, se logra un gran resultado, capturando el equivalente de tres tipos de caza, útiles para diferentes propósitos. Este éxito es un signo de que se ha actuado correctamente.

NUEVE EN QUINTO LUGAR:

La perseverancia trae la salvación.
El arrepentimiento desaparece.
Nada que no sea beneficioso.
No hay principio, sino un final.
Antes del cambio tres días, después del cambio tres días.
Salvación.

Las reformas, en este caso, no requieren comenzar desde cero, sino mejorar y corregir lo que ya existe. La constancia y la correcta actitud garantizan el éxito. Antes y después del cambio, es necesario reflexionar cuidadosamente para asegurar que las mejoras sean efectivas y duraderas.

NUEVE EN LA CIMA:

Penetración bajo la cama.
Pierde sus posesiones y su hacha.
La persistencia trae el desastre.

Aquí, la intrusión es lo suficientemente profunda, pero ya no hay fuerzas para combatir las influencias negativas. Persistir en este punto sólo traerá más problemas y pérdidas. Es mejor reconocer cuándo detenerse para evitar un desastre mayor.

58. *Dui* / Lo Sereno, El Lago

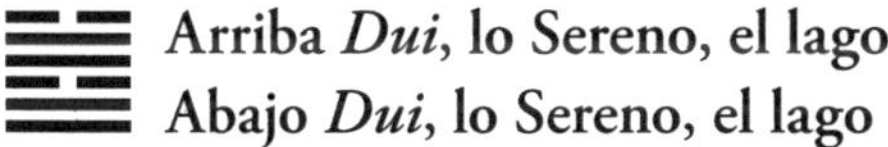

Arriba *Dui*, lo Sereno, el lago
Abajo *Dui*, lo Sereno, el lago

Dui es uno de los ocho signos dobles, representando a la hija menor. Su imagen es la del lago, reflejando serenidad y alegría. Aunque esta alegría parece suave y ligera, se basa en la firmeza y la fuerza interior, lo que le da una profundidad y estabilidad que va más allá de la mera superficialidad. La verdadera alegría surge de una combinación de fuerza interna y suavidad externa.

EL JUICIO

La alegría. El éxito. La perseverancia es favorable.

La alegría tiene un poder contagioso y puede llevar al éxito. Sin embargo, para que esta alegría sea duradera y no se convierta en un desenfreno descontrolado, debe estar fundamentada en la constancia y la verdad interior. La combinación de fuerza interna y dulzura externa es lo que permite mantener la rectitud tanto ante Dios como ante las personas, lo que conduce a logros duraderos. Mientras que la intimidación puede lograr resultados temporales, la verdadera influencia se logra ganándose el corazón de las personas a través de la amabilidad.

LA IMAGEN

Lagos que reposan uno sobre el otro: la imagen de lo Sereno. Así, el hombre superior se une a sus amigos para discutir y practicar.

Un lago, por sí solo, se evapora y se agota, pero cuando dos lagos están juntos, se enriquecen mutuamente. Esto simboliza la importancia de la colaboración y la discusión entre personas afines. En el ámbito del conocimiento, esta interacción y práctica compartida revitalizan y equilibran el aprendizaje, evitando que se vuelva unilateral o pesado.

LAS LÍNEAS INDIVIDUALES

NUEVE AL PRINCIPIO:

Alegría satisfecha. Salvación.

Una alegría tranquila y contenida que no depende del exterior y que se mantiene libre de deseos y aversiones egoístas es una fuente de salvación. Esta alegría interna, estable y serena, proporciona una sensación de seguridad y paz.

NUEVE EN SEGUNDO LUGAR:

Verdadera serenidad. La salvación. Desaparecen los remordimientos.

Cuando se está rodeado de personas o influencias inferiores, es fácil ser atraído por placeres que no corresponden a la naturaleza superior de uno. Sin embargo, si uno mantiene su integridad y no se deja tentar por estos placeres, no habrá arrepentimiento. Al reconocer y evitar lo que es perjudicial, se elimina cualquier causa de remordimiento.

SEIS EN TERCER LUGAR:

Hilaridad venidera. Travesura.
La verdadera alegría debe brotar de uno mismo.
Pero si uno está vacío por dentro, las alegrías vienen de fuera.

La verdadera alegría debe surgir del interior. Si uno carece de estabilidad interna, buscará distracciones externas para llenar ese vacío. Estas alegrías externas, aunque pueden parecer satisfactorias, en realidad llevan a una mayor pérdida de sí mismo, lo que es perjudicial.

NUEVE EN CUARTO LUGAR:

La alegría deliberada no se apacigua.
Una vez que los errores se han encogido de hombros,
hay alegría.

Estar atrapado entre diferentes tipos de alegría puede causar inquietud interior. Es crucial decidir conscientemente optar por placeres superiores y dejar de lado los inferiores. Una vez que se toma esta decisión y se deja atrás la confusión interna, se encuentra la verdadera serenidad y paz.

NUEVE EN QUINTO LUGAR:

La veracidad contra lo corrosivo es peligroso.

Incluso los mejores de los hombres pueden ser tentados por elementos peligrosos. Si uno se involucra con estas influencias, su efecto corrosivo es inevitable. Sin embargo, si se reconoce el peligro a tiempo y se evita, uno puede protegerse y permanecer indemne.

SEIS EN LA CIMA:

Alegría seductora.

Cuando uno es vanidoso o no tiene una base interna sólida, se atraen placeres superficiales que pueden llevar a la perdición. En este estado, el control de la vida se escapa de las manos y todo queda a merced del azar y de influencias externas. La falta de estabilidad interna lleva a una vulnerabilidad frente a las tentaciones externas.

59. *Huan* / La Disolución

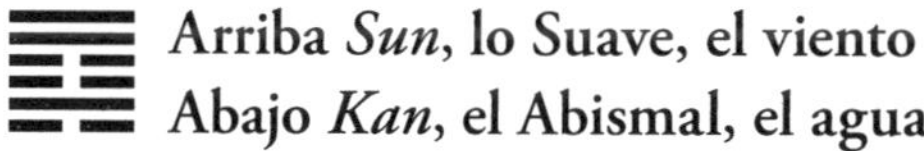

Arriba *Sun*, lo Suave, el viento
Abajo *Kan*, el Abismal, el agua

El viento sopla sobre el agua, dispersando y disolviendo la acumulación en espuma y vapor. Esta imagen simboliza cómo la energía vital, cuando se acumula en el hombre y se vuelve peligrosa, puede ser disuelta y dispersada por la suavidad.

EL JUICIO

La disolución. El éxito.
El rey se acerca a su templo.
Es beneficioso cruzar la gran agua.
La perseverancia es favorable.

Este hexagrama comparte similitudes con *Tsui*, «La Recolección» (nº 45), pero mientras allí se trataba de la reunión de lo separado, aquí se refiere a la disolución del egoísmo que separa a las personas. Para superar este egoísmo, se necesitan fuerzas religiosas y la cooperación en grandes esfuerzos comunes. Estos esfuerzos unen a las personas hacia un objetivo compartido, disolviendo lo que las separa. Para que esta disolución sea efectiva, es necesario que quien la lidera esté libre de pensamientos egoístas y actúe con justicia y constancia.

LA IMAGEN

**El viento se desplaza sobre el agua: la imagen de la disolución.
Así es como los antiguos reyes sacrificaban al Señor
y construían templos.**

El agua comienza a congelarse en otoño e invierno, solidificándose en hielo. Con la llegada de la primavera, esta solidificación se disuelve y el hielo se vuelve a reunir en su forma líquida. Lo mismo ocurre con el corazón humano, que puede endurecerse y aislarse debido al egoísmo. Para disolver este egoísmo, es necesario que una emoción piadosa despierte el corazón, uniéndolo con los demás en una celebración sagrada y recordándole su origen común.

LAS LÍNEAS INDIVIDUALES

SEIS AL PRINCIPIO:

Trae ayuda con la fuerza de un caballo.

Es crucial actuar rápidamente y con firmeza ante los primeros signos de separación o malentendidos. Si se disipan estos problemas antes de que se conviertan en algo mayor, se puede evitar la tormenta que sigue.

NUEVE EN SEGUNDO LUGAR:

**En la resolución, corre hacia su apoyo.
El remordimiento desaparece.**

Si uno percibe en sí mismo los inicios de sentimientos negativos como el odio o el resentimiento, es necesario abrirse interiormente y buscar apoyo en un juicio moderado y justo. Al disipar estos sentimientos negativos, desaparecen también los motivos de remordimiento.

SEIS EN TERCER LUGAR:

Disuelve su ego. No hay remordimiento.

Cuando el trabajo se vuelve tan difícil que uno ya no puede pensar en sí mismo, es necesario dejar de lado el ego y centrarse completamente en la tarea. Esta renuncia al ego es lo que permite grandes logros.

SEIS EN CUARTO LUGAR:

Se desprende de su rebaño. Exaltada salvación.
A través de la disolución sigue la acumulación.
Esto es algo en lo que la gente corriente no piensa.

Cuando se trabaja en una tarea que involucra un panorama general, es necesario dejar de lado las relaciones personales y enfocarse en el bien mayor. Al hacerlo, se gana en alcance y en resultados, aunque esto sólo puede ser comprendido por aquellos con una visión amplia de la vida.

NUEVE EN QUINTO LUGAR:

Disolviéndose como el sudor son sus fuertes gritos.
Resolución. Un rey habita sin mancha.

En tiempos de disolución general, un gran pensamiento puede ser el punto de unión que organiza la recuperación. Como el sudor disipa una enfermedad, un líder que presenta un gran ideal puede disipar los malentendidos y unir a la gente en torno a un propósito común.

NUEVE EN LA CIMA:

Disuelve su sangre.
Alejarse, mantenerse alejado, salir, es sin mancha.

Disolver la sangre significa evitar lo que podría causar heridas o daño. Aquí, no se trata sólo de evitar problemas personales, sino de salvar a otros de un peligro inminente, alejándolos antes de que sea demasiado tarde. Actuar de esta manera es lo correcto.

60. *Dsië* / La Restricción

☵☱ Arriba *Kan*, lo Abismal, el agua
Abajo *Dui*, la Sereno, el lago

El lago, con su capacidad limitada, desborda si se le añade más agua. Por eso es necesario establecer límites. En este hexagrama, las aguas de arriba y de abajo están separadas por el firmamento, simbolizando la barrera natural. La palabra china para restricción se refiere a las ramas firmes que dividen los tallos de bambú, lo que implica la importancia de establecer límites claros y firmes. En la vida cotidiana, esto se traduce en la frugalidad y la contención; en la vida moral, representa los límites que el hombre superior se impone en términos de lealtad y altruismo.

EL JUICIO

Restricción. Éxito.
La restricción amarga no debe practicarse de forma persistente.

Las restricciones, aunque agotadoras, pueden llevar al éxito. A través de la frugalidad y la contención, uno se prepara para enfrentar los tiempos de necesidad. La contención en el comportamiento evita humillaciones, y en la organización del mundo, las barreras son indispensables. La naturaleza establece límites para las estaciones, el día y la noche, y estos límites dan sentido al ciclo anual. Del mismo modo, el ahorro y la moderación preservan los recursos y previenen daños. Sin embargo, la moderación debe aplicarse también en las limitaciones; imponer restricciones demasiado severas puede llevar al sufrimiento y a la rebelión.

LA IMAGEN

Sobre el lago hay agua:
la imagen de la limitación.
Así, el hombre superior crea el número y la medida
y examina qué son la virtud y el comportamiento correcto.

El lago, aunque finito, contiene una cantidad limitada de agua. Esta limitación le otorga su carácter distintivo. De la misma manera, el individuo adquiere importancia en la vida mediante la aceptación de límites y la construcción de barreras que definen su deber. La existencia ilimitada no es adecuada para el ser humano; para ser fuerte, uno necesita los límites impuestos por el deber y la virtud.

LAS LÍNEAS INDIVIDUALES

NUEVE AL PRINCIPIO:

No salir a la puerta y al patio no es una mancha.

A veces, uno se encuentra con barreras insalvables. Es importante reconocer cuándo es prudente no forzar las circunstancias y esperar el momento adecuado para actuar. La discreción en los asuntos importantes es crucial para preservar la energía y la capacidad de actuar con fuerza cuando llegue el momento.

NUEVE EN SEGUNDO LUGAR:

No salir abandonando la puerta y la corte trae desastres.

Cuando llega el momento de actuar, es necesario hacerlo rápidamente. La vacilación en momentos clave puede llevar a la pérdida de oportunidades y a desastres inevitables.

SEIS EN TERCER LUGAR:

Los que no conocen limitaciones tendrán que quejarse.
Sin tacha.

Si uno se entrega a los placeres y no establece límites, eventualmente sufrirá las consecuencias. Es crucial reconocer los propios errores para evitar futuras desgracias.

SEIS EN CUARTO LUGAR:

Limitación satisfecha. Éxito.

La limitación natural, que no requiere un esfuerzo constante, conduce al éxito. Como el agua que fluye naturalmente hacia abajo, la limitación que surge de manera orgánica y sin resistencia es efectiva y permite que la energía se conserve para un uso más productivo.

NUEVE EN QUINTO LUGAR:

La dulce moderación trae la salvación.
Ir allí trae respeto.

Las restricciones deben ser impuestas con moderación y justicia. Cuando un líder ejerce moderación y establece límites razonables, logra el respeto y la lealtad de los demás. La moderación dulce y efectiva lleva al éxito.

SEIS EN LA CIMA:

Amarga limitación: la perseverancia trae el desastre.
El remordimiento desaparece.

Si uno es demasiado estricto en sus limitaciones, las personas no pueden soportarlo. Cuanto más rígido y severo es el rigor, más dañino resulta, pues un retroceso se vuelve inevitable con el tiempo. De igual manera, el cuerpo sometido a una tortura ascética también se rebela si se le impone una disciplina implacable. Sin embargo, aunque este rigor despiadado no pueda aplicarse de manera permanente o regular, puede haber ocasiones en las que sea el único medio para evitar el endeudamiento y el remordimiento. Éstas son las situaciones en las que la crueldad hacia uno mismo es la única forma de salvar el alma, que de otro modo sucumbiría a la complacencia y la tentación.

61. *Dschung Fu* / Verdad Interior

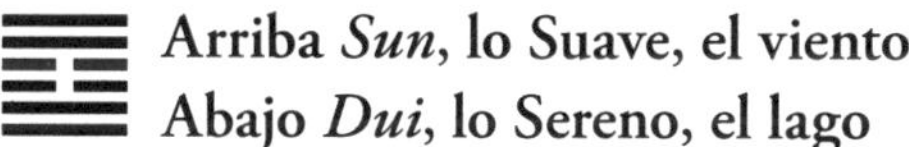

Arriba *Sun*, lo Suave, el viento
Abajo *Dui*, lo Sereno, el lago

El viento sopla sobre el lago y mueve la superficie del agua. Esto muestra los efectos visibles de lo invisible. El signo consta de líneas continuas arriba y abajo, mientras que es libre en el centro, lo que indica libertad en el corazón de ideas preconcebidas, permitiendo así que sea capaz de recibir la verdad. Los dos signos tienen una línea continua en el centro, lo que simboliza el poder de la verdad interior en sus efectos. Las características de los sub-signos son: gentileza en la parte superior y ceder a los de abajo en la parte inferior, mientras que la alegría surge de la obediencia a los de arriba. Estas condiciones crean la base de la confianza mutua, que hace posible el éxito. El carácter *Fu* (verdad) es en realidad la imagen de una pata de pájaro sobre un niño, conteniendo la idea de eclosión. El huevo está hueco, lo que implica que el poder de la luz debe tener una vitalización desde el exterior. Sin embargo, ya debe haber un germen de vida en el interior para que la vida pueda ser despertada. Especulaciones de gran alcance pueden estar vinculadas a estos pensamientos.

EL JUICIO

Verdad interior. Cerdos y peces. La salvación.
Es beneficioso cruzar las grandes aguas.
La perseverancia es beneficiosa.

Los cerdos y los peces son los animales menos espirituales y, por lo tanto, los más difíciles de influenciar. El poder de la verdad interior debe haber alcanzado un alto grado antes de que su influencia se extienda a tales criaturas. Si tan recalcitrantes y difíciles de influir pueden ser alcanzados, todo el secreto del éxito radica en encontrar la manera adecuada de acceder a ellos. Primero debes liberarte interiormente de tus prejuicios y dejar que la psique de la otra persona te afecte de forma completamente imparcial. Luego, interiormente, entenderlos y ganar poder sobre ellos, para que el poder de tu propia persona influya en la otra persona a través de la puerta abierta. Si actúas de esta manera, ningún obstáculo será insuperable, y hasta las tareas más peligrosas, como cruzar grandes aguas, tendrán éxito. Es importante comprender en qué se basa el poder de la verdad interior. No es idéntica a la simple intimidad o la cohesión secreta. Tal cohesión íntima también puede existir entre ladrones, pero no conduce a la salvación porque no es insuperable. Toda cooperación basada en comunidad de intereses sólo funciona hasta cierto punto. Donde termina la comunidad de intereses, termina también la cohesión, y la amistad más íntima a menudo se convierte en odio. Sólo cuando la base es la constancia, el vínculo permanece tan firme que lo supera todo.

LA IMAGEN

Por encima del lago está el viento:
la imagen de la verdad interior.
Así, el noble trata los asuntos criminales,
para detener las ejecuciones.

El viento mueve el agua porque es capaz de penetrar en sus intersticios. Del mismo modo, el hombre superior, cuando tiene que juzgar las faltas de los hombres, busca penetrar en su entendimiento y obtener así un juicio amoroso de las circunstancias. Toda la antigua jurisprudencia china se guiaba por este principio. La más alta comprensión, que sabe perdonar, era considerada como la más alta justicia. Tal jurisprudencia no fue infructuosa; la impresión moral debía ser tan fuerte que un abuso de tal indulgencia no era de temer, pues no brotaba de una debilidad, sino de una claridad superior.

LAS LÍNEAS INDIVIDUALES

NUEVE AL PRINCIPIO SIGNIFICA:

Estar preparado trae la salvación.
Si hay motivos ocultos, esto es inquietante.

Lo principal para el poder de la verdad interior es que estés estable y preparado. Esta actitud da lugar al comportamiento correcto hacia el mundo exterior. Si, por el contrario, uno quisiera cultivar relaciones secretas de un tipo especial, esto le privaría de su independencia, y cuanto más seguro se sintiera en la conciencia de encontrar apoyo en los demás, más inquieto y preocupado estaría por saber si estas conexiones secretas son realmente duraderas. Como resultado, se pierde la paz interior y la fuerza de la verdad interior.

NUEVE EN SEGUNDO LUGAR SIGNIFICA:

Una grulla que llama en la sombra.
Su cría le responde.
Tengo una buena copa. Quiero compartirla contigo.

Aquí se trata de la influencia involuntaria del ser interior sobre las personas afines. La grulla no necesita mostrarse en una colina alta. Aunque haga su llamada en completo secreto, su cría oye su voz, la reconoce y le da respuesta. Donde hay un ánimo alegre, también hay un camarada que compartirá una copa de vino contigo. Éste es el eco que se despierta en la gente a través de la simpatía. Donde un estado de ánimo es verdadero y puro, donde un acto es la expresión clara del sentimiento, tiene un efecto misterioso en la distancia, especialmente sobre aquellos que son interiormente receptivos. Pero estos círculos se amplían. La raíz de todo efecto está en uno mismo. Cuando esto se expresa verdadera y fuertemente en palabra y obra, entonces el efecto es grande. El efecto es sólo el reflejo de lo que surge del propio pecho. Cualquier intención de efecto sólo destruiría este efecto.

SEIS EN TERCER LUGAR SIGNIFICA:

Él encuentra un camarada,
pronto tamborilea, pronto se detiene.
A veces solloza, a veces canta.

Aquí la fuente de la fuerza no está en uno mismo, sino en la relación con otras personas. No importa lo cerca que estén; si nuestro centro de gravedad se basa en ellos, es imposible evitar ser zarandeado entre la alegría y la tristeza. Regocijarse eufóricamente o entristecerse hasta la muerte es el destino de quienes dependen de su armonía interior con otras personas a las que aman. Si este estado se percibe como molesto o como la mayor felicidad del amor, se deja al juicio subjetivo de la persona en cuestión.

SEIS EN CUARTO LUGAR SIGNIFICA:

La luna, que está casi llena.
El caballo del equipo está perdido.
No es un defecto.

Para aumentar el poder de la verdad interior, uno debe volverse hacia lo superior, de lo cual puede recibir la iluminación, como la Luna del Sol. Para esto es necesaria cierta humildad, como la Luna, que no está completamente llena. Si la Luna, como Luna llena, está directamente opuesta al Sol, inmediatamente comienza a menguar de nuevo. Hay que enfrentarse a la fuente de la iluminación con humildad y reverencia, y por otro lado, hay que renunciar al partidismo humano. Sólo cuando sigas tu camino, como un caballo que sigue recto sin mirar a su compañero, conservarás la libertad interior que te hace avanzar.

NUEVE EN QUINTO LUGAR SIGNIFICA:

Posee la verdad que encadena.
Sin mancha.

Aquí se representa al Señor, que todo lo mantiene unido mediante el poder de su naturaleza. Sólo si su fuerza de carácter es tan amplia que puede influir en todos los que pertenecen a su dominio, él es lo que debe ser. El poder de sugestión debe emanar del gobernante. Éste vinculará y unirá firmemente a todos los que le pertenecen. Sin este poder central, toda unificación externa no es más que una mentira que se romperá en el momento decisivo.

UN NUEVE EN LA CIMA SIGNIFICA:

Gallo que alcanza los Cielos.
La persistencia trae el desastre.

El gallo es fiable. Canta cuando llega la mañana, pero él mismo no puede volar al Cielo. Solo canta. Así es como se despierta la fe con meras palabras. Esto funciona ocasionalmente, pero, si se hace todo el tiempo, es perjudicial.

62. *Siau Go* / El Sobrepeso del pequeño

Arriba *Dschen*, lo Excitante, el trueno
Abajo *Ken*, la Quietud, la montaña

Mientras que en el hexagrama «El Gran sobrepeso» (n.º 28) los trazos fuertes están en el interior, rodeados por líneas débiles, aquí los trazos débiles están en el exterior, mientras que los fuertes están en el interior. Esto refleja una situación en la que las fuerzas internas deben prevalecer, pero no pueden hacerlo sin crear luchas y emergencias a gran escala. En este caso, los débiles deben representar lo exterior, lo que exige una extraordinaria cautela cuando uno está en una posición decisiva que no está realmente a la altura.

EL JUICIO

El sobrepeso de lo pequeño. Éxito.
La perseverancia es favorable.
Se pueden hacer cosas pequeñas, no grandes.

El pájaro volador trae el mensaje:
No es bueno aspirar hacia arriba,
es bueno permanecer abajo. Gran salvación.

La modestia y la cautela extraordinarias serán recompensadas con éxito, pero es importante que estas cualidades no se conviertan en una simple fórmula vacía y servil, sino que estén conectadas con una correcta dignidad en el comportamiento personal. Es esencial comprender las exigencias de la época para encontrar el complemento adecuado a las carencias del momento. No se deben esperar grandes logros, ya que falta la fuerza necesaria. Por eso es crucial el mensaje de no aspirar a cosas elevadas, sino mantenerse en lo humilde. El hecho de que este mensaje lo traiga un pájaro se debe a la forma del hexagrama: las líneas fuertes y pesadas en el interior, apoyadas sólo por dos líneas débiles en el exterior, crean la imagen de un pájaro que revolotea. Pero el pájaro no debe elevarse y volar hacia el sol; debe descender a la tierra, donde está su nido. Así transmite el mensaje del hexagrama.

LA IMAGEN

En la montaña está el trueno:
la imagen del sobrepeso del pequeño.
Así, el hombre superior pone la preponderancia
en la reverencia en tiempos de cambio.
En el duelo, coloca la preponderancia en el luto.
En sus gastos, pone preponderancia en el ahorro.

El trueno en la montaña es más cercano y resonante que el trueno en la llanura. De manera similar, el hombre superior extrae de esta imagen la llamada a considerar el deber de manera más cercana y directa en todas las cosas, aunque su comportamiento pueda parecer mezquino desde fuera. Presta especial atención a sus acciones, se preocupa más por la emoción interior que por la exterior, y, por tanto, es extraordinariamente sencillo y sin pretensiones en lo que respecta a su propia persona. Esto lo convierte en un fenómeno excepcional comparado con las masas, pero la esencia de su excepción reside en el hecho de que, exteriormente, se alinea con los humildes.

LAS LÍNEAS INDIVIDUALES

SEIS AL PRINCIPIO:

El pájaro llega al desastre volando.

El pájaro debe permanecer en el nido hasta que esté plenamente desarrollado. Si intenta volar antes de tiempo, encontrará el desastre. Sólo se deben tomar medidas extraordinarias cuando no queda otro remedio. Es crucial adaptarse a lo convencional el mayor tiempo posible; de lo contrario, uno se agotará y no logrará nada.

SEIS EN SEGUNDO LUGAR:

Ella pasa junto a su antepasado y se encuentra
con la antepasada.
No alcanza a su príncipe y se encuentra con el oficial.
No es un defecto.

Aquí se describen dos casos excepcionales: en el templo ancestral, donde las generaciones cambian, el nieto está en el mismo lado que el abuelo, lo que crea una conexión estrecha. En este caso, la esposa del nieto es la que pasa junto al antepasado durante el sacrificio y se vuelve hacia la mujer del antepasado, mostrando modestia. Este comportamiento, aunque inusual, no es un error, ya que refleja una sensibilidad adecuada a la situación. De manera similar, un funcionario que busca audiencia con su príncipe, pero no la consigue, no debe forzar nada. En su lugar, se une a los demás funcionarios, lo cual, en tiempos excepcionales, no es un error.

NUEVE EN TERCER LUGAR:

Si no eres extraordinariamente cuidadoso,
alguien viene por detrás y te golpea.
Desastre.

La precaución extraordinaria es absolutamente necesaria en algunas situaciones. Sin embargo, a menudo, las personas fuertes, confiadas en su rectitud, desprecian las precauciones, considerándolas insignificantes. Esta confianza en uno mismo puede ser engañosa, ya que hay peligros ocultos para los que no están preparados. Este peligro no es inevitable, pero puede evitarse si se comprende que los tiempos exigen una atención cuidadosa a los detalles aparentemente insignificantes.

NUEVE EN CUARTO LUGAR:

Sin tacha. Sin pasar de largo, lo golpea.
Ir allí conlleva peligro. Hay que tener cuidado.
No actúes. Sé constantemente persistente.

La dureza de carácter se equilibra con la suavidad de la posición, evitando cometer errores. En este momento, uno debe ejercer la máxima moderación y no actuar por iniciativa propia. Intentar alcanzar el objetivo por la fuerza sería peligroso. Por lo tanto, es crucial tener cuidado, no actuar precipitadamente, y mantener una perseverancia interior constante.

SEIS EN QUINTO LUGAR:

Espesas nubes,
no llueve en la zona oeste.
El príncipe dispara y golpea al de la cueva.

Aunque éste es un lugar alto, la imagen del pájaro volador se convierte en la de las nubes voladoras. Pero por densas que sean las nubes, no producen lluvia. Del mismo modo, un gobernante nato que podría poner el mundo en orden puede ser incapaz de lograr nada si está solo y sin ayudantes. En tales tiempos, es esencial buscar ayudantes humildemente, aquellos que se han retirado en secreto. No son necesarios grandes nombres, sino verdaderos logros. Con esta modestia, se puede encontrar al hombre adecuado y completar la tarea extraordinaria a pesar de todas las dificultades.

UN SEIS EN LA CIMA:

Sin golpearlo, lo deja pasar.
El pájaro volador le abandona. Desgracia.
Significa desgracia y daño.

Si uno sobrepasa el objetivo, no puede alcanzarlo. Si el pájaro no quiere volver a su nido y sigue volando más alto, acabará cayendo en la red del cazador. En tiempos de lo extraordinario, ignorar los pequeños detalles y avanzar sin descanso sólo atraerá el desastre, ya que uno se aleja del orden natural.

既濟

63. *Gi Dsi* / Después de la Consumación

䷾ Arriba *Kan*, lo Abismal, el agua
Abajo *Li*, el Aferramiento, el fuego

El carácter es la realización del carácter *Tai*, «La Paz» (n.º 11). La transición de la confusión al orden se ha completado, y ahora todo está en su lugar. Las líneas fuertes están en los lugares fuertes, las líneas débiles están en los lugares débiles. Éste es un aspecto muy favorable. Sólo da que pensar. Justo cuando el equilibrio perfecto se ha alcanzado, cualquier movimiento puede llevar a que el estado de orden lleve de nuevo a la desintegración. La única línea fuerte que ha ido hacia arriba y así ha hecho perfecto el orden en el individuo las demás la siguen según su naturaleza y así de repente el signo *Pi*, «El Estancamiento» (n.º 12). Así el signo señala las condiciones de un clímax, que hacen necesaria una precaución extrema.

EL JUICIO

Éxito a pequeña escala. La perseverancia es favorable.
Salvación al principio, agitación al final.

La transición de la vieja a la nueva era ya está completada. En principio, todo está ya organizado. El éxito sólo puede lograrse en los detalles. Sin embargo, es importante que se mantenga siempre la actitud adecuada. Todo sigue su propio camino. Esto tienta con demasiada facilidad a relajar la tensión y dejar que las cosas sigan su curso sin prestar atención.

Pero esta indiferencia es la raíz de todos los males. De ella surge la decadencia. Ésta es la regla, cómo las cosas tienden a ir en la historia. Pero esta regla no es una ley ineludible. Aquel que la comprende puede evitar sus efectos mediante una constancia y una prudencia inquebrantables.

LA IMAGEN

El agua está por encima del fuego:
la imagen del estado tras la perfección.
Así el hombre superior considera la desgracia
y se prepara con antelación.

Cuando el agua del caldero cuelga sobre el fuego, ambos elementos están en relación, y se genera energía. (Por ejemplo, la formación de vapor). Sin embargo, la tensión resultante requiere precaución. Si el agua se desborda, el fuego se apaga y su potencia se pierde. Si el calor es excesivo, el agua se evapora y va al aire. Los elementos que aquí se relacionan y por tanto ejercen fuerza, son hostiles entre sí. Sólo una precaución extrema puede evitar daños. Así que también hay circunstancias en la vida en las que todas las fuerzas están equilibradas y cooperan y por lo tanto todo parece estar en perfecto orden. Sólo la persona sabia reconoce los momentos de peligro en tales ocasiones y sabe cómo evitarlos tomando las precauciones oportunas.

LAS LÍNEAS INDIVIDUALES

UN NUEVE AL PRINCIPIO SIGNIFICA:

Frena sus ruedas.
Se mete la cola en el agua.
No es un defecto.

En tiempos posteriores a una transición importante, todo se orienta hacia el progreso y el desarrollo y empuja hacia adelante. Pero este hacia adelante al principio no es bueno y conduce a la pérdida y a la caída por sobrepasar la marca. Por lo tanto, un carácter fuerte no se contagia del vértigo general, sino que detiene su curso a tiempo. Así, probablemente no sale completamente indemne a las consecuencias desastrosas del vértigo general, sino que sólo le golpea por detrás como un zorro que ya ha cruzado el agua y sólo entra en el agua con la cola, y no puede perjudicarle significativamente, ya que su comportamiento ha hecho lo correcto.

SEIS EN SEGUNDO LUGAR SIGNIFICA:

**La mujer pierde la cortina de su carro.
No corras tras él, al séptimo día lo conseguirás.**

Cuando una mujer iba en carroza, tenía una cortina que la ocultaba de los ojos de los curiosos. Si esta cortina se perdía, hubiera ido contra los buenos modales seguir conduciendo. Aplicado a la vida pública significa que si quieres conseguir algo no recibes la confianza de la autoridad que necesitas para tu protección personal, por así decirlo. Especialmente en tiempos posteriores a la perfección uno puede encontrar que los gobernantes se vuelven orgullosos y seguros de sí mismos y ya no se preocupan en prestar atención a los talentos desconocidos. Esto suele desembocar en el frikismo. Si no se confía desde arriba, la gente busca formas y para encontrarlo y sacarse a la luz. Tal indigno procedimiento no es recomendable. «No busquéis por ello». No te lances al mundo exterior, sino que espera con calma y forma independientemente tu valor por ti mismo. Los tiempos están cambiando. Una vez que las seis etapas del signo, llega la nueva era. Lo que te pertenece no puede perderse a largo plazo. Llega a ti por sí mismo. Sólo tienes que ser capaz de esperar.

NUEVE EN TERCER LUGAR SIGNIFICA:

El alto ancestro castiga la tierra del diablo.
Lo vence después de tres años.
No se le permite usar a los vulgares.

El «alto ancestro» es el título dinástico del gobernante Wu Ding de la dinastía Yin. Después de haber organizado las condiciones del imperio con mano fuerte, dirigió prolongadas guerras coloniales para subyugar las regiones fronterizas del norte habitadas por los hunos, desde las que amenazaban constantemente con invasiones. La situación que se caracteriza es que después de períodos de realización, cuando un nuevo poder ha surgido y todo internamente está en orden, la expansión colonial comienza con una cierta necesidad. Aquí, por regla general, prolongadas batallas son de esperar. Pero una política colonial adecuada es particularmente importante. Los territorios ganados con esfuerzo no deben ser territorios como centro de abastecimiento para personas que de alguna manera se han hecho imposibles en casa, pero que siguen siendo lo suficientemente buenas para las colonias. Esto echa a perder cualquier éxito desde el principio. Esto se aplica tanto a gran como a pequeña escala, porque no sólo los Estados nacientes persiguen una política colonial. El afán de expansión y los peligros que conlleva son inherentes a todo aspirante a la expansión y los peligros asociados a ella.

SEIS EN CUARTO LUGAR SIGNIFICA:

La ropa más fina da trapos.
Ten cuidado todo el día.

En tiempos de prosperidad cultural, siempre hay trastornos ocasionales que revelan un daño interno a la sociedad y que inicialmente causan un revuelo general. Sin embargo, como la situación general es favorable, tales daños pueden ser fácilmente remendados y ocultados a la opinión pública. Entonces todo vuelve a desaparecer de la memoria y parece que reina la paz. Para la persona pensante, sin embargo, tales incidentes son señales graves que no descuida. Sólo así se pueden evitar las malas consecuencias.

NUEVE EN QUINTO LUGAR SIGNIFICA:

El vecino del este que mata un buey
no tiene tanta suerte real
como el vecino del oeste con su pequeño sacrificio.

En la actitud religiosa también influye en tiempos posteriores a la consumación el estado de ánimo del alma. En lugar de las antiguas y sencillas formas de culto se sustituyen por una ornamentación cada vez más rica y un mayor esplendor. Pero este esplendor carece de seriedad interior. La arbitrariedad humana ocupa el lugar de la concienzuda de la voluntad divina. Pero mientras el hombre ve lo que está ante sus ojos, Dios ve el corazón. Por eso no recae tanta bendición sobre los poderosos, sino el frío servicio divino cómo descansa en un simple, piadoso sacrificio.

UN SEIS EN LA CIMA SIGNIFICA:

Su cabeza entra en el agua. Peligro.

Aquí se añade una advertencia al final. Después de cruzar una masa de agua, sólo se puede entrar en el agua si imprudentemente se vuelve de nuevo hacia el agua. Mientras marcha hacia delante y no mira atrás, evitará este peligro. Pero hay algo tentador en ello, detenerse y mirar hacia atrás al peligro que se ha superado. Esa vana autorreflexión te pone en peligro, y si no decides avanzar inexorablemente, caes víctima de ese peligro.

64. *Wei Dsi* / Antes de la Finalización

☲☵ Arriba *Li*, lo Adherente, la llama
Abajo *Kan*, lo Abismal, el agua

El signo indica el momento en que la transición del desorden al orden aún no se ha completado. El giro ya está preparado en el sentido de que todas las líneas del trigrama superior están relacionadas con las del trigrama inferior. Pero aún no están en su lugar. Mientras que el signo anterior se asemeja al otoño que forma la transición del verano al invierno, este signo es como la primavera, que emerge del estancamiento del invierno al tiempo fértil del verano. El *Libro de los Cambios* concluye con esta perspectiva esperanzadora.

EL JUICIO

Antes de la culminación. El éxito. Pero cuando el pequeño zorro casi ha completado la transición y entra en el agua con su cola, entonces no hay nada que lo anime.

Las condiciones son difíciles. La tarea es grande y de gran responsabilidad. Se trata nada menos que de devolver el mundo de la confusión al orden. Sin embargo, es una tarea que promete éxito, ya que hay un objetivo que puede unir a las fuerzas divergentes. Sólo se debe proceder inicialmente con calma y cautela. Hay que actuar como un viejo zorro que cruza el hielo. En China, la precaución del zorro al caminar sobre el hielo es proverbial. Siempre está atento a las grietas y elige con cuidado y prudencia los lugares más seguros. Un zorro joven que aún no conoce esta cautela, se lanza audazmente, y puede ocurrir que se caiga y se moje la cola. Entonces, por supuesto, todo el esfuerzo ha sido en vano. En consecuencia, en tiempos previos a la culminación, la cautela es la condición básica para el éxito.

LA IMAGEN

El fuego está por encima del agua: la imagen del estado anterior a la transición. Así, el hombre superior es cuidadoso en el discernimiento de las cosas para que cada una llegue a su lugar.

Si el fuego, que en cualquier caso penetra hacia arriba, está arriba y el agua, cuyo movimiento es hacia abajo, está abajo, sus efectos divergen y permanecen sin relación. Si uno quiere conseguir un efecto, debe primero investigar la naturaleza de las fuerzas en cuestión y cuál es su lugar adecuado. Si las fuerzas se aplican en el lugar adecuado, tendrán el efecto deseado y se alcanza la perfección. Sin embargo, para manejar las fuerzas externas, es sobre todo necesario que tú mismo te coloques en la posición correcta. Sólo desde ahí se puede trabajar correctamente.

LAS LÍNEAS INDIVIDUALES

SEIS AL PRINCIPIO SIGNIFICA:

Se mete la cola en el agua. Vergonzoso.

En tiempos de desorden, es tentador avanzar tan rápido como sea posible para lograr algo visible. Pero este entusiasmo no conduce más que al fracaso y a la vergüenza mientras no haya llegado el momento de lograr un impacto. En este momento es prudente evitar la vergüenza del fracaso mediante la moderación. (Nótese la diferencia con la situación del primer trazo del signo anterior).

NUEVE EN SEGUNDO LUGAR SIGNIFICA:

Refrena sus ruedas. La perseverancia trae la salvación.

También en este caso aún no ha llegado el momento de actuar. Pero la paciencia que se necesita no debe ser una espera perezosa, un modo de pasar el tiempo. Eso no conduciría a ningún éxito duradero. Por el contrario, hay que desarrollar la fuerza que te permita avanzar. Tienes que tener un carruaje, por así decirlo, para poder llevar a cabo la transición. Pero aun así hay que refrenarlo. La paciencia en el sentido más elevado es poder inhibido. Por eso no hay que dormirse y perder de vista la meta. Si te mantienes fuerte y constante en tu determinación, al final todo saldrá bien.

SEIS EN TERCER LUGAR SIGNIFICA:

Atacar antes de terminar trae desastres. Es beneficioso cruzar las grandes aguas.

Ha llegado el momento de la transición. Pero no tienes la fuerza necesaria para completar la transición. Si intentáramos forzarla, sería desastroso, precisamente porque el colapso sería inevitable. Pero ¿qué hay que hacer? Debemos crear una nueva situación, atraer las fuerzas de asistentes capaces y, junto con ellos, dar el paso decisivo: cruzar la gran agua. Entonces la culminación será posible.

NUEVE EN CUARTO LUGAR SIGNIFICA:

La perseverancia trae la salvación. El arrepentimiento desaparece. Sacudir para castigar la tierra del diablo. Durante tres años hay recompensas con grandes riquezas.

Ahora es el tiempo de la batalla. La transición debe llevarse a cabo. Uno debe hacerse fuerte en su resolución; eso trae la salvación. Todas las dudas que puedan surgir en momentos tan graves de lucha deben ser silenciadas. Es una batalla intensa en la tierra del diablo, para sacudir y castigar a las fuerzas de la decadencia. Pero la batalla también tiene sus recompensas. Ahora es el momento para sentar las bases del poder y gobernar para el futuro.

SEIS EN QUINTO LUGAR SIGNIFICA:

La perseverancia trae la salvación. Sin arrepentimiento. La luz del hombre superior es verdadera. Salvación.

Se ha alcanzado la victoria. El poder de la perseverancia no ha sido puesto en vergüenza. Todo ha ido bien. Se han superado todas las dudas. El éxito ha justificado la hazaña. La luz de una personalidad noble brilla de nuevo y prevalece entre la gente que cree en ella y se une en torno a ella. El nuevo tiempo ha llegado y con él ha llegado la salvación. Y al igual que el sol brilla el doble después de la lluvia o el bosque emerge de las ruinas carbonizadas con mayor frescor, el nuevo tiempo se destaca tanto más brillantemente de la miseria de lo viejo con mayor brillantez.

UN NUEVE EN LA CIMA:

El vino se bebe con verdadera confianza. Sin tacha. Pero si te mojas la cabeza, la pierdes en verdad.

Ante la perfección en la frontera de la nueva era, uno está junto a los suyos en plena confianza mutua y pasa el tiempo de espera con vino. Puesto que el nuevo tiempo ya está a la vuelta de la esquina, esto no es un defecto. Pero hay que tener en cuenta la justa medida. Si te mojas la cabeza con exuberancia, perderás la situación favorable por falta de moderación.

Observación: así como el signo «Después de la Consumación» representa la transición gradual desde el tiempo del ascenso y pasando por el apogeo de la cultura a la época de estancamiento, el signo «Antes de la Finalización» representa la transición del caos al orden. Este signo se sitúa al final del *Libro de los Cambios.* Señala el hecho de que en todo final hay un nuevo comienzo. Por eso da esperanza. El *Libro de los Cambios* es un libro del futuro.

Segundo libro

El material

Introducción

La primera parte nos proporcionó el texto de la pieza central del *Libro de los Cambios*. En ella, se hacía hincapié, por así decirlo, en el aspecto espiritual, en la sabiduría que se oculta bajo las formas a menudo caprichosas. Lo que ofrece nuestro comentario es un resumen de lo que se ha escrito a lo largo de los siglos, siguiendo los signos y las líneas que los pensadores más importantes de China han reflexionado y expresado a lo largo del tiempo. Sin embargo, al lector le surgirá a menudo la pregunta: «¿Por qué todo esto es así? ¿Por qué estas imágenes, a menudo inesperadas, están vinculadas a los signos y las líneas? ¿De qué fondo de conciencia surgen? ¿Son formaciones arbitrarias o siguen ciertas leyes? Además, ¿cómo es que estas imágenes están ahora vinculadas a estos pensamientos? ¿No es acaso una arbitrariedad buscar pensamientos filosóficos profundos donde, a primera vista, sólo parecen estar en juego fantasías grotescas?» La segunda parte debería responder a todas estas preguntas, en la medida en que sea posible. Su propósito es desplegar el material del que emerge ese mundo de pensamiento, dándole cuerpo a ese espíritu. Y allí se hace evidente cómo realmente existe una conexión secreta, cómo incluso imágenes aparentemente arbitrarias tienen una base en la estructura de los signos, si se entienden de forma suficientemente profunda. Los comentarios más antiguos, en los que se vinculan tanto la derivación técnica como las explicaciones intelectuales, provienen del propio Kung Tse o, al menos, de su círculo. Ya hemos utilizado en la primera parte lo que ofrecen en cuanto al contenido filosófico. Aquí, junto con el texto, sin el cual son incomprensibles, se los presenta nuevamente, incluyendo los aspectos técnicos. Este aspecto técnico es esencial para una comprensión completa del libro, y ningún comentario chino lo omite. No obstante, nos pareció oportuno separarlo del aspecto espiritual para no confundir demasiado al lector europeo con cuestiones que le son desconocidas. Lamentamos que no se hayan podido evitar las repeticiones. El *Libro de los Cambios* es una obra que ha madurado orgánicamente a lo largo de milenios y debe ser abordada con meditación y reflexión. Y al hacerlo, la aparente repetición siempre abre nuevas perspectivas. Lo que se ofrece en la segunda parte es esencialmente lo que se conoce bajo el nombre de las «diez alas». Estas diez alas o explicaciones constituyen, en realidad, la literatura de comentarios más antigua sobre el *Libro de los Cambios.*

El primero de estos comentarios se llama *Tuan Dschuan. Tuan* es, en realidad, la cabeza del cerdo tal como se ofrecía en los sacrificios. A través de la similitud fonética, la palabra también adquirió el significado de «decisión». *Tuan*, «decisión», o *Tsï*, «juicio», o *Hi Tsï*, «juicios adjuntos», era el nombre dado a los juicios de los caracteres individuales. Estos «juicios» o «decisiones» se atribuyen al rey Wen de Dschou (ca. 1150 a. C.), y generalmente no se ha puesto en duda este hecho. Sobre estas sentencias, el *Tuan Dschuan* o «Comentario sobre las decisiones» ofrece explicaciones exactas basadas en la estructura y otros aspectos de los caracteres. Este comentario es atribuido por los chinos a Kung Tse. Es una obra minuciosa y valiosa, que arroja mucha luz sobre la organización interna de los signos del *I Ching*. Dado que es notoriamente sabido que Kung Tse se dedicó mucho al *Libro de los Cambios*, y dado que las opiniones de este comentario en ningún momento contradicen las de Kung Tse, no veo razón para poner en duda la afirmación de su autoría. Este comentario está dividido según las dos secciones del *Libro de los Cambios* y forma las dos primeras alas o notas explicativas. Las hemos dividido y añadido a los signos individuales a los que pertenecen.

Las alas tercera y cuarta están formadas por los llamados *Siang Dschuan*, comentarios sobre las imágenes, que también se dividen en dos mitades según el texto. En su forma actual, constan de las llamadas «grandes imágenes», que se refieren a las imágenes de los dos medios signos y derivan el significado del signo global, con el fin de extraer conclusiones para la vida humana a partir de esta observación. Este comentario pertenece, en todo su círculo de pensamiento, al ámbito de la «educación superior» (*Da Hüo*), es decir, también en la vecindad inmediata de Kung Tse.

Además de las «Grandes Imágenes», este comentario también contiene las «Pequeñas Imágenes», que son guiños muy breves a las palabras del duque de Dschou en las líneas individuales. No se mencionan las «imágenes» en modo alguno. Debió de producirse algún malentendido o coincidencia que incluyera este comentario sobre el texto de las líneas individuales en este comentario sobre las «imágenes». Este comentario sobre los versos sólo contiene alusiones muy breves, en su mayoría rimadas. Es posible que hayan sido escritas para ayudar a la memoria y que pertenezcan a una explicación más detallada. También es seguro que son antiguas y que proceden de la escuela confuciana. Se acercan al propio Kung Tse, pero no deseo emitir un juicio particular al respecto. Estos comentarios también han sido divididos y asignados a los lugares apropiados.

Las alas quinta y sexta están formadas por un ensayo sobre el que existe cierta ambigüedad: se llama *Hi Tsï* o *Da Dschuan* y también está dividido en dos mitades. El término *Da Dschuan* se encuentra en Sï Ma Tsiën y significa «gran comentario» o «gran tratado». Sobre el término *Hi Tsï*, «Juicios anexos», Dschu Hi dice lo siguiente: «Las sentencias anexas son originalmente los juicios hechos por el rey Wen y el duque de Jou, adjuntas a los caracteres y sus líneas en el presente texto del libro. La presente sección es el comentario en el que Kung Tse explica las sentencias anexas, dando una introducción general a todo el texto de la obra».

Se percibe inmediatamente la ambigüedad en la definición. Si las «Sentencias anexas» son las observaciones del rey Wen y el duque Dschou sobre los caracteres y las líneas individuales, se esperaría que un «comentario sobre las sentencias anexas» sea un comentario específico sobre ellas y no un tratado sobre la obra en general. Sin embargo, ya existe un comentario sobre los juicios de los caracteres, es decir, sobre el texto del rey Wen. En cambio, no existe un comentario detallado sobre las observaciones del duque de Dschou. Lo que tenemos son sólo breves palabras clave que se agrupan bajo el, obviamente incorrecto, título de «Pequeñas imágenes».

No obstante, hay restos de tal comentario, o más bien de una serie de comentarios. Algunos de ellos, sobre los dos primeros caracteres, están contenidos en el *Wen Yen* (comentario sobre las palabras del texto), del que se hablará con más detalle más adelante. Algunas explicaciones de líneas individuales se dan en el comentario sobre las sentencias dispersas aquí y allá. Es muy probable que en lo que hoy se denomina *Hi Tsï Dschuan* tengamos en realidad dos cosas bastante diferentes: una colección de ensayos sobre el *Libro de los Cambios* en general, probablemente aquel que Sï Ma Tsiën llamó el gran comentario, *Da Dschuan*, y, dentro de él, dispersos y mal organizados según ciertos criterios, los restos de un comentario sobre los juicios que acompañan a los trazos individuales. Mucho indica que en este comentario llegamos a la misma fuente que en el comentario conocido como *Wen Yen* (comentario sobre las palabras del texto).

El hecho de que los tratados bajo el nombre de *Hi Tsï* o *Da Dschuan* no fueron escritos por Kung Tse está bastante claro, ya que con frecuencia citan dichos atribuidos al Maestro. Se trata, por supuesto, de material tradicional de diferentes épocas de la escuela confuciana. Una sección muy importante es la llamada séptima ala, conocida como *Wen Yen* (comentario sobre las palabras del texto). Es el remanente de un comentario sobre el *Libro de los Cambios*, o más bien, de toda una serie de comentarios de este tipo. Contiene material muy valioso de la escuela confuciana. Por desgracia, no va más allá del segundo carácter, *Kun*. Sobre el carácter *Kiën*, lo Creativo, contiene cuatro comentarios diferentes, que en la traducción (también dividida entre los dos caracteres *Kiën* y *Kun*) están etiquetados como *a, b, c* y *d*. El comentario *a* pertenece a la misma capa que los restos dispersos en el *Hi Tsï*; presenta el texto con una pregunta anexa: «¿Qué significa esto?», de manera similar al comentario *Kung Yang* del *Chun Tsiu*. Los comentarios *b* y *c* contienen breves observaciones sobre cada línea, al estilo del comentario de las «Pequeñas imágenes». El comentario *d* trata nuevamente del juicio sobre el signo en su conjunto y de cada uno de los trazos, al igual que el comentario *a*, sólo que de manera más libre. Para el carácter *Kun* sólo queda un comentario, que está relacionado con el comentario *a*, aunque representa una capa (el texto se coloca después de los comentarios del Maestro) que también se encuentra en el *Hi Tsï*.

La octava ala, *Discusión de los Signos* (*Schuo Gua*), contiene material antiguo sobre la explicación de los ocho caracteres originales. Entre ellos se encuentran probablemente algunas piezas que se remontan más allá de la época de Kung Tse y que, a su vez, fueron comentadas por él o por su escuela.

La novena ala, *El orden y la disposición de los caracteres* (*Sü Gua*), contiene en parte una débil explicación de por qué los caracteres están en su orden actual, interesante sólo porque a veces ofrece interpretaciones peculiares de los nombres de los caracteres, que sin duda se basan en tradiciones antiguas. Este comentario, que por supuesto no tiene nada que ver con Kung Tse, también fue dividido y asignado a los signos individuales bajo el título «La secuencia».

La última ala, *Dsa Gua* o *Caracteres mixtos*, consiste en definiciones de los signos individuales, escritas en versos para memorizar los signos, casi siempre en pares, que, por cierto, difieren mucho del orden actual del *Libro de los Cambios*. Estas definiciones también se resumieron bajo el epígrafe «Signos mixtos» y se añadieron a los signos individuales.

A continuación, se presenta la traducción de las dos secciones *Schuo Gua* (Discusión de los signos) y *Hi Tsï Dschuan* o *Da Dschuan* (Comentario sobre los juicios adjuntos o, más correctamente, Comentario principal), junto con algunas reflexiones sobre la estructura de los signos extraídas de diversas fuentes, lo cual es importante para comprender la segunda parte.

Capítulo I

Schuo Gua: discusión de los Trigramas

§ 1

Los santos sabios de la antigüedad crearon el *Libro de los Cambios* de la siguiente manera: para asistir de manera misteriosa a los dioses de la luz, inventaron el oráculo de la milenrama. Asignaron el número tres al Cielo y el dos a la Tierra, y luego calcularon los otros números. Observaron los cambios entre la oscuridad y la luz y determinaron los signos. Crearon los movimientos en lo sólido y lo blando y, así, formaron las líneas individuales. Se alinearon con el *TAO* y su *VIRTUD* y establecieron el orden de lo recto. Reflexionaron sobre el orden del mundo exterior hasta el final y, siguiendo la ley de su propio ser interior hasta lo más profundo, llegaron a la comprensión del destino.

Este primer párrafo se refiere a todo el *Libro de los Cambios* y a sus principios subyacentes.

El propósito original de los signos del *Libro de los Cambios* era la indagación del destino. Sin embargo, dado que los seres divinos no expresan sus conocimientos directamente, fue necesario encontrar un medio a través del cual pudieran hacerse oír. Los medios para la expresión de la inteligencia sobrehumana siempre han sido tres: los seres humanos, los animales y las plantas, en los que la vida late de diferentes maneras. El cuarto medio fue el uso del azar, en el que, a través de la falta de significado inmediato, un significado más profundo podía encontrar expresión. Esta utilización del azar dio nacimiento al oráculo. El

Libro de los Cambios se basa en el oráculo vegetal, que es manejado por personas con inclinaciones mediúmnicas.

El lenguaje establecido para la comunicación con las inteligencias sobrehumanas se basa en el número y su simbolismo. Los principios básicos del mundo son Cielo y Tierra, espíritu y materia. La Tierra es lo derivado, por lo que se le asigna el número dos. El Cielo es la unidad última, pero contiene a la Tierra dentro de sí; por eso se le asigna el número tres, ya que el uno es demasiado abstracto e inmóvil, al no contener ninguna multiplicidad en sí mismo. En consecuencia, se adjudican los números impares al mundo celeste y los números pares al mundo terrenal.

Los signos, que constan de seis líneas, son, por así decirlo, representaciones de los estados del mundo real con sus combinaciones de lo claro, celestial, y lo oscuro, terrenal. Dentro de estos signos existe la posibilidad de cambiar y remodelar las líneas individuales, de modo que cada signo se convierta en uno nuevo, al igual que los estados del mundo están en constante cambio. El proceso del cambio puede verse en las líneas en movimiento, y el resultado final, en el signo recién creado.

Además de la finalidad oracular, el *Libro de los Cambios* también sirve para la comprensión intuitiva de las condiciones del mundo, para penetrar en las profundidades últimas de la naturaleza y el espíritu. Los signos representan las imágenes de los estados y condiciones del mundo en su conjunto, mientras que las líneas individuales se ocupan de las situaciones cambiantes específicas. El *Libro de los Cambios* está en armonía con el sentido y la vida del mundo (ley natural = *Dao* y ley moral = *De*). Por lo tanto, es capaz de establecer las normas sobre lo que es correcto para todos. El sentido último del mundo, el destino, tal como es creado por el mundo a través de una decisión creadora (*Ming*), se alcanza encontrando en el mundo de la experiencia exterior (naturaleza) y la experiencia interior (espíritu) las fuentes últimas. Ambos caminos conducen a la misma meta (véase el primer capítulo de Lao Tzú).

§ 2

Los santos sabios de la antigüedad hicieron el *Libro de los Cambios* de esta manera: querían seguir las órdenes de la ley interior y del destino. Por eso establecieron el *TAO* del Cielo y lo llamaron: la oscuridad y la luz. Establecieron el *TAO* de la Tierra y lo llamaron: lo blando y lo sólido. Establecieron el *TAO* del hombre y lo llamaron: amor y justicia. Tomaron estas tres fuerzas básicas juntas y las duplicaron. Por eso, seis líneas siempre forman un signo en el *Libro de los Cambios*. Los lugares se dividen en oscuros y claros, alternando entre suave y sólido. Por eso, el *Libro de los Cambios* tiene seis puestos que forman las figuras de las líneas.

Este apartado trata de los elementos de los signos y su conexión con el curso del mundo. Así como la tarde y la mañana se convierten en día en el Cielo mediante la alternancia de oscuridad y luz (*Yin* y *Yang*), los lugares pares e impares de los signos individuales se denominan alternativamente oscuridad y luz. Los lugares 1, 3 y 5 son lugares claros; los lugares 2, 4 y 6 son lugares oscuros. Además, al igual que todos los seres de la Tierra están formados de sólido y blando, las líneas individuales son sólidas, es decir, indivisas, o blandas, es decir, divididas. Estas dos fuerzas básicas en el Cielo y la Tierra corresponden a las cualidades polares del amor y la justicia, por lo que el amor corresponde al principio luminoso y la justicia al principio oscuro. Estas características humanas, al ser subjetivas y no objetivas, no tienen una expresión particular en los elementos de los signos (puestos y líneas). Sin embargo, la trinidad de los principios del mundo se expresa en el conjunto de los signos. Estos tres principios se descomponen en sujeto (Hombre), objeto con forma (Tierra) y contenido (Cielo). El lugar más bajo dentro de los signos es el lugar de la Tierra, el lugar intermedio es el del Hombre, y el más elevado es el del Cielo. Según la dualidad polar, los signos que originalmente constaban de tres líneas se duplican ahora, de modo que hay dos lugares de la Tierra, dos del Hombre y dos del Cielo. Es una visión del mundo completamente cerrada que encuentra su expresión aquí.

Está en relación directa con la obra *Medida y Centro*. Todo el contenido del pensamiento de este primer capítulo se conecta con la colección de ensayos bajo el nombre «Beigefügte Urteile», una colección de ensayos sobre el significado y la estructura de los signos globales. No hay conexión con lo que sigue.

Capítulo II

§ 3

El Cielo y la Tierra determinan la dirección. La montaña y el mar están conectados por sus fuerzas. El trueno y el viento se excitan mutuamente. El agua y el fuego no luchan entre sí. Así es como los ocho signos se mezclan. El conteo de lo que sucede se basa en el movimiento hacia adelante. Saber lo que está por venir se basa en el movimiento retrógrado. Por eso, el *Libro de los Cambios* tiene números retrógrados.

Aquí, en un dicho presumiblemente muy antiguo, se mencionan los ocho signos primigenios por parejas, lo que, según la tradición, se remonta a Fu Hi, es decir, a la época de la redacción del *Libro de los Cambios*. Este orden se denomina orden del Cielo Anterior u orden premundano. Los signos individuales se asignan a los signos de la rosa de los vientos de la siguiente manera. Es importante tener en cuenta que, en chino, el sur tiende a estar en la parte superior:

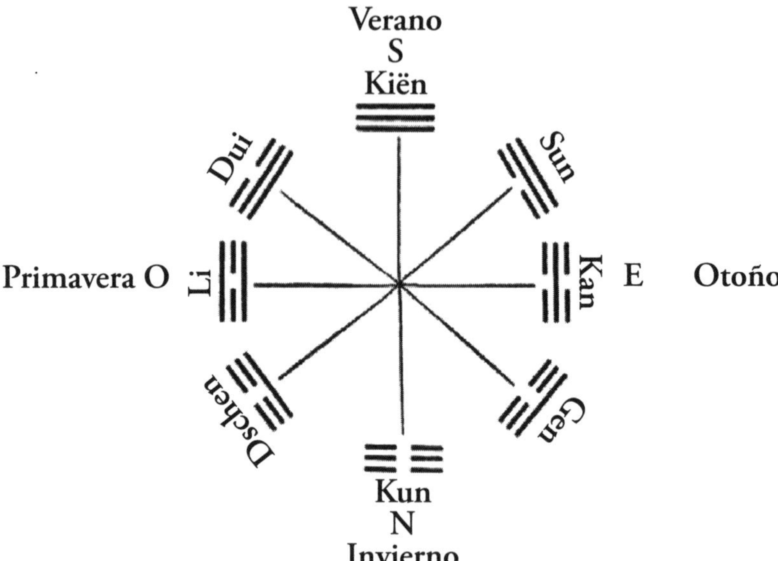

Kiën, Cielo, y *Kun*, Tierra, determinan el eje direccional norte-sur. Luego viene la relación entre *Gen*, montaña, y *Dui*, lago. Estas fuerzas están conectadas porque el viento sopla de la montaña al lago, y las nubes y vapores del lago ascienden hacia la montaña. *Dschen*, trueno, y *Sun*, viento, se refuerzan mutuamente a medida que emergen. *Li*, fuego, y *Kan*, agua, se oponen irreconciliablemente en el mundo de las apariencias. Pero en las relaciones premundanas, sus efectos no interfieren entre sí, sino que se mantienen en equilibrio. Cuando los signos se yuxtaponen, es decir, cuando se ponen en movimiento, se observa un doble movimiento: el movimiento ordinario, lineal, que se suma y se expande en el tiempo, a través del cual se determina lo que entra en el pasado, y otro opuesto, un movimiento retrógrado que se repliega y contrae en el tiempo, a través del cual se forman las semillas del futuro. El conocimiento de este movimiento da el conocimiento del futuro. Expresado metafóricamente: si se comprende cómo se contrae el árbol en la semilla, se puede prever el futuro despliegue de la semilla hasta convertirse en un árbol.

§ 4

El trueno causa el movimiento, el viento provoca la disolución, la lluvia produce la humectación, el Sol provoca el calentamiento, la quietud induce la contemplación, la alegría provoca el regocijo, lo Creativo genera el dominio, y lo Receptivo trae la salvación.

Una vez más, aquí se presentan las fuerzas representadas por los ocho signos primigenios en sus efectos sobre la naturaleza. Los cuatro primeros se nombran con sus imágenes, mientras que los cuatro últimos se nombran con sus propiedades, ya que sólo los cuatro primeros denotan fuerzas de la naturaleza que actúan temporalmente a través de sus imágenes, mientras que los otros señalan condiciones que ocurren en el transcurso del año. Aquí se sigue una línea hacia adelante (ascendente), en la que las fuerzas del año pasado tienen su efecto. Según el punto 3, seguir esta línea conduce al conocimiento del pasado, que está latente en sus efectos. En la segunda mitad, que no lleva el nombre de las imágenes (fenómenos) sino las propiedades de los signos, se produce un movimiento retrógrado (el salto de *Li*, que está en el este, vuelve a *Gen* en el noroeste). En esta línea se desarrollan las fuerzas del año venidero. El trazado de esta línea conduce al conocimiento del futuro, que como efecto se caracteriza por sus causas o gérmenes que se condensan de forma contractiva.

Las fuerzas dentro del orden premundano siempre funcionan en pares de opuestos. El trueno, la fuerza eléctrica, despierta las semillas del viejo año. Su contraparte, el viento, disuelve la rigidez del hielo invernal. La lluvia humedece las semillas para que puedan germinar; su contraparte, el sol, proporciona el calor necesario. De ahí el dicho: «El agua y el fuego no se pelean». Ahora vienen las fuerzas retrógradas. Mantenerse quieto inhibe la expansión; la planta semilla comienza a desarrollarse. Su contrapartida, lo Sereno, trae las alegrías de la cosecha. Luego, al final, vienen las fuerzas orientadoras: la creadora, que representa la gran ley de la existencia, y la receptiva, que muestra la montaña como el útero al que todo regresa después de completar el ciclo de la vida.

Al igual que en el transcurso del año, la vida humana también se caracteriza por estas líneas de fuerza ascendentes y descendentes, de las que pueden extraerse el pasado y el futuro.

§ 5

Dios surge en el signo de lo Excitante, lo que hace que todo se complete en el signo de lo Suave. Permite que las criaturas se contemplen unas a otras en el signo de lo Adherente (la llama) y hace que se sirvan unas a otras en el signo de lo Receptivo. Las deleita en el signo de lo Alegre, lucha en el signo de lo Creativo, trabaja en el signo de lo Abismal y las perfecciona en el signo de la Quietud.

Aquí se presenta el orden de los ocho caracteres de acuerdo con el orden del rey Wen, conocido como el orden del Cielo posterior u orden del mundo interior. En este caso, los signos se separan de su orden emparejado y se colocan en el orden cronológico de su aparición en el ciclo del año. El orden de los signos cambia sustancialmente, combinando los puntos cardinales y las estaciones. El orden es el siguiente:

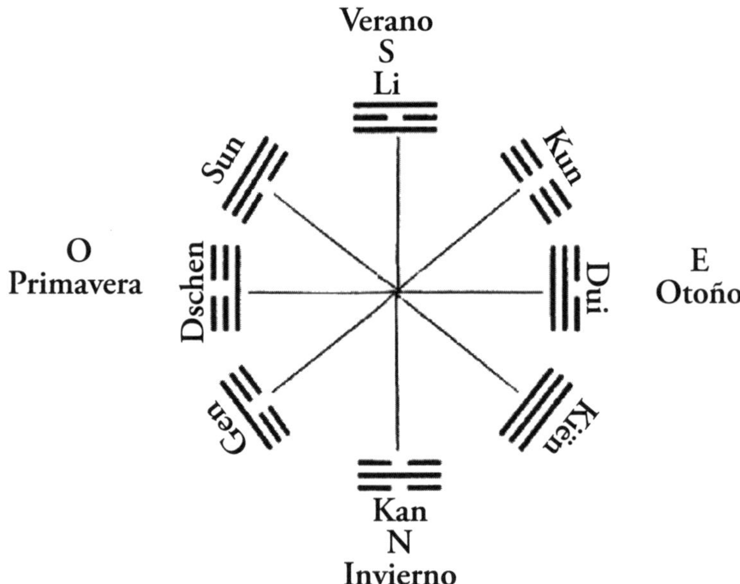

El año comienza a mostrar la actividad creadora de Dios en el signo de *Jen*, el Energizante, que está en el este y significa primavera. La forma en que esta actividad de Dios se manifiesta en la naturaleza se describe con más detalle a continuación.

Es muy probable que el dicho anterior sea un enigma antiguo, posiblemente relacionado con el pensamiento de la escuela de Kung Tse. Todos los seres emergen bajo el signo de lo Excitante, que se encuentra en el este. Se completan en el signo de lo Suave, que está en el sudeste. La Plenitud significa que todos los seres se vuelven puros y completos.

Lo Adherente es la luz en la que todos los seres se ven unos a otros; es el signo del sur. Que los santos sabios volvieran sus rostros hacia el sur cuando escuchaban el significado del reino, simboliza que volvían sus rostros hacia la luz en su trabajo. Al parecer, tomaron este gesto del signo de Lo Adherente.

Lo Receptivo significa la Tierra. Cuida de que todos los seres se nutran. Por eso se dice: «Deja que se sirvan unos a otros en el signo de lo Receptivo». Lo Alegre representa el medio otoño, que deleita a todos los seres. Por eso se dice: «Los deleita en el signo de lo Alegre». «Él lucha en el signo de lo Creativo».

Lo Creativo es el signo del noroeste, donde la oscuridad y la luz se estimulan mutuamente. Lo Abismal representa el agua; es el signo del norte exacto, donde caen todos los seres. Por eso se dice: «Trabaja en el signo de lo Abismal».

La Quietud es el signo del noreste, donde se completa el principio y el fin de todos los seres. Por eso se dice: «Él los completa en el signo de la Quietud».

Aquí el curso del año y el curso del día están en armonía. Lo que en la sección anterior se describió como el despliegue de lo divino se representa aquí según su aparición en la naturaleza. Los signos se asignan a las estaciones y a los puntos cardinales, sin esquematismos, a través de referencias ocasionales, de las que se desprende el esquema trazado anteriormente.

La primavera se agita, y con ella llega la germinación y el brote en la naturaleza. Esto corresponde a la mañana del día. Este despertar se asigna al signo de lo Excitante, *Dschen*, que surge de la tierra como trueno y energía eléctrica. Luego viene el aire que renueva el mundo vegetal y cubre la tierra de verde. Esto corresponde al signo de lo Suave y Penetrante, *Sun*. *Sun* tiene como imagen tanto el viento, que disuelve el rígido hielo invernal, como la madera, que se desarrolla orgánicamente. El efecto de este símbolo es que las cosas fluyen hacia sus formas, se desarrollan y crecen según lo preformado en el germen.

Entonces llega el apogeo del año, el centro del verano, o el mediodía en el curso del día. Aquí aparece el signo *Li*, lo Adherente, la luz. Aquí los seres se ven. Lo orgánico vegetativo pasa a la consciencia. Al mismo tiempo, es una imagen de la comunidad humana, en la que el gobernante, vuelto hacia la claridad, gobierna el mundo. Cabe señalar que el signo *Li* ocupa el lugar en el sur, que en el orden premundano ocupaba el signo *Kiën*, lo Creativo. *Li* está constituido, en su naturaleza, por los trazos superior e inferior de *Kiën*, que han absorbido la línea central de *Kun*. Para comprender plenamente el orden intramundano, debe imaginarse siempre como transparente, a través del cual brilla el orden premundano. Así, con el signo *Li* llegamos al mismo tiempo al gobernante *Kiën*, que gobierna con el rostro vuelto hacia el sur.

Luego viene la maduración de las cosechas, que otorga a *Kun*, la Tierra, lo Receptivo. Es el tiempo del trabajo de la cosecha, de servir juntos. A continuación, sigue la mitad del otoño bajo el signo de lo Alegre, *Dui*, que, como la tarde trae el día, así el otoño lleva al año a su madurez y alegría. Luego llega el momento en que hay que demostrar lo que se ha conseguido. El juicio está en el aire. Desde la Tierra, los pensamientos vuelven al Cielo, lo Creativo, *Kiën*. Se está librando una batalla. Justo cuando lo Creativo está llegando a dominar, la fuerza oscura *yin* es más poderosa según su efecto externo. Por lo tanto, la oscuridad y la luz se agitan mutuamente. No puede haber duda sobre quién batalla, ya que sólo es el efecto final de causas anteriores, que encuentra su juicio a través de lo Creativo.

A esto le sigue el invierno en el signo de lo Abismal, *Kan*. *Kan*, que se sitúa en el norte, en el lugar de lo Receptivo, tiene como símbolo el desfiladero del valle. Luego viene el trabajo de recolección en los graneros. Al igual que el agua no escatima esfuerzos, sino que siempre se dirige al punto más profundo, todo fluye hacia él. Así, el invierno, en el curso del año, y la medianoche, en el curso del día, son la hora de la recolección.

Misteriosamente significativo es el signo de la Quietud, que simboliza la montaña. Aquí, en el silencio, profundamente oculto en lo interior de la semilla, el fin de todas las cosas está ligado a un nuevo comienzo. Muerte y vida, morir y resurrección son los pensamientos que acompañan la transición del año viejo al nuevo.

Así se completa el círculo. Igual que en la naturaleza, el día o el año, cada vida, de hecho, cada ciclo de experiencia, es una conexión que une lo viejo y lo nuevo. Desde este punto de vista, puede entenderse que, en varios de los 64 signos, el suroeste significa tiempo de trabajo y unión, mientras que el noroeste significa el tiempo solitario en que lo viejo se termina y lo nuevo comienza.

§ 6

El espíritu es misterioso en todos los seres y trabaja a través de ellos. Entre todo lo que mueve las cosas, no hay nada más rápido que el trueno. Entre todo lo que dobla las cosas, no hay nada más veloz que el viento. Entre todo lo que calienta las cosas, no hay nada más secante que el fuego. Entre todo lo que deleita las cosas, no hay nada más delicioso que el lago. Entre todo lo que humedece las cosas, no hay nada más húmedo que el agua. Entre todo lo que concluye y da inicio a las cosas, no hay nada más maravilloso que la quietud.

Por lo tanto: el agua y el fuego se complementan recíprocamente, el trueno y el viento no se perturban mutuamente, la montaña y el lago están en armonía entre sí; sólo así el cambio y la transformación son posibles, y todas las cosas pueden realizarse.

Aquí se enumera únicamente la acción de los efectos de los seis signos primarios. Este efecto es el efecto de lo espiritual, que no es una cosa al lado de las cosas, sino el poder que se manifiesta a través de los diversos efectos del trueno, del viento, etc. Los dos signos primigenios, lo Creativo y lo Receptivo, no se mencionan, ya que, como Cielo y Tierra, son precisamente emanaciones del espíritu, dentro del cual, mediante la acción de las fuerzas derivadas, el mundo visible nace y se transforma. Cada una de estas fuerzas actúa en una dirección particular; pero el movimiento y la transformación sólo son posibles porque las fuerzas opuestas, sin anularse mutuamente, generan el movimiento circular en el que se basa la vida del universo.

Capítulo III

El tercer capítulo trata de los ocho signos individualmente y de los contextos simbólicos a los que están vinculados. Es relevante porque de estos contextos simbólicos surgen frecuentemente las palabras textuales con las que cada uno puede explicar los trazos individuales. El conocimiento de estos signos es crucial para la comprensión técnica del *Libro de los Cambios* en relación con su estructura.

§ 7: Las cualidades

Lo Creativo es fuerte.
Lo Receptivo es abnegado.
Lo Excitante es movimiento.
Lo Suave es penetrante.
Lo Abismal es peligroso.
Lo Aferrado significa dependencia.
Lo Adherente significa quedarse quieto.
Lo Sereno significa alegría.

§ 8: Los animales simbólicos

Lo Creativo se manifiesta en el caballo.
Lo Receptivo, en la vaca.
Lo Excitante, en el dragón.
Lo Suave, en el gallo.
Lo Abismal, en el cerdo.
Lo Adherente, en el faisán.
La Quietud, en el perro.
Lo Sereno, en la oveja.

Lo Creativo está simbolizado por el caballo[1] que corre veloz e incansablemente, lo Receptivo está simbolizado por la vaca mansa. Lo Excitante, cuya imagen es el trueno, tiene por símbolo al dragón, que surge de las profundidades y se eleva hacia el Cielo tormentoso, lo que corresponde a la línea fuerte que empuja hacia arriba, por debajo de las dos líneas suaves que también ascienden. Lo Suave y Penetrante se representa con el gallo, cuya voz, como guardián del tiempo, atraviesa el silencio, extendiéndose como el viento, la imagen de lo Suave.

La imagen de lo Abismal es el agua, y entre los animales domésticos, el cerdo es el que vive en el barro y el agua. Lo Adherente, con el signo Li, tiene originalmente la imagen de un pájaro de fuego parecido a un faisán. La Quietud tiene por símbolo al perro, el fiel guardián, mientras que lo Sereno está asociado a la oveja, que se considera el animal de Occidente. Las dos líneas superiores separadas simbolizan los cuernos de la oveja.

§ 9: Las partes del cuerpo

Lo Creativo actúa en la cabeza.
Lo Receptivo, en la cavidad abdominal.
Lo Excitante, en el pie.

1. Hay aquí variantes del texto del *I Ching*, en las que lo Creativo es el dragón, lo Receptivo es la yegua, lo Adherente es la vaca.

Lo Suave, en los muslos.
Lo Abismal, en el oído.
Lo Adherente (la apariencia), en el ojo.
La Quietud, en la mano.
Lo Sereno, en la boca.

La cabeza domina todo el cuerpo. La cavidad abdominal sirve para almacenar. El pie se levanta y se mueve, y la mano se mantiene firme. Los muslos se ramifican veladamente hacia abajo, mientras que la boca se abre visiblemente hacia arriba. La oreja es hueca por fuera, y el ojo es hueco por dentro, mostrando pares de opuestos que corresponden a los signos.

§ 10: La familia de los signos primordiales

Lo Creativo es el Cielo, por eso se le llama el Padre. Lo Receptivo es la Tierra, y por eso se le llama la Madre. En el signo de lo Excitante, el poder de lo masculino se manifiesta por primera vez y engendra un hijo. Por eso, lo Excitante se denomina el hijo mayor.

En el signo de lo Suave, lo masculino busca por primera vez el poder de lo femenino y recibe una hija. Por eso, lo Suave es llamada la hija mayor. En lo Abismal, lo masculino busca por segunda vez y tiene un hijo, por lo que Lo Abismal es llamado el hijo mediano. En lo Adherente, lo masculino busca por segunda vez y obtiene una hija, siendo llamada la hija del medio.

Por tercera vez, en lo Adherente, lo masculino engendra un hijo, y por eso se llama el hijo menor. En la Quietud, lo masculino busca por tercera vez y tiene una hija, conocida como la tercera hija.

Según la derivación, la materia de los hijos proviene de la madre, por lo cual se representan con dos trazos femeninos, mientras que el trazo dominante y determinante procede del padre, y viceversa. En la descendencia, los sexos se transforman en su opuesto. En el orden intramundano, hay un cambio de género en los signos derivados respecto al orden premundano, donde la línea inferior determina el género.

Entre los hijos están:

1. *Dschen* (lo Excitante)
2. *Li* (lo Adherente, el Sol)
3. *Dui* (lo Sereno)

Ellos se encuentran en la mitad oriental. Entre las hijas están:

1. *Sun* (lo Suave)
2. *Kan* (lo Abismal, la Luna)
3. *Gen* (la Quietud)

Ellas están situadas en la mitad occidental. En el orden del mundo interior, sólo *Dschen* y *Sun* han conservado su género. La disposición de los signos coloca a los hijos a la izquierda de *Kiën* (lo Creativo), mientras que *Kun* tiene a las dos hijas mayores a su derecha y a la más joven a su izquierda, entre él y *Kiën*.

§ 11: Otros símbolos

Lo Creativo es el Cielo, es redondo, es el príncipe, es el padre, es el jade, es el metal, es el frío, es el hielo, es el rojo profundo, es un buen caballo, es un caballo viejo, es un caballo flaco, es un caballo salvaje, es la fruta del árbol.

La mayoría de los símbolos se explican por sí mismos. El jade simboliza la pureza sin mancha y la solidez, al igual que el metal. El frío y el hielo son resultado de la posición de lo Creativo en el noroeste. El color rojo intenso es el color intensificado de la luz; en el texto, el negro-azul es el color correspondiente al Cielo y a lo Creativo. Los diferentes tipos de caballos representan potencia, resistencia, solidez y fuerza. El caballo salvaje, un animal mítico con dientes de sierra, es tan poderoso que puede morder a un tigre. La fruta simboliza la duración a través del cambio.

Adiciones de comentarios posteriores describen a lo Creativo como recto, como el dragón, como la vestidura exterior y como la palabra.

Lo Receptivo es la Tierra, la madre, la tela, el caldero, el ahorro, la paridad, el ternero con la vaca, el gran carro, la forma, la cantidad y el tronco. Entre los tipos de tierra, es la tierra negra.

Los primeros símbolos son sencillos de entender. La tela simboliza la extensión; la Tierra está cubierta de vida, como si llevara un vestido. El caldero es el lugar donde las cosas se cocinan hasta estar listas, por lo que la Tierra es el gran crisol de la vida. La frugalidad es una característica básica de la naturaleza. La paridad significa que la Tierra no conoce simpatías ni antipatías. El ternero con la vaca simboliza la fertilidad; el gran carro representa que la Tierra transporta a todos los seres. La forma y la ornamentación son opuestos al contenido que se asocia con lo Creativo. La cantidad, o la multitud, se contrapone a la unidad de lo Creativo. El tronco es aquello de donde brotan las ramas, de la misma manera que toda la vida brota de la tierra. El color negro representa la oscuridad intensificada.[2]

Lo Excitante es el trueno, el dragón, el color amarillo oscuro, la extensión, un gran camino, el hijo mayor. Es decidido y violento, es verde, como el bambú joven y nuevo, es caña y junco. Entre los caballos, representa a aquellos que relinchan bien, que tienen patas traseras blancas, que galopan, y los que tienen una estrella en la frente. Entre las plantas útiles, son las leguminosas. Finalmente, simboliza lo fuerte y frondoso.

El amarillo oscuro resulta de la mezcla entre el Cielo oscuro y la Tierra amarilla. La expansión (o las flores) representa el exuberante crecimiento de la primavera, cubriendo la tierra con un manto vegetal. El gran camino señala el rumbo general de la vida en primavera. El bambú, el junco y la caña son plantas de rápido crecimiento. El relincho de los caballos los conecta con el trueno, y las patas traseras blancas brillan a la distancia cuando corren. El galope es el paso más rápido. Las leguminosas aún conservan la vaina de la semilla cuando germinan.

Lo Suave es la madera, el viento, la hija mayor, la directriz, el trabajo. Es lo blanco, lo largo, lo alto, el progreso y el retroceso, la indecisión y el olor. Entre las personas, simboliza a los canosos, a aquellos con frentes anchas, y a quienes tienen mucho blanco en los ojos. También representa a aquellos que, en el comercio, están tan cerca de la ganancia que obtienen el triple en el mercado. Finalmente, es el signo de la vehemencia.

2. En el texto, el color del receptor es el amarillo, su animal es la yegua.

Los primeros significados son claros. La directriz es la propagación de órdenes, como el viento. El blanco es el color del principio *yin*. La madera se alarga, y el viento alcanza grandes alturas. El avance y el retroceso reflejan la indecisión del viento, y también se refiere al olor que transporta. Los canosos tienen mucho blanco en el pelo, y aquellos con mucho blanco en los ojos son altivos y fieros. Los avariciosos también son fieros, lo que eventualmente lleva al signo a convertirse en su opuesto: la ferocidad, representada por *Dschen*.

Lo Abismal es el agua, las zanjas, la emboscada, el enderezamiento y el doblez. Representa el arco y la rueda. Entre las personas, se asocia con los melancólicos, los enfermos del corazón y aquellos con dolor de oídos. Es el signo de la sangre y el color rojo. Entre los caballos, significa aquellos con lomos hermosos, de coraje salvaje, que caminan con la cabeza baja, los de pezuñas finas y los que tropiezan. Entre los carros, representa a los que tienen muchas fallas. Es la penetración y la Luna, y simboliza a los ladrones. Entre los tipos de madera, significa las que son sólidas y con mucha médula.

Las primeras características son evidentes. La curvatura y el doblez del curso del agua explican la conexión con el arco y la rueda. La penumbra está representada por una línea fuerte entre dos débiles, lo que se relaciona con la enfermedad del corazón. El signo está vinculado con el trabajo y el oído. La sangre es el fluido corporal, por lo que su color es rojo, aunque más claro que el de *Kiën*, lo Creativo. La penetración del agua se refleja en el signo aplicado al carro roto, que sirve como un vehículo de carga. La línea central del signo lo Abismal sugiere penetración, lo que también se asocia con la Luna y los ladrones, quienes actúan en secreto. De igual manera, la médula de la madera, al estar oculta, se relaciona con lo penetrante.

Lo Adherente es el fuego, el Sol, el relámpago, el rayo y la hija del medio. También representa armadura y cascos, lanzas y armas. Entre las personas, simboliza a alguien con una gran barriga.

Lo Adherente es el signo de la sequedad. Simboliza la tortuga, el cangrejo, el caracol, la caracola y la tortuga carey. Entre los árboles, representa aquellos que están secos en la parte superior del tronco.

Cuando los diversos símbolos no se explican por sí mismos, se sugieren a partir del significado del fuego, el calor y la sequedad, así como del carácter del símbolo, que es sólido por fuera y hueco o blando por dentro. Esto incluye las armas, el vientre gordo, los animales con caparazón o conchas, y los árboles huecos que comienzan a secarse desde la parte superior.

Mantenerse quieto es la montaña. Es un camino lateral, significa piedras pequeñas, puertas y aberturas, frutos y semillas, eunucos y guardianes, los dedos, el perro, la rata y las especies de aves de picos negros. Entre los árboles, representa aquellos que son firmes y nudosos.

Entre los senderos de montaña, sugiere un camino lateral, al igual que las piedras. La puerta está simbolizada por la forma del signo.

Los frutos y las semillas son la mediación entre el final y el principio de las plantas. Los eunucos son los guardianes de la puerta, y los guardias vigilan el camino; ambos cumplen la función de proteger y vigilar. Los dedos sirven para sostener y retener. El perro guarda, la rata roe, y los pájaros de pico negro se aferran fácilmente a las cosas. De manera similar, los troncos nudosos son aquellos que se agarran con mayor resistencia.

Lo Sereno es el lago, es la hija menor, es una hechicera, es la boca y la lengua. Simboliza la destrucción y la ruptura, la caída y el salto. Entre los tipos de tierra, representa las tierras duras y saladas. Es la concubina y también la oveja.

La hechicera se asocia a la mujer que habla. Lo Sereno está abierto, de ahí la relación con la boca y la lengua. Se sitúa en el oeste y, por lo tanto, se vincula con la idea del otoño, una época de destrucción, lo que explica su asociación con la ruptura, la caída y el estallido de los frutos maduros. Las tierras duras y saladas provienen de la imagen de los lagos secos. La concubina deriva de la idea de la hija menor. La oveja, débil por fuera y terca por dentro, es sugerida por la forma del signo, y cabe señalar que en China, la oveja y la cabra son consideradas prácticamente lo mismo.

Da Dschuan
El gran Tratado

(también llamado Hi Tsï Dschuan, *comentario sobre las sentencias adjuntas)*

SECCIÓN 1 A. LOS FUNDAMENTOS

Capítulo I

Los cambios en la Creación y en el *Libro de los Cambios*

§ 1

El Cielo es alto, la Tierra es baja; esto determina lo Creativo y lo Receptivo. Según esta diferencia entre altura y bajeza, se definen los lugares nobles y los bajos. El movimiento y el reposo tienen sus leyes específicas, de acuerdo con las cuales se distinguen las líneas firmes y las suaves. Las cosas siguen sus naturalezas en direcciones específicas, y se diferencian en clases, generando salvación o calamidad. Las apariencias se forman en el Cielo, las formas en la Tierra; el cambio y la transformación se manifiestan en ambos.

En el *Libro de los Cambios* se distinguen tres tipos de cambio: la *no transformación*, la *transformación* y la *transmutación*. La *no transformación* es el fondo que hace posible todo cambio, proporcionando un punto de referencia para que el cambio ocurra en un orden, evitando que se disuelva en un caos. Este punto de relación requiere decisión y elección, proporcionando un sistema de coordenadas que organiza todo lo demás. Tanto en el mundo como en el pensamiento, el principio es la determinación de este punto de relación. Aunque cualquier punto de relación es posible, la experiencia nos muestra que desde el despertar de la conciencia enfrentamos estructuras de relación ya establecidas. El objetivo es elegir un punto de relación propio que esté en armonía con las relaciones cósmicas del mundo, protegiendo así nuestro mundo de conflictos con esas relaciones preexistentes.

Este principio se basa en la creencia de que el mundo es una estructura unificada de relaciones, un cosmos, no un caos, y esta creencia es la base de la filosofía china, así como de toda filosofía en general. El punto de referencia superior es el *no cambio*, el fundamento de todo lo que cambia.

La estructura relacional en el *Libro de los Cambios* se basa en la distinción entre Cielo y Tierra: el Cielo, luminoso y superior, incorpóreo pero regulador de todos los acontecimientos, y la Tierra, oscura y corpórea, dependiente de los fenómenos celestes. La diferencia entre lo superior y lo inferior establece un principio jerárquico, donde uno es el más noble y el otro, inferior. Estos dos principios, el Creativo y el Receptivo, no luchan entre sí, sino que se complementan. La diferencia entre alto y bajo permite el movimiento y la expresión de la fuerza vital.

El *Libro de los Cambios* simboliza esta diferencia con líneas firmes y suaves que representan lo noble y lo bajo. Los números impares son nobles, los pares son bajos. Este orden refleja el movimiento constante del Cielo y las condiciones fijas de la Tierra, aunque el reposo es sólo una ilusión, ya que, en realidad, es un estado intermedio de movimiento. La fuerza activa se simboliza con una línea indivisa (firme), asociada con la luz, mientras que la fuerza pasiva es una línea dividida (suave), asociada con la oscuridad.

De la combinación de líneas firmes y suaves con la nobleza o bajeza de los signos, surgen múltiples situaciones. En el orden del mundo, hay estados de equilibrio donde prevalece la armonía, y otros donde reina la confusión. Cuando cada cosa está en su lugar correcto, la armonía se establece, reflejando la tendencia al orden natural. Sin embargo, otras fuerzas externas también influyen, causando desviaciones que pueden llevar al desorden. Aplicado a las relaciones humanas, la armonía representa la salvación, y la desarmonía, el desastre.

Las leyes del cambio son visibles en el Cielo y la Tierra. Los fenómenos celestes siguen ciertas reglas, y en la Tierra, la floración, el fruto, el crecimiento y la decadencia se rigen por las mismas leyes temporales. Si se conocen estas leyes, se puede predecir el futuro, permitiendo una acción libre. Los cambios son tendencias sutiles que se vuelven visibles cuando alcanzan un punto determinado, y las transformaciones son las manifestaciones de estas leyes inmutables del cambio.

El propósito del *Libro de los Cambios* es reproducir estas leyes dentro de los signos, para comprender tanto el pasado como el futuro y usarlos en las decisiones de la acción.

§ 2

Los ocho signos se reemplazan entre sí, con lo firme y lo suave desplazándose mutuamente. La transformación se describe como un ciclo de fenómenos que se suceden unos a otros, regresando finalmente al primero. Esto es evidente en el transcurso del día, del año y en los fenómenos del mundo orgánico. La transformación es el cambio constante, donde lo sólido y lo blando se funden y se transforman, produciendo el ciclo regular del año y todos los ciclos de la vida, como el día y la noche, el verano y el invierno, la vida y la muerte.

La transformación y la sustitución de los signos siguen dos direcciones: una ascendente y otra descendente. La primera comienza en el punto más bajo, *Kun*, lo Receptivo; la segunda, en el punto más alto, *Kiën*, lo Creativo.

§ 3

Las cosas son despertadas por el trueno y el relámpago, fertilizadas por el viento y la lluvia; el ciclo del Sol y la Luna regula el frío y el calor. Este ciclo anual muestra cómo cada signo genera al siguiente. En lo profundo de la Tierra, *Dschen*, lo Excitante, con su imagen del trueno, agita el poder creador. Esta fuerza genera centros de excitación, equilibrados en el rayo (*Li*, lo Adherente, la llama). Tras el trueno, viene el viento (Sol), que trae la lluvia (*Kan*). Después, *Li* y *Kan* aparecen como sol y luna, controlando el calor y el frío.

Cuando el Sol está en su punto más alto, el calor se representa por *Dui*, el lago sereno; cuando la luna está en su cenit, el frío se simboliza por *Gen*, la montaña, que representa la quietud.

§ 4

El camino de lo Creativo trabaja lo masculino, y el de lo Receptivo lo femenino. Esta transformación continua se manifiesta en la generación de los sexos. Lo *Creativo* encarna en el sexo masculino, mientras que lo Receptivo en el femenino. Según el orden premundano, *Dschen*, *Li* y *Dui* representan a los hijos, y *Sun*, *Kan* y *Gen* a las hijas.

§ 5

Lo Creativo reconoce los grandes comienzos, y lo Receptivo completa lo que está acabado. Mientras lo Creativo actúa en lo invisible y espiritual, lo Receptivo trabaja en la sustancia física, llevando las cosas a su conclusión.

§ 6

Lo Creativo actúa a través de lo simple, y lo Receptivo lo realiza a través de la simplicidad. Lo Creativo es movimiento, y a través de este movimiento conecta lo separado. Lo Receptivo, por su naturaleza, es reposo, haciendo posible la simplicidad en el espacio.

§ 7

Lo que es fácil es fácil de reconocer; lo que es fácil es fácil de seguir. Si uno es fácil de reconocer, se gana apego. Si uno es fácil de seguir, se ganan obras. Quien tiene apego puede durar mucho; quien posee obras puede llegar a ser grande. La duración es la naturaleza del sabio; la grandeza es el campo de acción del sabio. Aquí se explica cómo lo fácil y lo simple influyen en la vida humana. Lo fácil es fácil de comprender, de ahí su poder sugestivo. Quien tiene pensamientos muy claros y fáciles de entender se gana la devoción de la gente porque encarnan el amor. Esto le hace libre de la agitación de las luchas y disonancias. Cuando el movimiento interior está en armonía con el entorno, puede surtir efecto sin perturbaciones y durar mucho tiempo. Esta unidad y duración es el estado interior del alma del sabio. Exactamente lo mismo ocurre en el campo de la acción. Lo que es sencillo es fácil de imitar. En consecuencia, otros están dispuestos a ejercer su poder en la misma dirección; pues todo el mundo hará con gusto aquello que le resulta fácil porque es fácil. De este modo, las fuerzas se suman, la simplicidad se convierte en diversidad por sí misma. Así crece y se cumple la vocación del sabio, como líder de la multitud, para conducir a la multitud a grandes obras.

§ 8

Mediante la facilidad y la sencillez se captan las leyes del mundo entero. Cuando uno ha comprendido las leyes del mundo entero, la perfección está contenida en él. He aquí la aplicación de los principios a la organización del *Libro de los Cambios*. La luz y lo simple están simbolizados por un cambio muy ligero en los trazos. Los trazos se transforman de divididos a indivisos a través de un movimiento muy leve, por el que los extremos separados se unen. Se transforman de indivisos a divididos mediante una simple separación en el centro. De este modo, mediante estos cambios muy fáciles y simples, se captan las leyes de todo devenir bajo los Cielos y se alcanza la perfección. Esto define la naturaleza de la transformación como la transformación de las partes más pequeñas. Éste es el cuarto significado de la palabra «yo», que, sin embargo, sólo está vagamente relacionado con el significado de la palabra «cambio».

Capítulo II

Sobre la composición y el uso del *Libro de los Cambios*

§ 1

Los santos sabios establecieron los signos para que las apariciones pudieran ser vistas. Añadieron los juicios para mostrar la salvación y el desastre. Los signos del *Libro de los Cambios* son imágenes de los fenómenos terrestres. Muestran el contexto de los acontecimientos mundiales. Por tanto, eran representaciones de ideas. Estas imágenes o fenómenos mostraban lo real. A partir de ellas, se podía tomar consejo para saber si una dirección de acción que surgía de la imagen era valiosa o perjudicial, si debía tomarse o evitarse. Esta era la base del *Libro de los Cambios* en la época del rey Wen. Los signos eran imágenes de oráculo que mostraban qué esperar bajo ciertas circunstancias. Ahora, el rey Wen y su hijo añadieron las explicaciones. Esto revelaba si el curso de los acontecimientos indicados por las imágenes traería buena o mala fortuna. Así llegó el momento de la libertad. En la imagen de los acontecimientos mundiales, ahora no sólo se podía ver qué acontecimientos esperar, sino también hacia dónde conducían. Dado que el conjunto de acontecimientos se representaba inicialmente frente a ti, podías organizar tus acciones en consecuencia, siguiendo las direcciones que conducían a la salvación y evitando las que llevaban al desastre, incluso antes de que comenzara el complejo de sucesos.

§ 2

A medida que las líneas duras y blandas se desplazan entre sí, se producen cambios y remodelaciones. Aquí se explica detalladamente en qué medida en el *Libro de los Cambios* se representan los procesos del mundo. Los signos se componen de trazos sólidos y suaves. En determinadas circunstancias, estos trazos cambian, de modo que los sólidos se suavizan y los suaves se solidifican. Así se reproduce el cambio de los fenómenos del mundo.

§ 3

Por lo tanto, la salvación y el desastre son imitaciones de la ganancia o la pérdida; el remordimiento y la vergüenza son imitaciones de la pena o la provisión. Si la dirección de la acción corresponde a las leyes del mundo, entonces conduce a la ganancia de lo que se busca. Esto se expresa en la palabra «salvación». Si la dirección de la acción está en desacuerdo con las leyes del mundo, conduce necesariamente a la pérdida, lo que se expresa con la sentencia: «desastre». Pero también hay direcciones de movimiento que no conducen necesariamente a una meta, giros de dirección, por así decirlo. Si la dirección era originalmente errónea, pero te entristeces por ello a tiempo, puedes evitar el desastre y encontrar salvación mediante el arrepentimiento. Este estado se expresa con la sentencia: «arrepentimiento», que contiene una invitación al duelo y al arrepentimiento. Por otra parte, una dirección que originalmente era correcta puede caer en la indiferencia y arrogancia, llevando la salvación al desastre. Esto se expresa con el juicio: «vergüenza», que advierte para detenerse en el camino equivocado y volver a la salvación.

§ 4

El cambio y la remodelación son imitaciones del progreso y el retroceso. Lo sólido y lo blando son réplicas del día y la noche. Los movimientos de las seis líneas contienen las trayectorias de las tres potencias elementales. El cambio es la transformación de una línea suave en una firme, lo que indica progreso. La remodelación es la transformación de una línea firme en una suave, lo que indica retroceso. Los trazos sólidos representan la luz, mientras que los trazos suaves representan la oscuridad. Los seis trazos de cada signo se distribuyen entre los tres poderes elementales: Cielo, Tierra y hombre. Las dos líneas inferiores corresponden a la Tierra, las dos centrales al hombre y las dos superiores al Cielo. Esta sección del capítulo muestra hasta qué punto el *Libro de los Cambios* contiene una reproducción del mundo.

§ 5

Por lo tanto, es el orden de los cambios al que se dedica el hombre superior y, a través de él, llega al descanso. Son los juicios sobre las líneas individuales en lo que el hombre superior se deleita y reflexiona. A partir de aquí, se muestra el uso correcto del *Libro de los Cambios*. Precisamente porque es una reproducción de todas las condiciones del mundo, con juicios que señalan la dirección correcta, ahora es necesario formar la vida real de acuerdo con estas ideas, para que la vida se convierta en una reproducción del cambio. Esto no es idealismo en el sentido de una rígida imagen ideal de otro tipo de vida artificial. Más bien, dado que el *Libro de los Cambios* capta el significado esencial de las diferentes situaciones de la vida, uno puede organizar la propia vida de manera significativa, haciendo, en orden y secuencia, exactamente lo que la situación requiere. De este modo, porque te entregas al significado de la situación sin resistencia, alcanzas la paz de espíritu. Así se ordena la acción. Pero el pensamiento también se satisface meditando sobre los juicios de las líneas individuales, reconociendo intuitivamente las relaciones del mundo.

§ 6

Por lo tanto, en tiempos de tranquilidad, el hombre superior contempla estas imágenes y reflexiona sobre los juicios. Cuando emprende algo, contempla los cambios y reflexiona sobre los oráculos. Por eso es bendecido por el Cielo. «Salvación. Nada que no sea beneficioso». Aquí se mencionan los tiempos de descanso y de acción. En los tiempos de reposo, uno adquiere experiencia y sabiduría a través de la meditación sobre las imágenes y juicios del libro. En tiempos de acción, se recurre al oráculo mediante los cambios que se aprecian en los signos, a través de la manipulación de los tallos de milenrama, y se toma el consejo que surge de este modo sobre cómo actuar.

Capítulo III

Sobre las palabras adscriptas a los signos y líneas

§ 1

Los juicios se refieren a las imágenes. Los juicios sobre las líneas se refieren a los cambios. Las decisiones dadas por el rey Wen sobre los signos generales se refieren a la imagen de la situación general representada por el signo. Los juicios de los trazos individuales del duque de Dschou se refieren a los juicios que acompañan a los trazos individuales y a los cambios que se producen en la situación general. Con el oráculo, estos juicios de línea sólo se tienen en cuenta si las líneas en cuestión «se mueven», es decir, si son representadas por un nueve o un seis.

§ 2

«Salvación» y «desastre» se refieren a ganancia o pérdida; «remordimiento» y «vergüenza» se refieren a imperfecciones menores. «Sin mancha» significa que eres capaz de corregir tus faltas de la manera correcta. Aquí se ofrece una explicación más detallada del § 3 del capítulo anterior. Si uno siempre hace lo correcto en palabras y acciones, eso es ganancia; si no, eso es pérdida. Las pequeñas desviaciones de lo correcto se llaman imperfecciones. Si uno no sabe lo correcto y accidentalmente hace lo incorrecto, es un error. Si te das cuenta de estas pequeñas imprecisiones y quieres compensarlas, surge el remordimiento. Si no te das cuenta de tus pequeños errores o no puedes o no quieres enmendarlos, surge la vergüenza. Los errores son como desgarros en un vestido: si un vestido se rompe y lo remiendas, vuelve a estar entero. Si tienes faltas y las remiendas volviéndote a lo correcto de nuevo, no queda ninguna mancha.

§ 3

Por lo tanto, la disposición de nobles y humildes en los lugares individuales, la equiparación de grande y pequeño, se basa en los signos generales, y la distinción del bien y del mal en los juicios. Los seis lugares del signo se distinguen como sigue: lo más bajo y lo más alto están, por así decirlo, fuera de la situación. El más bajo es el lugar más bajo porque aún no ha entrado en la situación. El lugar más elevado es noble; es el sabio fuera de los asuntos del mundo, en determinadas circunstancias también un hombre sin poder. De los lugares interiores, dos y cuatro son los lugares de los funcionarios, los hijos, las mujeres. De estos, el cuarto es el más elevado, el segundo el inferior. Las posiciones tercera y quinta tienen autoridad, el tercero a la cabeza del signo inferior, el quinto como gobernante del conjunto. Mayor y menor significan las líneas firmes y suaves. Encuentran su equilibrio en el conjunto del signo. Tanto lo grande como lo pequeño pueden ser buenos y significar la salvación si se encuentran en los lugares adecuados para ellos. Estos lugares no pueden determinarse en abstracto, sino que dependen de la naturaleza del signo global. A menudo la suavidad es buena; entonces un trazo suave en un lugar suave será especialmente favorable, y un trazo firme en un lugar firme puede ser desfavorable en determinadas circunstancias. A veces se requiere fuerza; entonces un trazo suave en un lugar firme será mejor. La situación exige que el carácter y el lugar coincidan. En resumen, la distribución en cada caso resulta del carácter individual o de la situación que modela, a la que imita. Por lo tanto, los juicios indican la salvación o el desastre tal como resulta de la situación.

§ 4

La preocupación por el remordimiento y la vergüenza se basa en el límite. El impulso hacia la irreprochabilidad se basa en el remordimiento. El remordimiento y la vergüenza son consecuencia de las desviaciones del camino correcto y, por lo tanto, siempre requieren arrepentimiento. Puedes evitar ambas cosas si estás en guardia en el momento adecuado. El punto en el que la preocupación evita el remordimiento y la vergüenza es el punto límite: cuando el bien o el mal ya se agitan en la mente, pero aún no han aparecido. Si intervienes en este momento y guías el movimiento hacia el bien, te ahorras el remordimiento y la vergüenza. Si ya se ha cometido un error, el remordimiento es la fuerza psicológica que conduce al arrepentimiento y a la corrección.

§ 5

Por eso hay señales pequeñas y grandes, y en consecuencia los juicios hablan de peligro o de seguridad. Las sentencias indican siempre la dirección del desarrollo. Entre las situaciones representadas por los signos, hay algunas ascendentes, expansivas, y otras descendentes, que se estrechan. En consecuencia, en algunos momentos cabe esperar más peligro, y en otros momentos, seguridad y calma. Para adaptarse plenamente a la situación respectiva, es de gran valor conocer estas condiciones. Ésta es también la función de los juicios, que indican la dirección en que se desarrolla la situación.

Capítulo IV

Las relaciones más profundas del *Libro de los Cambios*

§ 1

El *Libro de los Cambios* contiene la medida del Cielo y la Tierra; por lo tanto, puede ser utilizado para entender el Cielo y la Tierra. Este capítulo se basa en las misteriosas conexiones entre las reproducciones del *Libro de los Cambios* y la realidad. Precisamente porque en el *Libro de los Cambios* hay una imagen perfecta del Cielo y la Tierra, un microcosmos de todas las relaciones posibles, es posible calcular a partir de él los complejos de relaciones correspondientes. La cuestión de hasta qué punto el *Libro de los Cambios* puede ser tal imagen del cosmos se responde por el hecho de que es obra de personas con inteligencia cósmica que han grabado su sabiduría en los símbolos de este libro. Así, este libro contiene el estandarte del Cielo y de la Tierra. En el párrafo siguiente se explica cómo el hecho de que el *Libro de los Cambios* contiene la medida estándar del Cielo y la Tierra permite investigar las leyes del mundo. El tercer párrafo aborda la similitud de las transformaciones con el Cielo y la Tierra, y el cuarto concluye mostrando cómo, a través de las transformaciones, se puede alcanzar finalmente el dominio del destino.

§ 2

Mirando hacia arriba y comprendiendo los signos del Cielo y mirando hacia abajo y examinando las líneas de la Tierra, se reconocen las relaciones entre la oscuridad y la luz. Volviendo a los comienzos y siguiendo las cosas hasta el final, se reconocen las enseñanzas del nacimiento y la muerte. La unión de semilla y fuerza produce las cosas; la fuga del alma produce el cambio. De ahí los estados de los espíritus salientes y retornantes.

El *Libro de los Cambios* se basa en los dos principios fundamentales de la luz y la oscuridad. Los signos se componen de estos elementos. Las líneas individuales están quietas o en movimiento. Cuando están quietas (son las líneas representadas por el número 7 = firme y 8 = suave), construyen los caracteres específicos. Cuando están en movimiento (es el caso de las líneas representadas por el número 9 = firme y 6 = blando), disuelven de nuevo el signo y lo transforman en otro. Estos procesos son los que abren una visión a los secretos de la vida. Si aplicas estos principios a los signos en el Cielo (Sol = luz, Luna = oscuridad) y las líneas en la Tierra (puntos cardinales), reconocemos las relaciones entre la oscuridad y la luz, es decir, las leyes que rigen el curso de las estaciones y su cambio, que determinan el surgimiento y el retroceso de la fuerza vital vegetativa. De este modo, observando los comienzos y los finales de la vida, se reconoce que el nacimiento y la muerte no son otra cosa que el mismo ciclo. El nacimiento es la aparición al mundo de lo visible; la muerte es el retorno a los reinos de lo invisible. Ambos no son un principio absoluto ni un fin absoluto, como ocurre en los fenómenos del año en su alternancia. No es diferente con las personas. Así como las líneas constantes construyen los signos y, cuando empiezan a moverse, provocan un cambio, la existencia física se construye mediante la unión de las corrientes vitales «salientes» del semen (masculino) y la fuerza (femenina). Esta existencia física es relativamente constante mientras las fuerzas constructivas estén en estado de equilibrio. Si empiezan a moverse, se produce la degradación. El alma escapa: el alma superior se eleva hacia arriba, el alma inferior se hunde en la tierra; el cuerpo se disuelve. Las fuerzas espirituales que construyen y descomponen la existencia visible también pertenecen al principio luminoso o al oscuro. Los espíritus de luz (*sheens*) salen, es decir, son los activos, que también pueden entrar en nuevas encarnaciones; los espíritus oscuros (*Gui*) vuelven a casa, son los espíritus en retirada que procesan primero el rendimiento de la vida. Este concepto de espíritus que regresan y que se van no es en absoluto una idea de seres buenos y malos, sino sólo la diferencia entre el sustrato en expansión y en contracción de la fuerza vital. Son estados que se alternan en el gran mar de la vida.

§ 3

Al asemejarse así al Cielo y a la Tierra, no entra en contradicción con ellos. Su sabiduría abarca todas las cosas, y su *SENTIDO* ordena el mundo entero. Por eso no hay error. Trabaja en todas partes, pero nunca se deja llevar en ninguna parte. Se regocija en el Cielo y conoce el destino. Por eso está libre de preocupaciones. Está contento con su situación y es auténtico en su bondad. Por eso es capaz de practicar el amor. Con la ayuda de los principios del *Libro de los Cambios*, la presentación completa de las disposiciones interiores es posible. Este desdoblamiento se basa en el hecho de que el hombre tiene en sí disposiciones interiores que son del Cielo y de la Tierra, que él es un microcosmos. Al reproducir las leyes del Cielo y de la Tierra en el *Libro de los Cambios*, también proporciona los medios para formar la propia naturaleza, de modo que las disposiciones más íntimas se manifiesten con pureza. Aquí entra en consideración un doble aspecto: la sabiduría y la acción, el intelecto y la voluntad. Cuando el intelecto y la voluntad están correctamente centrados, la vida emocional también entra en la armonía correcta del estado de ánimo. Son cuatro frases que se remontan a la sabiduría y el amor, la justicia y la moral, por lo que la combinación con las cuatro palabras del signo «lo Creativo»: «Éxito sublime, fomentar es perseverancia» se sugiere a sí misma. El efecto de la sabiduría, el amor y la justicia se aprecia en la primera frase. Sobre la base de la sabiduría integral, las disposiciones que brotan del amor al mundo pueden hacerse de tal manera que lo correcto salga para todos y no se cometa ningún error. Eso es lo beneficioso. La segunda frase muestra la sabiduría y el amor que no se niega a nada ni a nadie, ordenado por la moral, que no se deja llevar por nada impropio ni por la unilateralidad, y así tiene éxito. El tercer movimiento muestra la armonía del ser interior en sabiduría perfecta, que se regocija en el Cielo y comprende su providencia. Esto proporciona la base para la perseverancia. Finalmente, el último movimiento muestra el amor que se adapta confiadamente a cada situación y, desde el tesoro de la bondad interior, se manifiesta en la benevolencia hacia todas las personas y alcanza así la sublimidad, la raíz de todo bien.

§ 4

En él están las formas y los reinos de todas las creaciones del Cielo y de la Tierra, de modo que nada escapa a él. En él se perfeccionan todas las cosas que lo rodean, de modo que no falta ninguna de ellas. Por eso se puede penetrar, a través de él, el *SENTIDO* del día y de la noche, de modo que uno lo comprende. Por eso el espíritu no está atado a ningún lugar y el *Libro de los Cambios* a ninguna forma. Los principios del *Libro de los Cambios* contienen las categorías de todas las cosas, literalmente los moldes y el ámbito de todas las transformaciones. Estas categorías están en el espíritu del hombre; todo lo que sucede y se transforma debe obedecer a las leyes prescritas por el espíritu del hombre. Sólo mediante la entrada en vigor de estas categorías, las cosas se convierten en cosas. Al establecer estas categorías en el *Libro de los Cambios*, se permite el movimiento de la luz y la oscuridad, la vida y la muerte, los dioses y los demonios. Esta realización permite el dominio del destino, pues el destino puede ser moldeado si conoces sus leyes. La razón por la que uno puede enfrentarse al destino es que la realidad siempre está condicionada y limitada por estas condiciones espacio-temporales. El espíritu, sin embargo, no está limitado por estas determinaciones y, por tanto, puede realizarlas según lo requieran sus propósitos. El *Libro de los Cambios* es tan amplio en sus posibles aplicaciones porque sólo contiene estas relaciones puramente espirituales, que son tan abstractas que pueden encontrar su expresión en cualquier estructura de la realidad. Sólo contienen el *SENTIDO* que subyace al acontecimiento. Por eso, todas las constelaciones aleatorias pueden organizarse según este *SENTIDO* y moldearse. La aplicación consciente de estas posibilidades otorga el control sobre el destino.

Capítulo V

El *SENTIDO* en su relación con la luz y la oscuridad

§ 1

Lo que permite que surjan la oscuridad y la luz es el *SENTIDO*. La luz y la oscuridad son las dos fuerzas primigenias, las mismas descritas en el texto anterior como lo sólido y lo blando o como día y noche. Sólido y blando son las designaciones de las líneas del *Libro de los Cambios*, la luz y la oscuridad son los nombres de las dos fuerzas elementales de la naturaleza. Gradualmente, estas designaciones se extendieron a las dos fuerzas polares del mundo, que podemos llamar positiva y negativa. Es posible que con estas designaciones, que enfatizan el ciclo más que el cambio, la representación circular del principio original ☯ desempeñe un papel tan importante.[1]

1. El *SENTIDO*, Tao chino, es lo que pone en movimiento y mantiene el juego de estas fuerzas en movimiento. Dado que este algo sólo significa una dirección, que es invisible y completamente incorpórea, la palabra china Tao = camino, curso que tampoco es nada en sí mismo y, sin embargo, regula y gobierna todos los movimientos. Las razones de la traducción de esta palabra con *SENTIDO*, véase la introducción a mi traducción de Lao Tzú.

§ 2

Como continuador, es bueno. Como consumador, es el ser. Las fuerzas elementales no se detienen, sino que el ciclo del devenir continúa ininterrumpidamente. La razón de ello es que entre las dos fuerzas elementales hay siempre un gradiente que mantiene las fuerzas en movimiento y las impulsa a unirse, generando una y otra vez. Esto lo produce el *SENTIDO*, sin que aparezca de ninguna manera. Esta propiedad del *SENTIDO*, de mantener el mundo recreando constantemente el estado de tensión entre las fuerzas polares, se llama bien (cf. Lao Tzú, capítulo 8).[2] Como fuerza que completa las cosas, les da su individualidad, su centro en torno al cual se organizan; se denomina esencia, aquello que las cosas reciben al nacer.[3]

§ 3

El benévolo la descubre y la llama benévola. El sabio lo descubre y lo llama sabio. La gente lo usa día a día y no sabe nada de él, porque el *SENTIDO* del noble es raro. El *SENTIDO* en su revelación aparece a cada uno de manera diferente. El hombre activo, para quien la bondad y el amor al prójimo es lo más elevado, descubre este *SENTIDO* de los acontecimientos del mundo y lo llama la más alta bondad: «Dios es amor». La persona contemplativa, para quien la sabiduría serena es lo más elevado, descubre este *SENTIDO* de los acontecimientos del mundo y lo llama la más alta sabiduría. La gente común vive al día, constantemente dirigida por este *SENTIDO*, pero no sabe nada de él; sólo ve lo que tiene ante sus ojos. Para el tipo de persona noble que no sólo ve las cosas, sino el *SENTIDO* de las cosas, es raro. El *SENTIDO* del

---

2. Se puede ver aquí cómo la visión del *Libro de los Cambios* está orientada hacia lo orgánico. No hay entropía en lo orgánico.
3. Éste es probablemente el punto en el que se basa la enseñanza de Mongtse, que sostiene que la esencia del hombre es buena.

mundo es ciertamente bondad y sabiduría, pero en su esencia más íntima también está más allá de la bondad y la sabiduría.

§ 4

Se revela como bondad, pero oculta sus efectos. Aviva todas las cosas, pero no comparte las penas del santo sabio. Su maravillosa naturaleza, su gran campo de actividad, son lo más elevado que existe. El movimiento desde dentro hacia fuera muestra al *SENTIDO* en sus revelaciones como todo bondad. Pero al mismo tiempo, permanece misterioso a la luz del día. El movimiento de fuera hacia dentro oculta los resultados de sus efectos. Es como en primavera y verano, cuando se despliegan todos los brotes y se revela la bondad vivificadora de la naturaleza. Pero además, el poder silencioso oculta todos los resultados del crecimiento en la semilla y prepara misteriosamente los efectos del año venidero. De este modo, el *SENTIDO* actúa de forma inagotable y eterna. Pero este efecto vitalizador, al que todos los seres deben su existencia, es algo puramente espontáneo. No se parece a la preocupación consciente del ser humano que lucha por el bien con esfuerzo interior.

§ 5

Que lo posea todo en plena riqueza, ése es su gran campo de actividad. Que todo lo renueva diariamente, ese es su maravilloso camino. No hay nada que no sea posesión del *SENTIDO*, porque él es omnipresente; todo lo que es, está en él y a través de él. Pero no es una posesión muerta, sino que, a través de su naturaleza eterna, lo hace todo nuevo una y otra vez, de modo que el mundo es cada día tan maravilloso como el primer día de la creación.

§ 6

Como productor de todo lo creado, se le llama transformación. La oscuridad produce la luz, y la luz produce la oscuridad en incesante cambio; pero lo que este cambio, al que toda vida debe su existencia, es el *SENTIDO* y su ley de transformación.

§ 7

Como lo que perfecciona los arquetipos, se llama lo Creativo; como lo que reproduce, se le llama lo Receptivo. Esto se basa en la opinión, que también se expresa en el *Tao Te Ching*,[4] de que la realidad se basa en un mundo de arquetipos, cuyas imágenes posteriores en el mundo físico son las cosas reales. El mundo de los arquetipos es el Cielo, el mundo de la Tierra. Allí, el poder; aquí, la sustancia; allí, lo Creativo; aquí, lo Receptivo. Pero es el mismo *SENTIDO* el que actúa tanto en lo Creativo como en lo Receptivo.

§ 8

En cuanto sirve para investigar las leyes del número y así conocer el futuro, se llama revelación. En cuanto sirve para penetrar en los cambios con un contexto vivo, se llama trabajo. El futuro también se desarrolla según leyes fijas, según números calculables. Si se conocen estos números, los acontecimientos futuros pueden calcularse con total certeza. Ésta es la idea que subyace al oráculo del *Libro de los Cambios*.

Éste es el mundo de lo demoníaco, en el que no hay arbitrariedad. Aquí todo está fijado. Éste es el reino del yin. Pero aparte de este mundo rígido del número hay tendencias vivientes. Las cosas se desarrollan, se solidifican en una dirección, luego perecen, se produce un cambio, la conexión se restablece, el mundo vuelve a ser uno. El secreto del *SENTIDO* está ahora, en este mundo de lo cambiante, el mundo de la luz,

4. Cf. R. Wilhelm, *Chinesische Lebensweisheit*, págs. 16 y ss.

el reino del yang, en mantener los cambios de tal manera que se conserve la coherencia continua. Quien logre dar este poder regenerador a lo que crea, crea algo orgánico, y la obra así creada tiene permanencia en sí misma.

§ 9

Aquello en él que no puede ser medido por la luz y lo oscuro, se llama espíritu. Las dos fuerzas fundamentales, en su alternancia y mutua interacción, sirven para explicar todos los fenómenos del mundo. Pero queda un residuo que no puede explicarse por esta interacción, un fondo final. Este fondo final del *SENTIDO* es el espíritu, lo divino, lo inescrutable, lo silenciosamente adorable en él.

Capítulo VI

Transferencia de la relación del *SENTIDO* al *Libro de los Cambios*

§ 1

El *Libro de los Cambios* es vasto y grande. Si se habla de la distancia, no conoce límites. Si se habla de lo cercano, es silencioso y correcto. Si se habla del espacio entre el Cielo y la Tierra, lo abarca todo. Aquí el *Libro de los Cambios* se sitúa en relación con el mundo del macrocosmos y el microcosmos. En primer lugar, su reino se indica en la horizontalidad, en la inmensidad. Sus leyes se aplican en todas las distancias, e igualmente se aplican a lo siguiente, como las leyes del propio pecho. Luego se indica la dirección vertical, el espacio entre el Cielo y la Tierra, porque los destinos de los hombres descienden, por así decirlo, del Cielo.

§ 2

Lo Creativo es uno en estado de reposo y en estado de movimiento recto; por lo tanto, produce lo grandioso. Lo Receptivo está cerrado en el estado de reposo y abriéndose en el estado de movimiento; por lo tanto, produce lo vasto. Lo Creativo es aquí el signo del *Libro de los Cambios*, representando transformaciones, y sobre todo, la línea por la que se simboliza. En el estado de reposo, esta línea es una simple línea unidimensional: ▬▬. En el estado de movimiento, el movimiento se dirige en línea recta hacia adelante. Lo Receptivo está simbolizado por una línea dividida: ▬ ▬. En el estado de reposo se cierra, y en el estado de movimiento se abre. De este modo, lo creado por lo Creativo se caracteriza por su naturaleza de grandeza. Lo Creativo produce la cualidad. Lo producido por lo Receptivo es etiquetado como amplio, múltiple. Lo Receptivo produce la cantidad.

§ 3

Por su inmensidad y grandeza corresponde al Cielo y a la Tierra. Por sus cambios y conexiones, corresponde a las cuatro estaciones. Por su significado de luz y oscuridad, corresponde al Sol y la Luna. A través de la bondad de la luz y la sencillez, corresponde a lo más alto y superior. Aquí se muestran los paralelismos del *Libro de los Cambios* con los contextos mundiales. Contiene diversidad espacial y cantidad, como la Tierra. Contiene tamaño intenso y calidad, como el Cielo. Muestra cambios y conexiones interconectados, como el transcurso del año con las cuatro estaciones. En el principio de la luz, muestra el mismo significado que subyace al sol. La luz se llama *Yang*. El nombre del Sol es *Tai Yang*, la gran luz. El principio de la oscuridad tiene el mismo significado que la Luna. La oscuridad se llama *Yin*. El nombre de la Luna es *Tai Yin*, la gran oscuridad. Ya se ha explicado que la esencia de lo Creativo reside en la luz y la esencia de lo Receptivo reside en lo simple, esos gérmenes a partir de los cuales todo lo demás se desarrolla espontáneamente. Este tipo corresponde al bien en el *SENTIDO*, en su arte de continuar la vida de la manera más sencilla posible (cf. cap. 5, § 2), y por tanto, el tipo más elevado de *SENTIDO* (véase cap. 5, § 4).

Capítulo VII

Los efectos del *Libro de los Cambios* en el hombre

§ 1

Dijo el Maestro: ¿No es el *Libro de los Cambios* lo más elevado? El *Libro de los Cambios* es mediante el cual los santos sabios elevaron su clase y expandieron su campo de acción. La sabiduría eleva. La costumbre hace humilde. La altura imita al Cielo. La humildad sigue el modelo de la Tierra. El dicho se menciona explícitamente como palabra del maestro Kung, de lo que se deduce que el ensayo no puede haber sido escrito completamente por Kung Tse, sino que originó en su escuela. En realidad, los capítulos individuales contienen declaraciones muy diferentes y probablemente de épocas diversas. Aquí se muestra cómo el *Libro de los Cambios*, correctamente utilizado, conduce al acuerdo con los principios últimos del mundo. El sabio eleva su camino adquiriendo la sabiduría contenida en este libro. Así llegan a la conformidad con el Cielo, que es alto. El espíritu gana la altura del punto de vista de esta manera. Por otro lado, el campo de acción se expande. A través de lo comprensivo se eleva el pensamiento de la moralidad, el individuo se subordina al todo. A través de esta humilde subordinación entra en armonía con la Tierra, que es baja. Como personalidad individual se alcanza así la inmensidad del campo de acción.

§ 2

El Cielo y la Tierra determinan la escena, y los cambios tienen lugar en medio de ellos. La esencia del ser humano es la puerta del *SENTIDO* y de la justicia. El Cielo es el escenario del mundo espiritual, la Tierra es el escenario del mundo físico. En estos mundos, todos los seres se desarrollan y transforman según las reglas del *Libro de los Cambios*. Del mismo modo, el ser del hombre, que se perfecciona y perdura, es la puerta por la que las acciones del hombre salen y entran; y si uno está en armonía con las enseñanzas del *Libro de los Cambios*, estas acciones corresponden al *SENTIDO* del mundo y a la justicia. El *SENTIDO* corresponde a aquello que, en su manifestación, se muestra como bondad, mientras que la justicia corresponde al principio oscuro, a la elevación y expansión del ser.

Capítulo VIII

Sobre el uso de las explicaciones adjuntas

§ 1

Los santos sabios fueron capaces de pasar por alto toda la confusión bajo los Cielos. Observaron las formas y los fenómenos y representaron las cosas y sus propiedades. Esto se llamaba las *imágenes.* Aquí se muestra cómo, a partir de las imágenes arquetípicas que subyacen a los fenómenos y las cosas, se crearon las imágenes del *Libro de los Cambios.*

§ 2

Los santos sabios eran capaces de ver todos los movimientos bajo los Cielos. Contemplaban cómo se reunían y funcionaban según sus órdenes eternas. Añadieron juicios para decidir sobre la salvación o la calamidad. Esto se llamó los *juicios.* La corrección de Hu Schï en su *Historia de la Filosofía China*, que subraya la yuxtaposición de imágenes y juicios, resalta mejor este punto.

§ 3

Hablan de la más confusa manifestación sin despertar aversión. Hablan de lo más móvil sin causar confusión.

§ 4

Esto se debe a que observan antes de hablar, y discuten antes de moverse. Mediante la observación y la discusión se entienden los cambios y las transformaciones. En estos dos párrafos, la yuxtaposición de la observación de la imagen de los signos para el conocimiento de los múltiples, y la discusión en el juicio de los signos para el conocimiento de las direcciones del movimiento, emerge claramente. Se ofrecen explicaciones de la teoría de lo simple como raíz de los múltiples (de acuerdo con lo Receptivo) y de la luz como raíz de todos los movimientos (según lo Creativo), como se menciona en el cap. I, § 6 y ss. Los párrafos siguientes (restos de un comentario detallado sobre cada una de las líneas de los signos) dan ejemplos de ello.

§ 5

«Una grulla que llama a la sombra. Su cría le responde. Tengo una buena taza. La compartiré contigo». El maestro dijo: «El Noble está en su habitación. Si pronuncia bien sus palabras, encuentra aprobación a una distancia de más de mil millas. Cuánto más aún más cerca. Si el hombre superior se queda en su habitación y no pronuncia bien sus palabras, encuentra contradicción a una distancia de más de mil kilómetros. Cuánto más de cerca. Las palabras emanan de su propia persona y tienen un efecto en la gente. Las obras se crean en la cercanía y se hacen visibles en la distancia. Las palabras y las obras son la bisagra y el resorte de la ballesta del Noble. Al mover esta vara y esta pluma, traen honor o desgracia. A través de las palabras y las obras, el Noble mueve el Cielo y la Tierra. Debe tener cuidado.

§ 6

«La gente común primero llora y se lamenta, pero después ríen». El Maestro dijo: la vida lleva al hombre serio por un camino colorido y sinuoso. A menudo su fuerza se entorpece, luego otra vez se endereza.

Aquí, una mente elocuente puede fluir libremente en palabras, allí, la pesada carga del conocimiento debe cerrarse en silencio. Pero donde dos personas están unidas en su corazón, allí rompen la fuerza incluso del hierro o mineral. Y donde dos personas están unidas en sus corazones, se entienden completamente. Sus palabras son dulces y fuertes como el aroma de las orquídeas.

Cf. libro I, personaje n.º 13, *Tung Jen*, Compañerismo con la gente, nueve en quinto lugar: también sobre hablar.

§ 7

«Al principio un seis significa: cubrir con blanco caña blanca. Sin mancha». El Maestro dijo: si pones algo en el suelo, funciona. Pero si pones hierba blanca debajo, ¿qué clase de error podría haber? Ésa es la máxima precaución. La hierba de caña es una cosa sin valor en sí misma, pero puede tener un efecto muy importante. Si uno es tan cuidadoso en todo, uno permanece libre de error.

Véase el libro III, signo n.º 28, *Da Go*, El Gran Sobrepeso, Principio Seis: Sobre la Acción.

§ 8

«Un noble meritoriamente humilde lleva a buen fin. Salve». El Maestro dijo: Si uno no se jacta de sus trabajos y no cuenta sus méritos como virtud, esa es la más alta generosidad. Esto significa que uno se coloca con sus méritos por debajo de los demás. Espléndido en sus maneras, reverente en sus modales, el hombre humilde es extremadamente meritorio, y por ello es capaz de mantener su posición.

Cf. libro III, signo n.º 15, *Kiën*, Modestia, Nueve en tercer lugar: Sobre el comportamiento.

§ 9

«El dragón arrogante tendrá que arrepentirse». El Maestro dijo: aquel que es noble sin la posición para ello, quien es alto sin la gente que lo respalde, y quien coloca a la gente capaz en posiciones subordinadas sin el apoyo de los demás, tendrá que arrepentirse tan pronto como se mueva.

Véase libro III, Personaje n.º 1, *Kiën*, lo Creativo, noveno superior, *Wen Yen*, donde este pasaje –aparentemente del mismo comentario– está contenido textualmente sobre la acción.

§ 10

«No salir a la puerta y al patio no es una mancha». El Maestro dijo: donde surge el desorden, allí las palabras son el paso hacia él. Si el príncipe no es reservado, pierde al sirviente. Si el siervo no es reservado, pierde la vida. Si las cosas no se tratan con discreción, se daña la perfección. Por eso el hombre superior es diligente en el ocultamiento y no sale.

Cf. libro I, signo n.º 60, *Dsië*, la Restricción, Principio Nueve: Sobre el Hablar.

§ 11

El Maestro dijo: los redactores del *Libro de los Cambios* conocían a los ladrones. En el *Libro de los Cambios* dice: «Si uno lleva una carga sobre su espalda y aún conduce un carro, hace que los ladrones se acerquen». Llevar una carga a la espalda es el negocio de un hombre común. Un carro es el equipo de un hombre noble. Ahora bien, si un plebeyo utiliza el equipo de un hombre noble, los ladrones piensan quitárselo. Si un hombre es audaz arriba y duro abajo, los ladrones piensan en atacarle. El almacenamiento descuidado tienta a los ladrones para robar. Las suntuosas joyas de una chica tientan a robar su virtud. En el *Libro de Cambios* dice: «Si un hombre lleva una carga sobre su espalda y aún conduce un carro, hace que los ladrones vengan a él»; pues esto es una señal para los ladrones.

Cf. libro I, signo n.º 40, *Hië*, La Liberación, seis en tercer lugar: Sobre la acción.

Capítulo IX

Sobre el Oráculo

§ 1

El Cielo es uno, la Tierra dos, el Cielo tres, la Tierra cuatro, el Cielo cinco, la Tierra seis, el Cielo siete, la Tierra ocho, el Cielo nueve, la Tierra diez. Este párrafo aparece en el texto tradicional antes del capítulo X y fue trasladado aquí por Chongtse en el período Sung y conectado con el párrafo siguiente, que originalmente estaba después del actual § 3. Los dos párrafos pertenecen indudablemente juntos, pero sólo están vagamente conectados con lo que sigue. Contienen especulaciones numéricas basadas en la sección *Hung Fan* del Libro de las Escrituras. Son probablemente el comienzo de la conexión entre la especulación numérica del Libro de los Documentos con las enseñanzas Yin-Yang del *I Ching*, que jugaron un papel especialmente importante durante ese período. Para comprender el asunto, del que aquí sólo se da una breve pincelada, debemos remontarnos a la figura conocida como *Ho Tu*, el Plan del Río Amarillo, que se dice que se originó a partir de Fu Hi. Este plano muestra la aparición de los cinco estados de transformación (*wu hing*, habitualmente llamados erróneamente elementos) a partir de números pares e impares.

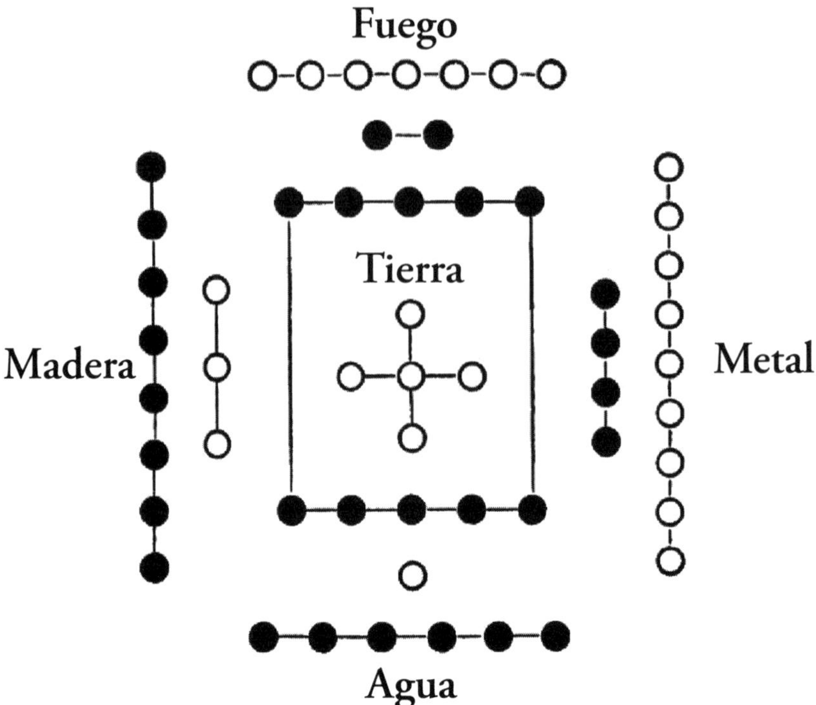

El agua del Norte se crea a partir del uno del Cielo, que se complementa con el seis de la Tierra. El fuego en el Sur se originó a partir del dos de la Tierra, que se complementa con el siete del Cielo. La madera en el Este se creó a partir del tres del Cielo, al que se une el ocho de la Tierra. El metal en el Oeste fue creado a partir del cuatro de la Tierra, que se complementa con el nueve del Cielo. La Tierra en el centro (suelo, *Tu*, material, a diferencia de *Di*, Tierra, como cuerpo del mundo) fue creada a partir del cinco del Cielo, que se complementa con el diez de la Tierra. La segunda disposición, en la que los números se separan de nuevo y se combinan con los ocho signos, es la de *Lo Schu* (escritura del río Lo).

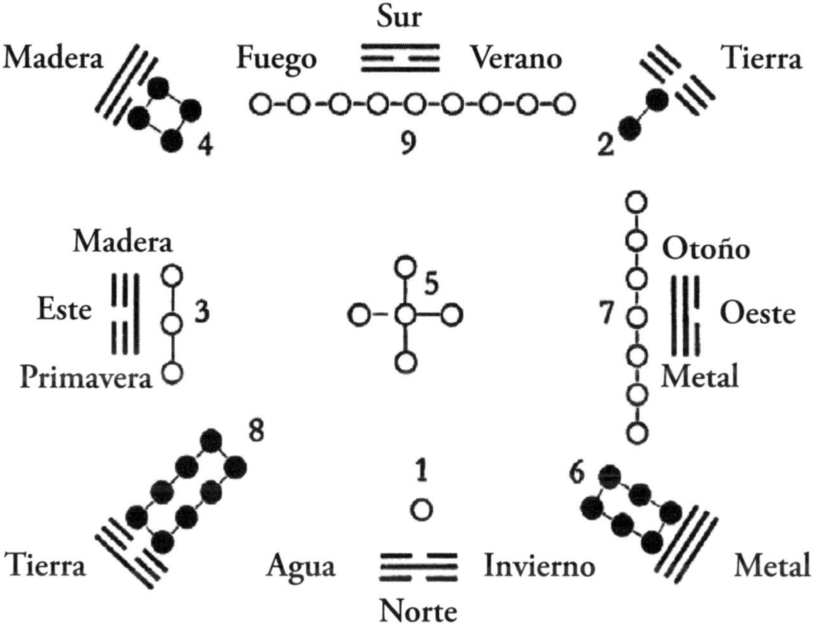

§ 2

Hay cinco números en el Cielo, en la Tierra también hay cinco. Si los distribuyes en los cinco lugares cada uno tiene su complemento. La suma de los números del Cielo es 25. La suma de los números de la Tierra es 30. La suma de los Cielos y la Tierra es 55, lo que completa los cambios y transformaciones y pone en movimiento a demonios y dioses. demonios y dioses. Este párrafo es fácilmente comprensible a partir de las notas precedentes. Como aquel sin duda de una época posterior.

§ 3

La cantidad total es de 50, de las que se utilizan 49. Se divide en dos partes para representar las dos fuerzas básicas. Luego se separa una para representar las tres potencias. A continuación se cuenta de cuatro en cuatro para representar las cuatro estaciones. El resto se guarda para representar el mes bisiesto. En cinco años hay dos meses bisiestos, así que repites el proceso, y luego lo guardas todo. Aquí el proceso de tomar oráculos está ligado a procesos cósmicos. El proceso de consultar el oráculo es el siguiente: tienes 50 tallos de milenrama, pero sólo utilizas 49 de ellos. Estos 49 se dividen primero en dos montones. Luego, del montón de la derecha, se pone uno entre el cuarto y el quinto dedo de la mano izquierda. Después se cuenta el montón de la izquierda por cuatro e introduces el resto (cuatro o menos) entre el tercer y el cuarto dedo. A continuación, haces lo mismo con la mano derecha y pones el resto entre el segundo y el tercer dedo. Esto es una transformación. Entonces tienes juntos cinco o nueve tallos en la mano. Ahora vuelves a juntar los dos montones restantes y el mismo proceso se repite dos veces más. Esta segunda y tercera vez obtienes cuatro u ocho tallos. Los cinco de la primera vez y los cuatro de las restantes veces cuentan como una unidad con un valor numérico de 3. Nueve u ocho tienen un valor numérico de 2. Tres transformaciones consecutivas con los valores 3 + 3 + 3 = 9 resultan en un yang antiguo, una línea fija en movimiento. 2 + 2 + 2 = 6 da como resultado el viejo yin, una línea suave móvil. El 7 es el yang joven, el 8 es el yin joven. No pueden considerarse como trazos simples.

§ 4

Los números que dan lo Creativo son 216; los que dan lo Receptivo son 144, en total 360 días del año. Si lo Creativo se compone de seis antiguos trazos yang, es decir, todos nueves, estos dan como resultado los siguientes números al tomar el oráculo: al utilizar los tallos la primera vez y repitiendo el mismo proceso para los seis trazos, seis veces resulta como número para los restos 6 × 36 = 216 tallos. De forma similar ocurre con lo Receptivo, si se compone de todos los seises, es decir, las antiguas líneas yin. El número total de tallos para un seis (viejo yin), repitiendo lo mismo para las seis líneas de un signo, es 6 × 24 = 144 tallos como número total de restos. Si ahora se suman los números de lo Creativo y lo Receptivo juntos, el resultado es 216 + 144 = 360, que corresponde al número medio del año chino.

§ 5

Los números de los tallos de ambas partes son 11 520, que corresponde al número de 10 000 cosas. En todo el *Libro de los Cambios* hay 192 trazos de cada tipo (en total 64 × 6 = 384 trazos, la mitad de los cuales son yang y la mitad yin). De estos 192 trazos, cada trazo yang móvil, como se muestra en el párrafo anterior, da un resto de tallo de 36, es decir, 192 × 36 = 6912. Los trazos yin móviles dan como resultado un resto de tallo de 24, es decir 192 × 24 = 4608, en total, 6912 + 4608 = 11520.

§ 6

Por lo tanto, se necesitan cuatro operaciones para producir una transformación; 18 cambios dan como resultado un signo. Las palabras «transformación» y «cambio» se utilizan aquí en el mismo sentido. Cada trazo, como se muestra arriba, está formado por tres «cambios» o «transformaciones». Las cuatro tareas son: 1. Dividir los palos en dos montones. 2. Retirar un palo que se coloca entre el cuarto y quinto dedo. 3. Contar en el montón de la izquierda de cuatro en cuatro y colocar el resto entre el tercer y cuarto dedo. 4. Contar de cuatro en cuatro en el montón de la derecha y colocar el resto entre los dedos segundo y tercero. Mediante estas cuatro acciones se realiza una «transformación» o «cambio», es decir, el valor numérico 2 o 3. Si esta transformación se repite tres veces, se obtiene el valor del trazo: 6, 7, 8 o 9. Seis trazos (6 × 3 = 18 transformaciones) dan entonces la estructura del carácter.

§ 7

Los ocho caracteres forman una pequeña terminación. Un carácter de seis trazos está formado por dos caracteres de tres trazos. Los caracteres de tres trazos son los ocho caracteres. El inferior también se denomina interior, el superior también se llama carácter exterior.

§ 8

Si uno continúa y va más allá, y divide los estados a través de las transiciones en los correspondientes otros estados, se agotan todos los estados posibles en la Tierra. Cada uno de los 64 signos puede transformarse mediante el movimiento correspondiente de uno o más trazos en otro. Esto da como resultado un total de 64 × 64 = 4 096 diferentes estados de transición que agotan todas las situaciones posibles.

§ 9

Revela el SENTIDO y diviniza la naturaleza y el cambio. Por lo tanto, con su ayuda puedes afrontar todo de la manera correcta y apoyar incluso a los propios dioses. Este párrafo habla de nuevo del *Libro de los Cambios* en general. Se refiere al libro que revela el significado de los acontecimientos del mundo y, con ello, la naturaleza y el cambio del hombre que se confía a él, divino y misterioso, de modo que el hombre se pone en condiciones de afrontar cada acontecimiento de la manera correcta y para ayudar incluso a los dioses en su trabajo, estando a su lado.

§ 10

El Maestro dijo: aquel que conoce el SENTIDO de los cambios y transformaciones conoce el trabajo de los dioses.

Capítulo X

El cuádruple uso del *Libro de los Cambios*

§ 1

El *Libro de los Cambios* contiene un cuádruple SENTIDO de los santos y sabios. Al hablar, juzga por sus juicios; al actuar, juzga según sus cambios; al hacer los objetos, uno debe guiarse por sus imágenes; al obtener un oráculo, uno debe seguir su información.

§ 2

Por lo tanto, el hombre superior lo consulta cuando tiene algo que hacer o decir con palabras. Recibe sus mensajes como un eco, no hay nada lejano ni cercano, nada oscuro ni profundo para el mismo: así experimenta las cosas por venir. Si este libro no fuera el más espiritual de la Tierra, ¿cómo podría serlo? Aquí se esboza la psicología del oráculo. El buscador del oráculo formula su petición en palabras y luego la recibe como un eco, sin importar si es cercana o lejana, secreta o profunda, lo que le permite reconocer el futuro. La idea es que el consciente y el superconsciente interactúan. El consciente llega hasta la formulación. Cuando los palos se dividen, entra el inconsciente, y de esta división surge el oráculo, si se compara el resultado con el texto del libro.

§ 3

Se realizan las operaciones tres y cinco para lograr un cambio. Se realizan divisiones y uniones del número. Cuando se realizan los cambios, se completan las formas del Cielo y de la Tierra. Si se aumenta su número al máximo, determinan todas las imágenes de la Tierra. Si esto no fuera lo más cambiante en la Tierra, ¿cómo podría serlo? Mucho se ha dicho sobre la división en tres y cinco, e incluso Dschu Hi opina que el pasaje ya no es comprensible hoy en día. Pero hay que tomar como base el capítulo IX, § 3, para introducir un contexto en el texto. Las tres «realizaciones» son la división en dos racimos y el corte especial de un tallo para imitar las tres potencias. Luego, los dos montones se numeran de cuatro en cuatro, porque hay dos meses bisiestos en cinco años, lo que nos da 3 + 2 = 5 operaciones que dan lugar a un cambio. Esto continúa con divisiones y uniones hasta que se completan las formas del Cielo y de la Tierra, es decir, primero uno de los ocho signos, una «pequeña terminación». Luego se continúa hasta llegar al trazo superior, el sexto, completando el cuadro, que se compone de dos signos originales.

§ 4

Las transformaciones no tienen conciencia ni acción. Están quietas y no se mueven. Pero si son estimuladas, penetran en todas las relaciones bajo los Cielos. Si no fueran lo más divino de la Tierra, ¿cómo podrían hacer tal cosa? Aquí se expone claramente lo que se mencionó en las observaciones al § 2. Las relaciones del *Libro de los Cambios* pueden compararse mejor con la red de un cable eléctrico que penetra todas las condiciones. Sólo tiene la posibilidad de encenderse, pero no se enciende hasta que el interrogador establece contacto con una situación concreta. Entonces, la corriente se activa y la situación se ilumina.

§ 5

Es a través de estas transformaciones como los santos y los sabios han alcanzado todas las profundidades y captado todos los gérmenes.

§ 6

Sólo a través de lo profundo se puede penetrar todas las voluntades en la Tierra. Sólo a través de los gérmenes se pueden lograr todas las cosas en la Tierra. Sólo a través de lo divino se puede apresurarse sin prisa y, sin caminar, alcanzar la meta. Aquí se muestra cómo, debido a que el *Libro de los Cambios* llega hasta los reinos subconscientes, tanto el espacio como el tiempo son eliminados. El espacio, como principio de la multiplicidad y la confusión, es superado por la profundidad, lo simple; el tiempo, como principio de incertidumbre, es superado por la luz, lo germinal.

§ 7

Cuando el Maestro dijo: «El *Libro de los Cambios* contiene un cuádruple SENTIDO de los santos y sabios», esto es lo que se quiere decir. Probablemente hay que suponer que el § 1 se basa en una palabra de Kung Tse que luego se explica retóricamente y se resume aquí.

Capítulo XI

Sobre los tallos de milenrama, los signos y las líneas

§ 1

El Maestro dijo: Las transformaciones, ¿para qué sirven? Las transformaciones abren las cosas, completan las cosas y abarcan todos los caminos de la Tierra. Esto y nada más. Por eso los santos y sabios las usaron para penetrar todas las voluntades en la Tierra, determinar todos los campos de acción y decidir todas las dudas en la Tierra. También aquí se antepone una palabra del Maestro que luego se elabora en un ensayo más largo.

§ 2

La naturaleza de los tallos de milenrama es redonda y espiritual. La naturaleza de los signos es angular y sabia. El sentido de las seis líneas es cambiante para proporcionar información. De este modo, los santos y sabios purificaron sus corazones, se retiraron y se ocultaron en el misterio. Trataron la salvación y el desastre junto con el pueblo. Eran divinos, para conocer el futuro; sabios, para preservar el pasado. ¿Quién puede hacer todo esto? Sólo la razón y claridad de los antiguos, su conocimiento y sabiduría, su poder divino sin mengua. Aquí se continúa la triple división del párrafo anterior. La impregnación de todas las voluntades se compara con la espiritualidad de los tallos de milenrama, redondos como símbolo del Cielo y del espíritu. Su número es siete, y 7 × 7 = 49 es su suma. Los signos simbolizan la Tierra, y su número es ocho, siendo 8 × 8 = 64 la suma de los signos. Sirven para determinar el campo de acción. Las líneas individuales, finalmente, son móviles y cambiantes (sus números son 9 y 6) para proporcionar información y decidir las dudas individuales. Los santos y sabios tuvieron esta comprensión. Se retiraron a la reclusión y cultivaron sus espíritus, penetraron en las mentes de todas las personas, determinaron la salvación y el desastre, y conocían el pasado y el futuro. Lo lograron en virtud de su razón y claridad (penetración de la voluntad), su conocimiento y sabiduría (determinación del campo de acción) y su poder divino (decisión de las dudas). Este poder divino de guerra (en chino Schen Wu) funcionaba sin debilitarse.

§ 3

Por eso vieron a través del SENTIDO del Cielo y comprendieron las circunstancias de las personas. Así inventaron estas cosas divinas para satisfacer las necesidades del pueblo. Los santos y sabios ayunaban para hacer su camino divinamente claro. Como reconocían las leyes del curso del mundo y lo que la gente necesitaba, inventaron el uso de los oráculos –las cosas divinas– para satisfacer esas necesidades. Se concentraron en meditación sagrada para dar a su ser la fuerza y abundancia. En consecuencia, la comprensión del *Libro de los Cambios* también está ligada a la correspondiente concentración y meditación.

§ 4

Por eso llamaban al cierre de las puertas lo Receptivo y a la apertura de la puerta lo Creativo. Al cambio entre el cierre y la apertura lo llamaban «cambio». Llamaban al ir y venir sin detenerse «lo penetrante». Llamaban a lo que es visible «imagen», y lo que se forma físicamente lo llamaban «cosa». Lo que está fijado para el uso lo llamaban «ley». Lo que es propicio para salir y entrar, y por lo que todos los hombres viven, lo llamaban «lo divino». Aquí se muestran las condiciones del *PECADO* del Cielo y las condiciones de los hombres tal como fueron reconocidas por los santos y sabios. El cierre y la apertura de las puertas es la alternancia de reposo y movimiento. Son también dos estados de la práctica del yoga accesibles a la práctica personal. La penetración es el estado en el que uno ha alcanzado la soberanía en la esfera psíquica y puede avanzar y retroceder en el tiempo. Las frases siguientes muestran la aparición del mundo físico. Primero hay una imagen, una idea; después de este arquetipo, la imagen se forma como forma física. El proceso que regula este proceso de reproducción es la ley, y la fuerza que genera estos procesos es lo divino. Hay muchos paralelismos con estas explicaciones en Lao Tzu.

§ 5

Por eso existe el gran principio primordial en las transformaciones. Éste genera las dos fuerzas básicas. Las dos fuerzas básicas producen las cuatro imágenes. Las cuatro imágenes generan los ocho signos. El gran principio primordial (*Tai Gi*) juega un papel importante en la filosofía natural posterior. Originalmente, *Gi* es la cresta, es decir, una línea simple que simboliza el establecimiento de una unidad: ▬. Mediante esta colocación se crea simultáneamente la dualidad: un arriba y un abajo. Esta dualidad se describe ahora como una línea indivisa, mientras que la condición opuesta se representa mediante una línea dividida: ▬ ▬. Éstas son las dos fuerzas básicas polares, más tarde denominadas *yang* (la luz) y *yin* (la oscuridad). La duplicación crea entonces las cuatro imágenes: el viejo o gran *yang*, el viejo o gran *yin*, el joven o pequeño *yang*, y el joven o pequeño *yin*, que corresponden a las cuatro estaciones. Añadiendo una línea, se forman los ocho signos. Éste es el mismo proceso mencionado en el capítulo 42 de Lao Tzu.

§ 6

Los ocho signos determinan la salvación y el desastre. La salvación y el desastre crean el gran campo de acción. El gran campo de acción son las órdenes y reglas dictadas por los santos y sabios para lograr la salvación de la humanidad y evitar la catástrofe.

§ 7

Por lo tanto: No hay mayores arquetipos que el Cielo y la Tierra. No hay nada más móvil y más conectado que las cuatro estaciones. Entre las imágenes que cuelgan del Cielo, no hay ninguna más luminosa que el sol y la luna. En relación con la adoración y la alta posición, no hay nadie que posea más riqueza y nobleza que el sabio. En la fabricación de utensilios que son de utilidad para todos, no hay más grandes que los santos y los sabios. Para comprender la confusa multiplicidad y explorar el secreto, alcanzar las profundidades y trabajar en la distancia, y así establecer y completar todos los esfuerzos en la Tierra, no hay nada más grande que el oráculo.

§ 8

Por lo tanto: el Cielo produce cosas divinas, y los santos y sabios las toman como modelos. El Cielo y la Tierra cambian y se moldean a sí mismos, y los santos y sabios los imitan. En el Cielo cuelgan imágenes que revelan la salvación y el desastre, y los santos y sabios las representan. El río Amarillo dio a luz un plan, y el Lo dio una escritura, que los santos tomaron como modelos.

§ 9

En las transformaciones hay imágenes para mostrar; se añaden juicios para explicar; la salvación o el desastre se determinan con el fin de decidir. Aquí las imágenes deben entenderse como los ocho signos que muestran las relaciones en su contexto, correspondiendo a los arquetipos del Cielo. Los juicios que acompañan (para los trazos individuales) indican los cambios, correspondientes a las estaciones. Las sentencias de salvación y calamidad corresponden a los signos del Cielo.

Capítulo XII

Resumen

§ 1

En el *Libro de los Cambios* se dice: «Desde el Cielo es bendecido. La salvación. Nada que no sea benéfico». El Maestro dijo: Bendición significa ayudar. El Cielo ayuda al devoto. El pueblo ayuda al veraz. Aquel que camina en la verdad y es devoto en su pensamiento, y también sostiene a los dignos, él es bendecido desde el Cielo, tiene salvación, y no hay nada que no sea beneficioso. Este pasaje es una explicación sobre las líneas individuales, de las que hay restos en el cap. VIII, §§ 5-11, y es una extensión de la idea al final del cap. II, § 6, aunque fuera de contexto aquí.

§ 2

El Maestro dijo: «Las Escrituras no pueden expresar completamente las palabras. Las palabras no pueden expresar completamente los pensamientos». Entonces, los pensamientos de los santos y sabios no pueden ser vistos. El Maestro dijo: «Los santos y sabios crearon las imágenes para expresar completamente sus pensamientos, hicieron signos para expresar la verdad y la falsedad. Luego añadieron juicios y así pudieron expresar completamente sus palabras». (Crearon cambios y contextos para expresar completamente el uso; condujeron, pusieron en movimiento para expresar completamente el espíritu). Este pasaje emite un juicio sobre la capacidad de expresión del *Libro de los Cambios.* El Maestro señala que las escrituras y las palabras nunca pueden expresar completamente los pensamientos. Un discípulo preguntó si los pensamientos de los sabios no podían ser vistos, y el maestro utilizó el *Libro de los Cambios* para mostrar cómo esto es posible: los sabios establecieron imágenes y signos para representar las relaciones, y luego añadieron las palabras, de modo que las imágenes y las palabras expresan por completo sus pensamientos.

§ 3

Lo Creativo y lo Receptivo son el verdadero secreto de las transformaciones. En la perfección de lo Creativo y lo Receptivo residen las transformaciones. Si lo Creativo y lo Receptivo fueran destruidos, no habría nada que permitiera ver las transformaciones. Si ya no hubiera transformaciones visibles, los efectos de lo Creativo y lo Receptivo también cesarían gradualmente. Las transformaciones aquí se conciben como un proceso natural, casi idéntico a la «vida». La vida se basa en los polos opuestos de actividad y receptividad, una tensión que se manifiesta como proceso vital. Si esta tensión cesara, no habría más criterio para la vida, lo que resultaría una entropía gradual y la muerte del mundo.

§ 4

Por lo tanto: lo que está por encima de la forma se llama el *SENTIDO,* lo que está dentro de la forma se llama la cosa. Aquí se muestra cómo las fuerzas que constituyen el mundo visible provienen de otro ámbito. El *SENTIDO,* el Tao, es teleológico, operando más allá de lo visible, pero influyendo sobre la forma física, produciendo las «cosas». Las cosas se comprenden espacialmente por sus límites físicos, pero no pueden ser completamente comprendidas sin reconocer el *SENTIDO* que las subyace.

§ 5

En cuanto a las imágenes, los santos y sabios fueron capaces de pasar por alto toda la confusa diversidad bajo los Cielos. Observaron las formas y los fenómenos y representaron las cosas y sus propiedades. Esto se llamó «imágenes». Los santos y sabios eran capaces de observar todos los movimientos bajo el Cielo. Vieron cómo se reunían y funcionaban según sus órdenes eternas. Luego añadieron juicios para distinguir la salvación de la calamidad. Esto fue llamado «juicios». Este § 5 es una repetición literal del capítulo VIII, § § 1 y 2.

§ 6

La representación exhaustiva de la confusa multiplicidad bajo los Cielos se basa en los signos. La conducción de todos los movimientos bajo el Cielo se basa en los juicios. Este párrafo está relacionado con el capítulo VIII, § 3, y el siguiente contiene un pasaje paralelo de la segunda mitad del § 4.

§ 7

La remodelación y el reensamblaje se basan en los cambios. El impulso y el movimiento se basan en el contexto. La espiritualidad y la claridad se basan en el hombre. El logro silencioso y la confianza sin palabras se basan en el comportamiento virtuoso. Aquí se expresa la interconexión entre el libro y el hombre. Sólo a través de una personalidad viva las palabras del libro adquieren plena vitalidad y ejercen su efecto en el mundo.

Este pensamiento final refleja la conexión sobrenatural de los elegidos de todos los tiempos, mostrando que, a pesar de la insuficiencia de los medios de comunicación como la palabra y la escritura, es posible, a través del uso de imágenes e ideas, revivir las enseñanzas del *Libro de los Cambios* cuando se encuentran con el ser humano adecuado, y estas ideas pueden ser absorbidas y reactivadas a lo largo del tiempo.

SEGUNDA SECCIÓN

Capítulo I

Sobre signos y líneas, creación y trabajo

§ 1

En que los ocho signos están ordenados según la perfección, las imágenes están contenidas en ellos. Mediante ellas se duplican, y las líneas están contenidas también en ellas. Los caracteres individuales sólo contienen las imágenes o ideas de lo que representan. Los trazos simples no son significativos por sí solos; adquieren relevancia únicamente en combinación con los caracteres dobles, ya que es en ellos donde surge el organismo completo de arriba y abajo, interior y exterior, etc.

§ 2

En que lo sólido y lo blando se desplazan mutuamente, el cambio está contenido en ello. Los juicios que acompañan a los signos contienen instrucciones para el movimiento. La combinación de trazos firmes y suaves refleja la posibilidad de cambio y remodelación, mientras que los juicios indican cómo interpretar los cambios en términos de salvación, catástrofe, etc.

§ 3

La salvación y el desastre, el remordimiento y la vergüenza surgen a través del movimiento. Estos fenómenos sólo se manifiestan a medida que se actúa, ya que son consecuencia de las decisiones tomadas en función de los signos y sus juicios.

§ 4

Lo firme y lo blando permanecen en equilibrio cuando están en su lugar adecuado. Sin embargo, sus cambios y conexiones deben corresponder al tiempo. El estado de equilibrio sólo puede ser sostenido si los trazos firmes y los suaves están donde deben estar. Sin embargo, este equilibrio debe dar paso al cambio cuando la situación lo requiera. El tiempo, o la situación general representada por un signo, juega un papel crucial para determinar cuándo los trazos deben cambiar.

§ 5

La salvación y la catástrofe se producen por la perseverancia. El *SENTIDO* del Cielo y la Tierra se manifiesta a través de la duración. Del mismo modo, el curso del Sol y la Luna es el resultado de movimientos continuos y estados de equilibrio. Todos los movimientos bajo el Cielo se vuelven uniformes mediante la perseverancia. Las leyes naturales no son algo fijado de manera abstracta para siempre, sino el resultado de efectos permanentes que, a medida que se prolongan en el tiempo, se vuelven más evidentes.

§ 6

Lo Creativo es decisivo y, por lo tanto, muestra al hombre lo fácil. Lo Receptivo es ceder, y por eso muestra al hombre lo sencillo. Estos dos principios se mueven conforme a las exigencias de la época, pero su naturaleza es uniforme y coherente. Lo Creativo siempre es fuerte, seguro, y firme, lo que le permite mantener su ligereza. Lo Receptivo, por otro lado, sigue la línea de menor resistencia, lo que lo hace simple. Las dificultades surgen sólo cuando hay conflictos internos.

§ 7

Los trazos imitan este equilibrio, y los dibujos imitan a los trazos. Los trazos y las imágenes en los signos imitan la realidad del cambio: el bien y el mal surgen del movimiento continuo a través de la duración, lo que refleja el proceso natural de la vida y la transformación.

§ 8

Las líneas y las imágenes se mueven en el interior, y la salvación o el desastre se revelan en el exterior. El trabajo y el campo de acción se revelan en los cambios, mientras que los sentimientos de los santos sabios se manifiestan en los juicios. Aunque los movimientos internos de los trazos y las imágenes son invisibles, sus efectos se hacen visibles en el mundo exterior a través de la salvación o el desastre.

§ 9

La gran naturaleza del Cielo y de la Tierra es dar vida. El gran tesoro del santo sabio es mantenerse en el lugar correcto. ¿Cómo se mantiene este lugar? A través del pueblo. ¿Cómo se atrae al pueblo? A través de los bienes. La administración correcta de los bienes y la justicia que impide a la gente cometer el mal es lo que sostiene al sabio en su posición. Aquí se refleja la conexión entre los tres poderes: el Cielo y la Tierra, que generan vida; el sabio, que gobierna sabiamente; y el pueblo, que se siente atraído por el bienestar proporcionado por la justicia. Éste es un modelo del Estado basado en principios cósmicos que resuena con la visión confuciana.

Capítulo II

Historia cultural

§ 1

Cuando en la prehistoria Bau Hi gobernaba el mundo, miraba hacia arriba y contemplaba las imágenes en el Cielo, y hacia abajo observaba los acontecimientos en la Tierra. Miraba los dibujos de las aves y animales y las adaptaciones a los lugares. Directamente partía de sí mismo, indirectamente de las cosas. Así, inventó los ocho signos para entrar en contacto con las virtudes de los dioses de la luz y organizar las relaciones de todos los seres. En el *Be Hu Tung* se describe el estado original de la sociedad humana de esta manera: «En los tiempos primitivos no existían órdenes morales ni sociales. Los hombres conocían sólo a su madre, no a su padre. Cuando tenían hambre, buscaban comida; saciados, tiraban las sobras. Comían la comida con piel y pelo, bebían la sangre y se envolvían en pieles y juncos. Entonces llegó Fu Hi, quien miró hacia arriba y contempló las imágenes del Cielo, y hacia abajo, los acontecimientos de la Tierra. Unió al hombre y a la mujer, ordenó los cinco estados de cambio y estableció las leyes de la humanidad. Dibujó los ocho signos para gobernar el mundo». Aunque se discute si los ocho trigramos o los 64 caracteres se remontan a él, lo que es seguro es que para la época del rey Wen ya existían los 64 signos.

§ 2

Bau Hi fabricaba cuerdas con nudos que utilizaba para crear redes y trampas para cazar y pescar. Este invento probablemente se deriva del signo «El Extremo aferrado». Las invenciones, antes de manifestarse como objetos concretos, surgieron como imágenes en la mente de sus creadores. Según la teoría de la escuela representada en el *Hi Tsï*, los 64 caracteres proporcionaban imágenes que reflejaban la naturaleza, y las invenciones humanas, en cierto sentido, se derivaban de estas imágenes.

§ 3

Con la caída del clan Bau Hi, surgió el clan del terrateniente divino. Éste introdujo el arado, partiendo un trozo de madera como reja y doblando otro como palo de arado, enseñando a todos a abrir la tierra para cultivarla. Este invento parece estar relacionado con el signo «El Aumento». El arado primitivo consistía en un palo curvado con una pieza de madera afilada delante, que penetraba en la tierra.

§ 4

Cuando el Sol estaba en su cenit, celebraba mercados donde la gente de la tierra se reunía para intercambiar bienes. Esta práctica se asocia con el signo «La Mordedura a través». Este signo, que incluye el Sol y el movimiento, refleja la idea de una gran vía donde las personas se movían y fluían bajo la luz del Sol, formando un mercado.

§ 5

Con el declive del clan del terrateniente divino, surgieron los clanes del Señor Amarillo, Yao y Shun. Estos trajeron coherencia a sus transformaciones, de modo que el pueblo no se cansaba. Cuando una transformación terminaba, realizaban otra, manteniendo así la coherencia y la duración. «Desde el Cielo fueron bendecidos. Salvación. Nada que no sea beneficioso». Estos líderes introdujeron un orden en las vestimentas, armonizando las prendas superiores e inferiores, y todo estaba bien en el mundo.

§ 6

Raspaban troncos para hacer barcos y endurecían la madera de los remos al fuego, lo que facilitaba el transporte y el comercio. Este invento se relaciona con el signo «La Disolución», que incluye madera y agua, representando la creación de embarcaciones para cruzar grandes ríos y navegar lejos.

§ 7

Domaron al buey y enjaezaron al caballo para arrastrar cargas pesadas y viajar a regiones lejanas, beneficiando así al mundo. Este invento probablemente se deriva del signo «La Sucesión», que representa el movimiento de ganado y caballos en una sucesión ordenada, con carros pesados y ligeros para transporte y guerra.

§ 8

Introdujeron puertas dobles y vigilantes nocturnos con matracas para protegerse de los ladrones. Este invento está relacionado con el signo La Excitación, que incluye movimiento y tierra, simbolizando la preparación contra el peligro y los ladrones mediante el uso de puertas y vigilantes.

§ 9

Partieron madera para hacer pilones y ahuecaron la tierra para hacer morteros, mejorando la vida del pueblo. Este invento parece estar asociado con el signo «El Sobrepeso del Pequeño», que simboliza el uso de la madera y la piedra para producir alimentos, en este caso, la creación de morteros para moler el grano.

§ 10

Fabricaron arcos y endurecieron las flechas en el fuego, usando estas armas para mantener la paz en el mundo. Este invento parece estar vinculado al signo «El Contraste», que refleja el conflicto y la necesidad de estar preparado para defenderse con armas como el arco y las flechas.

§ 11

En tiempos prehistóricos, las personas vivían en cuevas y bosques. Los santos de épocas posteriores construyeron edificios con vigas y techos para protegerse del viento y la lluvia. Este invento se asocia con el signo «El Gran poder», que simboliza la madera y la estructura de un techo fuerte bajo el Cielo.

§ 12

En la prehistoria, los muertos se cubrían con maleza y se enterraban directamente en la tierra. Los santos de épocas posteriores introdujeron ataúdes y sarcófagos para los entierros. Este cambio está relacionado con el signo «El Gran sobrepeso», que simboliza el paso de los ritos funerarios sencillos a los más elaborados, representando el culto a los antepasados.

§ 13

En la prehistoria, se utilizaban cuerdas con nudos para gobernar. Los santos de épocas posteriores introdujeron la escritura para organizar y supervisar al pueblo. Este cambio está vinculado al signo «El avance», que refleja el uso de las palabras y los documentos para gobernar de manera más estructurada.

Este capítulo muestra cómo las instituciones culturales se basan en ciertos arquetipos, ideas representadas por los signos del *Libro de los Cambios*. Aunque algunas de estas asociaciones pueden haberse diluido con el tiempo, la base de la civilización se asienta en estas ideas primordiales.

Capítulo III

Sobre la estructura de los signos

§ 1

El *Libro de los Cambios* se compone de imágenes. Las imágenes son réplicas de los fenómenos naturales. Los signos, por su parte, son reproducciones de las condiciones en el Cielo y en la Tierra. Por ello, deben utilizarse de manera productiva, ya que poseen, por así decirlo, un poder generativo en el campo de las ideas, tal como ya se ha explicado.

§ 2

Las decisiones proporcionan el material para el análisis. El *Comentario de la Decisión* probablemente ofrece el material con el que se construyen los signos en su totalidad. De este modo, se representa la situación global como un todo, incluso antes de que ocurra un cambio. Esto también aplica a las sentencias que se relacionan con los signos.

§ 3

Las líneas son imitaciones de los movimientos en la Tierra. Estas líneas, al igual que las sentencias que las acompañan, cobran vida cuando las líneas son nueve o seis, es decir, cuando están en movimiento. Así, los cambios en las situaciones individuales se representan a través de las líneas móviles.

§ 4

De este modo, surgen la salvación y el desastre, y aparecen el remordimiento y la vergüenza. Este movimiento revela la dirección de los acontecimientos, mientras que los signos de advertencia o confirmación se añaden para orientar la interpretación del suceso.

Capítulo IV

Sobre la naturaleza de los signos

§ 1

Los signos claros tienen más líneas oscuras, mientras que los signos oscuros tienen más líneas claras. Los signos «claros» son los tres hijos: *Dschen*, *Kan*, *Gen*, que constan de dos líneas oscuras y una línea clara. Los signos «oscuros» son las tres hijas: *Sun*, *Li*, *Dui*, que constan de dos líneas claras y una oscura.

§ 2

¿Cuál es la razón de esto? Los caracteres claros son impares, mientras que los oscuros son pares. Los signos luminosos consisten en combinaciones de líneas tales como 7 + 8 + 8, o 7 + 6 + 8, o 9 + 6 + 8, entre otras. Lo mismo ocurre con los signos oscuros, pero con combinaciones inversas. En los signos claros, la suma de las líneas siempre es impar, lo que significa que la línea impar es la decisiva para definir el carácter del signo, mientras que en los signos oscuros ocurre lo contrario.

§ 3

¿Cuál es su naturaleza y esencia? Los signos claros tienen un amo y dos súbditos, lo que muestra el sentido de lo noble. Los signos oscuros, por el contrario, tienen dos amos y un solo súbdito, lo que refleja el sentido de lo común. Donde gobierna uno solo, hay unidad; pero cuando uno debe servir a dos amos, el bien no puede prevalecer. Esta verdad, aunque relacionada aquí con la forma de los signos, parece reflejar un principio más profundo.

Capítulo V

Explicación de algunas líneas del *Libro de los Cambios*

§ 1

En las *Transformaciones* se dice: «Si uno piensa excitadamente de un lado a otro, sólo siguen aquellos amigos sobre los que uno dirige el pensamiento consciente». El Maestro dijo: ¿Cuál es la naturaleza del pensar y preocuparse? En la naturaleza, todo vuelve a un origen común y se distribuye en diversos caminos; por un efecto se realiza el fruto de cien pensamientos. ¿Qué necesita la naturaleza pensar o preocuparse?

§ 2

Cuando el Sol se va, llega la Luna. Cuando se va la Luna, viene el Sol. Sol y Luna se alternan, y así llega la luz. Cuando se va el frío, llega el calor. Cuando se va el calor, llega el frío. Frío y calor se alternan, y así el año llega a su fin. El pasado se contrae. El futuro se expande. La contracción y la expansión actúan una sobre la otra, y así el proceso es beneficioso.

§ 3

La oruga tensora se contrae cuando quiere expandirse. Los dragones y las serpientes hibernan para preservar su vida. Así, la penetración del pensamiento semilla en la mente sirve a su propósito. Al fomentar el efecto y traer paz a la propia vida, uno aumenta su especie.

§ 4

Lo que va más allá de esto está probablemente más allá de todo conocimiento. Cuando uno realiza lo divino y comprende las transformaciones, uno aumenta su naturaleza hacia lo maravilloso. En esta explicación del nueve en el cuarto lugar del signo n.º 31, *Hiën* (Libro III), «la Influencia», se da una teoría del poder del subconsciente. Los efectos siempre son limitados porque son causados por una intención. La naturaleza no conoce intenciones, y por eso todo en ella es tan grandioso. Es la unidad de la esencia subyacente lo que hace que los mil caminos conduzcan a una meta, que es tan perfecta como si hubiera sido pensada con la máxima precisión. El curso del día y del año muestran cómo el pasado y el futuro se funden, cómo la contracción y la expansión preparan el futuro y despliegan el pasado.

§ 5

En el *Libro de los Cambios* se dice: «Uno se deja oprimir por la piedra y apoyarse en espinas y cardos. Uno entra en su casa y no ve a su mujer. Desastre». El Maestro dijo: Si alguien se deja oprimir por algo que no debería oprimirlo, su nombre será deshonrado. Si confía en cosas en las que no se puede confiar, su vida estará en peligro. Si está en vergüenza y peligro, la hora de la muerte se acerca; ¿cómo puede seguir viendo a su mujer? Explicación del n.º 47, *Kun*, «La Aflicción», seis en tercer lugar (Libro I).

§ 6

En el *Libro de los Cambios* se dice: «El príncipe dispara tras un halcón en un alto muro. Lo mata. Todo es favorable». El Maestro dijo: el halcón es el objetivo de la caza. El arco y la flecha son herramientas y medios. El arquero es el hombre que debe utilizar correctamente los medios para el fin. El hombre superior alberga los medios en su persona, espera el momento, y entonces actúa. Así que todo lo que tiene que hacer es salir y embolsar la presa. Explicación del n.º 40, *Hië*, «La Liberación», superior seis (Libro I).

§ 7

El Maestro dijo: El hombre común no se avergüenza de la falta de amabilidad y no teme la injusticia. Si no ve ventaja, no se mueve. Pero cuando se trata de pequeñas cosas, se cuida en grandes cosas. Esto es lo que se quiere decir cuando en el *Libro de los Cambios* se dice: «Pon los pies en el bloque que los dedos de los pies desaparecen. Sin mancha». Explicación del n.º 21, *Shï Ho*, «La Mordedura a través», principio nueve (Libro I).

§ 8

Si el bien no se acumula, no es suficiente para hacerse un nombre. Si el mal no se acumula, no es lo suficientemente fuerte para destruirte. El hombre común piensa que el bien en las cosas pequeñas no tiene valor, por lo tanto se abstiene de hacerlo; piensa que los pequeños pecados no hacen daño, por lo que no se deshace de ellos. Así, sus pecados se acumulan hasta que ya no pueden ser cubiertos, y su culpa se vuelve tan grande que ya no puede ser eliminada. En el *Libro de los Cambios* se dice: «Atrapado con su cuello en el collar de madera, para que desaparezcan las orejas. Travesura». Explicación del n.º 21, *Shï Ho*, «La Mordedura a través», nueve superior (Libro I).

§ 9

El Maestro dijo: El peligro surge donde uno se siente seguro en su lugar. La perdición amenaza cuando uno busca preservar su posición. La confusión surge cuando uno lo tiene todo en orden. Por eso el hombre superior, cuando está a salvo, no olvida el peligro, y cuando está en pie, no olvida la destrucción. En el *Libro de los Cambios* se dice: «Si falla, lo ata a un manojo de moreras». Explicación del n.º 12, *Pi*, «El Estancamiento», nueve en quinto lugar (Libro I).

§ 10

El Maestro dijo: Un carácter débil con una posición honrosa, poco conocimiento y grandes planes, rara vez escapará al desastre. En el *Libro de los Cambios* se dice: «El crisol rompe las piernas. La comida del príncipe se derrama, y la figura se mancha. Desastre». Explicación del n.º 50, *Cosa*, El Crisol, nueve en cuarto lugar (Libro I).

§ 11

El Maestro dijo: Reconocer los gérmenes, eso es divino. El hombre superior no es adulador hacia los superiores ni arrogante hacia los inferiores. Conoce los gérmenes. Los gérmenes son el primer e imperceptible comienzo del movimiento, la primera manifestación de la salvación o del desastre. En el *Libro de los Cambios* se dice: «Sólido como una roca. No todo el día. La perseverancia trae la salvación». Explicación del n.º 16, *Yü*, «La Excitación», seis en segundo lugar (Libro I).

§ 12

El Maestro dijo: Yen Hui probablemente lo logrará. Si tiene una imperfección, nunca deja de reconocerla, y nunca la repite. En las *Transformaciones* se dice: «Vuelve de una distancia corta. No hay necesidad de remordimiento. Gran salvación». Explicación del n.º 24, *Fu*, «El Retorno», nueve al principio (Libro III).

§ 13

El Maestro dijo: El Cielo y la Tierra entran en contacto, y todas las cosas se forman. Lo masculino y lo femenino mezclan su semilla, y todos los seres nacen. En las *Transformaciones* se dice: «Cuando tres personas vagan juntas, disminuyen por una persona. Cuando un hombre vaga, encuentra a su pareja». Explicación del n.º 41, *Sol*, «La Reducción», seis en tercer lugar (Libro III).

§ 14

El Maestro dijo: El hombre superior se compone a sí mismo antes de moverse, organiza su mente antes de hablar y consolida sus relaciones antes de pedir algo. Al poner estas tres piezas en orden, está en completa seguridad. En las *Transformaciones* se dice: «No da a nadie que aumente. Alguien incluso lo golpea. Él no se aferra a su corazón. Desastre». Explicación del n.º 42, *I*, «El Aumento», nueve en la cima (Libro I).

Capítulo VI

Sobre la naturaleza del *Libro de los Cambios* en general

§ 1

El Maestro dijo: Lo Creativo y lo Receptivo son en realidad la puerta de entrada a las transformaciones. Lo Creativo es el representante de las cosas claras, lo Receptivo de las cosas oscuras. A medida que la oscuridad y la luz unen su naturaleza, lo sólido y lo blando toman forma. Así se forman las relaciones del Cielo y la Tierra, y se entra en conexión con la naturaleza de los dioses de la luz. Siguiendo la Sección I, Capítulo XII, § 3, el método del *Libro de los Cambios* se expone aquí. Los dos primeros signos, «Lo Creativo» y «Lo Receptivo», se muestran como representantes de las dos fuerzas primigenias polares. Se explicará cómo la sustancia es el producto de la fuerza. La luz y la oscuridad son fuerzas. La interacción de estas fuerzas crea la materia, sólida y blanda. Esta materia forma la figura, el cuerpo de todos los seres en el Cielo y en la Tierra. Pero lo que la mantiene en movimiento son siempre las fuerzas. Es importante tener una conexión con estas fuerzas divinas y luminosas.

§ 2

Los nombres utilizados son variados, pero no superfluos. Cuando examinamos sus tipos, nos enfrentamos a pensamientos profundos. Los nombres de los 64 signos son muy diversos, pero todos se mantienen dentro del círculo de lo necesario. Representan situaciones dibujadas tal y como la vida trae consigo. La naturaleza de las situaciones es tal que uno puede ver en ellas una referencia a una era en declive, a la que hay que darle los medios para reconstruirse. Se señala que el círculo de pensamiento de los signos proviene de una época en la que ya había que contar con signos de decadencia.

§ 3

Las transformaciones iluminan el pasado y explican el futuro. Muestran lo oculto y revelan lo oscuro. Mediante nombres adecuados distinguen las cosas. Al añadir entonces las palabras y los juicios decisivos, todo es perfecto. El texto parece, como en todo este capítulo, algo incierto, pero el sentido general es fácilmente comprensible. Aquí se hace referencia a las diversas relaciones del *Libro de los Cambios* y cómo se revela lo oculto, temporal y espacialmente, primero simbólicamente a través de nombres y relaciones, y finalmente de forma explícita a través de las sentencias.

§ 4

Los nombres utilizados parecen insignificantes, pero sus posibles aplicaciones son grandiosas. Su sentido es amplio, sus juicios son ordenados. Las palabras son descriptivas pero precisas. Las cosas se dicen abiertamente, pero encierran un misterio más profundo. Por eso pueden servir en casos dudosos para guiar el comportamiento de las personas y mostrar así la retribución de las malas acciones. Aquí se hace referencia al carácter alegórico y abstracto de los signos que permiten, por así decirlo, una perspectiva continua de transferencia a todas las circunstancias posibles, porque sólo ofrecen las leyes que se aplican en las diversas series de complejos.

Capítulo VII

La relación de algunos caracteres con la formación del carácter

§ 1

La aparición de las transformaciones se produjo en el período de la antigüedad media. Quienes escribieron las transformaciones tuvieron mucho dolor y sufrimiento. Esto se refiere al rey Wen y a su hijo, el duque de Dschou, quienes atravesaron tiempos difíciles. El escritor de estas líneas se siente unido a ellos en esta obra. Él tampoco puede hacer nada más que salvar para la posteridad el plan de organización de una cultura en declive.

§ 2

Así, el signo «La Pisada» muestra el fundamento del carácter, el signo «La Modestia» muestra el desarrollo del carácter, el signo «El Retorno» muestra el tronco del carácter; el signo «La Duración» significa la firmeza del carácter, el signo «La Reducción» el cultivo del carácter, el signo «El Aumento» la plenitud del carácter, el signo «La Aflicción» la prueba del carácter, el signo «El Pozo» el campo del carácter, el signo «Lo Suave» la activación del carácter.

§ 3

El carácter «La Pisada» es armonioso y alcanza el objetivo. «La Modestia» honra y es luminoso. «El Retorno» es pequeño y sin embargo diferente de las cosas externas. «La Duración» muestra múltiples experiencias sin cansancio. «La Reducción» muestra primero la dificultad y luego lo fácil. «El Aumento» muestra el crecimiento de la abundancia sin artificio. «La Aflicción» conduce a la impotencia y por tanto al éxito. «El Pozo» habita en su lugar y, sin embargo, influye en los demás. «Lo Suave» es capaz de sopesar las cosas y permanecer oculto.

§ 4

«La Pisada» produce cambios armoniosos. «La Modestia» sirve para organizar la moralidad. «El Retorno» sirve para el autoconocimiento. «La Duración» aporta unidad de carácter. «La Reducción» aleja el daño. «El Aumento» crea la promoción de la utilidad. A través de «La Aflicción» se aprende a reducir el resentimiento. «El Pozo» produce discernimiento, lo que es correcto. A través de «Lo Suave» uno es capaz de considerar las circunstancias especiales.

Aquí, con la ayuda de nueve signos, se presenta una representación del desarrollo del carácter, de tal manera que primero se muestran las relaciones de los caracteres con el carácter mismo, luego el material de los signos y finalmente su efecto. El movimiento va del interior al exterior. Lo que actúa en lo más íntimo del corazón se hace visible en sus consecuencias exteriores.

Los nueve signos son:

1. *Lü*, «La Pisada», n.º 10. Este signo trata sobre las reglas del buen comportamiento, cuya observancia es un requisito previo para la formación del carácter. Este buen comportamiento es armonioso –según el signo «Lo Sereno»– y, por tanto, se produce incluso en circunstancias difíciles. De este modo, da lugar a formas armoniosas, que son esenciales para el comportamiento externo.

2. *Kiën*, «La Modestia», n.º 15. El hexagrama denota la actitud necesaria para emprender la formación del carácter. La modestia honra a los demás y se honra a sí misma, organizando así la bondad a través de la amabilidad.
3. *Fu*, «El Retorno», n.º 24. El signo se caracteriza por una línea de luz que regresa desde abajo y se eleva hacia arriba, simbolizando la raíz y el tronco del carácter. «El retorno» sugiere también el arrepentimiento y el autoconocimiento.
4. *Hong*, «La Duración», n.º 32. Este signo representa la firmeza de carácter en el tiempo. Muestra la coexistencia del viento y el trueno, simbolizando la formación de un carácter uniforme a través de múltiples experiencias.
5. *Sun*, «La Reducción», n.º 41. El hexagrama muestra la disminución de lo inferior en favor de la vida espiritual superior, sugiriendo que la dificultad en la domesticación de los instintos lleva al éxito cuando el carácter es dominado.
6. *I*, «El Aumento», n.º 42. El signo da plenitud al carácter, sugiriendo que el mero ascetismo no es suficiente para la grandeza; el crecimiento orgánico de la personalidad también es esencial.
7. *Kun*, «La Aflicción», n.º 47. Aquí el carácter se educa a través de pruebas. Las dificultades y obstáculos resultan insuperables y deben ser reconocidos como destino, lo que lleva a la reducción del resentimiento y a la purificación del carácter.
8. *Dsing*, «El Pozo», n.º 48. Este hexagrama representa la profunda influencia de una persona generosa que, a pesar de permanecer en su lugar, afecta a los demás a través de su benevolencia.
9. *Sun,* «Lo Suave», n.º 57. Da flexibilidad al carácter, evitando la rigidez y permitiendo que la persona se adapte a las circunstancias sin perder la unidad de su esencia.

Capítulo VIII

Sobre el uso del *Libro de los Cambios*. Las líneas

§ 1

Las transformaciones son un libro del que uno no debe permanecer ajeno. Su *SENTIDO* está siempre cambiando, movimiento sin descanso, fluyendo a través de los seis lugares vacíos; suben y bajan sin descanso, lo fijo y lo suave cambian. No se pueden encerrar en una regla; sólo el cambio es lo que funciona aquí.

§ 2

Salen y entran según medidas fijas. Ya sea afuera o adentro, enseñan precaución.

§ 3

También muestran el dolor y el sufrimiento y sus razones. Aunque no tengas maestro, estate cerca de ellos como si fueran padres.

§ 4

Primero toma las palabras, piensa en lo que significan, entonces las reglas firmes se mostrarán. Pero si tú no eres el hombre adecuado, el significado no se te expresará.

En prosa medio rítmica, medio rimada, se da aquí una advertencia para estudiar diligentemente el *Libro de los Cambios*. Se hace hincapié en el elogio de cómo el constante cambio es la regla del libro. Al final, se señala que es necesaria una capacidad interior para comprender el libro; de lo contrario, permanecerá cerrado, como si estuviera sellado con siete sellos. Si la persona que interroga al oráculo no está en contacto con el *SENTIDO*, no recibirá una respuesta significativa, quedando todo en vano.

Capítulo IX

Las líneas (continuación)

§ 1

Las transformaciones es un libro cuyos personajes comienzan en la primera línea y se resumen en la última. Los trazos son el material. Las seis líneas se mezclan según el significado que tengan en cada momento. La relación de las líneas con el signo global se discute aquí. Los signos se construyen de abajo a arriba. En este contexto, las líneas individuales tienen el significado que les asigna la situación respectiva.

§ 2

La línea inicial es difícil de reconocer. El trazo superior es fácil de reconocer porque están en la relación entre razón y consecuencia. El juicio del primero es deliberativo; con el último todo ha llegado a su término. Aquí se describe la relación mutua entre la línea inicial y la superior. Ambas se sitúan fuera del signo real y el personaje central. En una, la acción sólo comienza a desplegarse, mientras que en la otra concluye.

§ 3

Pero si uno desea investigar las múltiples cosas graduadas y su naturaleza, y distinguir entre lo bueno y lo malo, esto no puede hacerse completamente sin las líneas medias. Las múltiples cosas graduadas resultan de los múltiples lugares. Su naturaleza se define por si son firmes o blandas. El bien y el mal se distinguen según si las líneas están en sus lugares apropiados, según el sentido del tiempo.

§ 4

Sí, también lo más importante de la existencia y la desaparición, la salvación y el desastre pueden reconocerse en el tiempo. La persona conocedora observa el juicio, por lo que puede imaginar la mayoría de las cosas. En el comentario del juicio, los señores de los signos siempre se indican. Observando esto, y las relaciones de las líneas con estos señores del signo, se puede obtener una aproximación sobre su posición y significado en el conjunto del signo.

§ 5

El segundo y el cuarto lugar coinciden en su trabajo, pero difieren en sus lugares. No coinciden en cuanto a la bondad. El segundo suele ser alabado, mientras que el cuarto suele ser advertido porque está cerca del Señor. El sentido de lo suave es que no es propicio que esté lejos. Lo principal es permanecer sin mancha; su manifestación ha de ser suave y central. El quinto lugar es el del gobernante. El segundo y el cuarto son los de los funcionarios: el segundo, en correspondencia con el quinto, está trabajando fuera de la corte. El cuarto, más cercano al príncipe, debe ser doblemente prudente. Por naturaleza, lo suave no es favorable si está lejos de lo firme. Sin embargo, el segundo lugar permanece sin mancha debido a su posición central.

§ 6

El tercer y el quinto lugar coinciden en su trabajo, pero difieren en sus lugares. El tercero tiende principalmente hacia la maldad, mientras que el quinto tiende hacia el mérito, ya que están clasificados por su rango. El más débil está en peligro; el más fuerte obtiene la victoria. El quinto lugar es el del gobernante, mientras que el tercero, al ser parte del signo interior, tiene un poder limitado. Sin embargo, no es central, se encuentra en una posición insegura, en la frontera de dos signos. Debido a su rango inferior y su posición, hay momentos de debilidad que lo hacen parecer en peligro en la mayoría de las situaciones. El quinto lugar, siendo central, como gobernante del conjunto, está en una posición fuerte: todos estos son momentos de fortaleza que prometen la victoria.

Capítulo X

Las líneas (continuación)

§ 1

Las transformaciones es un libro vasto y grande en el que todo está completamente contenido. En él reside el SENTIDO de los Cielos, el SENTIDO de la Tierra, y el SENTIDO del hombre. Resume estos tres poderes básicos y los duplica, lo que se manifiesta en las seis líneas. Estas seis líneas no son más que los caminos (SENTIDO) de las tres potencias fundamentales.

§ 2

El camino tiene cambios y movimientos, por lo que se les llama *líneas cambiantes*. Estas líneas están organizadas en diferentes pasos, lo que las lleva a representar distintas realidades. Las cosas en el mundo son múltiples, lo que se refleja en la variedad de las líneas. Sin embargo, estas líneas no siempre corresponden entre sí, lo que puede generar tanto salvación como desastre. Los lugares de las líneas están distribuidos según los tres poderes fundamentales: las dos primeras líneas representan los lugares de la Tierra, la tercera y la cuarta representan al hombre, y la quinta y sexta línea representan los lugares del Cielo. A partir de esta correspondencia entre los diferentes niveles, se deduce el bienestar o el peligro. La palabra china *Hiau*, que significa «trazo», puede también significar «imitar» según su escritura, por lo que estas líneas son llamadas *cambiantes*, ya que se juzgan de acuerdo al modelo del PECADO. La representación gráfica de *Hiau* sugiere la interacción entre el yin y el yang.

Capítulo XI

El valor de la prudencia como enseñanza del *Libro de los Cambios.*

§ 1

La época en la que surgieron *las transformaciones* fue cuando la Casa de Yin estaba en decadencia y la naturaleza de la Casa de Zhou se encontraba en ascenso. Fue el tiempo en el que el rey Wen y el tirano Zhou Xin se enfrentaron. Por eso, las sentencias del libro a menudo advierten sobre el peligro. Aquel que es consciente del peligro crea paz para sí mismo; aquel que lo subestima crea desorden. El SENTIDO de este libro es grande. Ningún aspecto es pasado por alto. Se preocupa tanto por el principio como por el fin, y se enfoca en la idea de «sin mancha». Éste es el SENTIDO de las transformaciones.

El rey Wen, antepasado de la dinastía Zhou, fue encarcelado por el último señor de la dinastía Yin, el tirano Zhou Xin. Durante su cautiverio, se dice que escribió los juicios sobre los signos individuales. El peligro de su situación lo llevó a una profunda cautela, deseando mantenerse sin tacha para alcanzar el éxito.

Capítulo XII

Resumen de las sentencias

§ 1

Lo Creativo es lo más fuerte del mundo. Su naturaleza se expresa de manera sencilla, dominando lo peligroso. *Lo Receptivo* es lo más generoso del mundo, y su esencia radica en la sencillez, permitiéndole dominar los obstáculos. Estos dos principios fundamentales del *Libro de los Cambios*, *lo Creativo* y *lo Receptivo*, se muestran nuevamente en su verdadera naturaleza: *lo Creativo* como la fuerza que domina desde arriba, enfrentando los peligros de manera directa, y *lo Receptivo* como la fuerza que actúa desde abajo con humildad, pero supera los obstáculos mediante la simplicidad.

§ 2

Para poder enfrentar la salvación y el desastre en la Tierra, es necesario mantener la serenidad en el corazón, aunque se esté inquieto en el pensamiento. La alegría en el corazón es la característica de *lo Creativo*, mientras que la preocupación en el pensamiento pertenece a *lo Receptivo*. La serenidad proporciona la capacidad de ver con claridad la salvación y el desastre, y la preocupación permite actuar para lograr la realización de lo necesario.

§ 3

Por lo tanto, los cambios y transformaciones se relacionan directamente con la acción. Las acciones correctivas tienen buenas condiciones previas, y es por eso que las imágenes del *Libro de los Cambios* se utilizan para comprender la realidad y tomar decisiones basadas en la observación de los eventos. Estos eventos son presagios de salvación o desastre, y el libro, al interpretarlos, ofrece claridad sobre el futuro.

§ 4

El Cielo y la Tierra determinan los lugares, mientras que los sabios completan las posibilidades que surgen de estas condiciones. Gracias a los pensamientos de los hombres y los espíritus, esas posibilidades pueden ser transmitidas y otorgadas al pueblo. Así, las bendiciones de la cultura fluyen hacia la gente a través de esta colaboración entre el Cielo, la Tierra, los sabios, y los espíritus.

§ 5

Los ocho signos indican, mediante sus imágenes y palabras, las decisiones necesarias según las circunstancias. La interacción entre lo sólido y lo blando revela la salvación o el desastre.

§ 6

Los movimientos y cambios se juzgan por sus resultados. La salvación y el desastre varían según las circunstancias. El amor y el odio se enfrentan entre sí, y de esta lucha emergen la salvación o el desastre. Las relaciones cercanas y lejanas también se influyen mutuamente, y de estas interacciones nacen el remordimiento y la vergüenza. Lo verdadero y lo falso se influyen entre sí, lo que trae consigo una variedad de consecuencias. Las conexiones estrechas entre las líneas determinan la magnitud del desastre o la salvación, dependiendo de si esas líneas se atraen o se repelen entre ellas.

§ 7

Quien planea la rebelión siente vergüenza de sus palabras. El que alberga dudas en su corazón multiplica sus palabras, mientras que un hombre de salvación se expresa con pocas palabras. Las personas agitadas tienden a hablar demasiado. Los calumniadores tergiversan en sus palabras, y aquellos que han perdido el rumbo en la vida tuercen sus expresiones. Este pasaje subraya cómo los estados mentales influyen en la manera en que las personas se expresan. Los autores del *Libro de los Cambios*, cuyas palabras son siempre breves y precisas, se alinean con aquellos que buscan la salvación y la virtud.

En esta sección también se aborda la estructura de los signos, con una explicación sobre su uso y cómo se interpretan en relación con su contexto y significado. Aunque algunos comentarios posteriores han añadido capas de misticismo y complejidad, el enfoque original del *Libro de los Cambios* se puede entender mejor si nos centramos en lo esencial del texto y los comentarios antiguos. Aunque siempre quedará un aspecto irracional en el libro, tal como ocurre en muchos aspectos de la naturaleza, las conexiones dentro de los signos permiten una explicación clara de sus significados.

Los ocho signos básicos y su uso

Los signos de seis trazos se deben interpretar como un conjunto, no de manera individual. Cada signo tiene un significado según sus características, imágenes y posición dentro de su contexto familiar.

- *Kiën*, Lo Creativo, es fuerte y representa el Cielo, el padre.
- *Kun*, Lo Receptivo, es devoto y simboliza la Tierra, la madre.
- *Dschen*, Lo Emocionante, representa el movimiento y es el hijo mayor, el trueno o la madera.
- *Kan*, Lo Abismal, está asociado con el peligro y el agua, siendo el hijo mediano o las nubes.
- *Gen*, Mantenerse quieto, es el hijo menor, la pausa o la montaña.
- *Sun*, Lo Suave, es penetrante, representando el viento o la madera, la hija mayor.
- *Li*, El Extremo aferrado, es luminoso, representando el sol o el fuego, la hija mediana.
- *Dui*, Lo Sereno, es la representación de la alegría, el lago, y la hija menor.

Estos significados generales son importantes al interpretar las líneas individuales en los signos.

La posición de los signos también juega un papel crucial. Los signos inferiores están asociados con lo que está debajo o dentro, mientras que los signos superiores representan lo que está por encima o fuera. Este enfoque estructural ayuda a interpretar las relaciones entre los trazos y su significado en el *Libro de los Cambios.*

La primera y la última línea pertenecen, por tanto, a un signo (el signo inferior o el superior). La segunda y la quinta línea pertenecen a dos signos (el signo inferior o el superior y el signo inferior o el superior en el núcleo). La tercera y la cuarta línea pertenecen a tres signos (el signo inferior o superior y ambos signos en el núcleo). Esto resulta en que la primera y la última línea están, en cierta medida, fuera del contexto; para la segunda y la quinta, un estado de equilibrio (generalmente favorable); y para las dos líneas centrales, una determinación superpuesta que, sólo en casos particularmente favorables, no perturba el equilibrio. Estas relaciones coinciden completamente con la valoración de las líneas en los juicios.

El Tiempo

La situación global que se expresa a través de un signo se llama «el tiempo». Esta expresión abarca diferentes significados según el carácter de los diferentes signos. En los signos cuya situación global es un proceso de movimiento, «el tiempo» se refiere a la disminución o el crecimiento, la plenitud o el vacío provocado por este movimiento. Ejemplos de signos de este tipo son el n.º 11, *Tai*, Paz, el n.º 12, *Pi*, El Estancamiento, el n.º 23, *Bo*, La Fragmentación, el n.º 24, *Fu*, El Retorno.

Asimismo, el tiempo también puede significar la acción o el proceso que caracteriza a un signo, como por ejemplo el n.º 6, *Sung*, La Controversia, el n.º 7, *Schï*, Mantenerse juntos, el n.º 21, *Schï Ho*, La Mordedura a través, el n.º 27, *I*, Las Comisuras de los labios.

Además, el tiempo puede representar la ley que un signo expresa, como en el n.º 10, *Lü*, La Pisada, el n.º 15, *Kiën*, La Modestia, el n.º 31, *Hiën*, La Influencia, el n.º 32, *Hong*, La Duración.

Finalmente, el tiempo también puede representar el estado figurativo que un signo describe, como en el n.º 48, *Dsing*, El Pozo, o el n.º 50, *Ding*, El Crisol.

En todos los casos, el tiempo de un signo es determinante para el significado de la situación global, a partir de la cual las distintas líneas individuales adquieren su significado. Según el tiempo, una misma línea, por ejemplo, un seis en el tercer lugar, puede ser favorable en un momento y desfavorable en otro.

Los lugares

Los diferentes lugares de las líneas se dividen según su altura en nobles y bajos. Por lo general, la primera y la última línea se excluyen de esta clasificación, mientras que las cuatro líneas intermedias actúan dentro del tiempo. De éstas, el quinto lugar es el lugar del gobernante, el cuarto es el del ministro cercano al gobernante, el tercero, como el lugar más alto del signo inferior, tiene una posición de transición, y el segundo es el funcionario en el país, que está en directa conexión con el príncipe en el quinto lugar. Asimismo, en ocasiones, el cuarto lugar puede representar a la esposa del quinto, y el segundo al hijo. En algunos casos, el segundo lugar puede ser la esposa que actúa dentro del hogar, mientras que el hombre en el quinto lugar trabaja en el exterior. En resumen, las funciones siempre son análogas, aunque las designaciones cambien.

El primer y el último lugar suelen considerarse como el comienzo o el fin, desde el punto de vista del tiempo del signo. En algunos casos, la primera línea puede representar a alguien que recién comienza a actuar en el sentido del tiempo, sin haber entrado aún completamente en acción, mientras que la última línea puede representar a alguien que ya se ha retirado de los asuntos del tiempo. Sin embargo, depende del tiempo representado por el signo si estos lugares tienen una función representativa. Por ejemplo, el primer lugar en los signos n.º 3, *Dschun* (La Dificultad inicial), n.º 14, *Da Yu* (La posesión de la grandeza), nº 20, *Guan* (La Contemplación), n.º 26, *Da Tschu* (El Gran poder domador), y n.º 42, *I* (El Aumento), en todos estos casos, las líneas correspondientes son los señores del signo. Por otro lado, también puede suceder que el quinto lugar no sea el del gobernante si, de acuerdo con la situación general del signo, no se presenta ningún gobernante.

El carácter de las líneas

El carácter de las líneas se describe como firme o suave, central o no central, correcto o incorrecto. Las líneas firmes (o fuertes) son las no divididas, mientras que las suaves (o débiles) son las divididas. Centrales son las dos líneas intermedias de los signos fundamentales, es decir, la segunda y la quinta, independientemente de su cualidad. Correcta es una línea que está en el lugar que le corresponde, es decir, una línea firme en el primer, tercer o quinto lugar, y una línea suave en el segundo, cuarto o sexto lugar. Tanto las líneas firmes como las suaves pueden ser favorables o desfavorables, según las exigencias del tiempo del signo. Si el tiempo requiere firmeza, las líneas firmes serán favorables; si el tiempo requiere suavidad, las líneas suaves serán favorables.

Esto llega hasta el punto de que la corrección no siempre es una ventaja. Si el tiempo requiere suavidad, una línea firme en el tercer lugar, aunque sea correcta, será desfavorable porque muestra demasiada firmeza, mientras que, por el contrario, una línea suave en el tercer lugar puede ser favorable, ya que su suavidad equilibra la dureza de su posición. Sólo la posición central es favorable en la mayoría de los casos, ya sea que esté asociada con la corrección o no. En particular, un gobernante suave puede tener una posición muy favorable, especialmente si tiene un funcionario fuerte y firme en el segundo lugar.

Las relaciones entre las líneas

a) Correspondencia

Las líneas correspondientes del signo inferior y superior a veces están en una relación particularmente cercana, la relación de correspondencia. Las relaciones son las siguientes: la primera línea corresponde a la cuarta, la segunda a la quinta, y la tercera a la sexta. La premisa es que las líneas son de diferente naturaleza. Es decir, la correspondencia generalmente ocurre entre líneas suaves y firmes. Las líneas más importantes en esta relación de correspondencia son las dos líneas centrales, en el segundo y quinto lugar, que representan la relación correcta entre el gobernante y el funcionario, el padre y el hijo, el marido y la esposa, etc.

En esta relación, puede darse que un funcionario fuerte corresponda a un gobernante suave o un funcionario suave a un gobernante fuerte. El primer caso ocurre en 16 signos, en los cuales siempre resulta favorable, como en los signos n.º 4, 7, 11, 14, 18, 19, 32, 34, 38, 40, 41, 46, 50. Menos favorable, aunque explicable por el tiempo, ocurre en los signos n.º 26, 54, 64. La correspondencia entre un funcionario suave y un gobernante fuerte no es tan favorable. Es desfavorable en los signos n.º 12, 13, 17, 20, 31. Dificultades que pueden explicarse por el tiempo, pero que hacen que la relación siga siendo correcta, ocurren en los signos n.º 3, 33, 39, 63. La relación es favorable en los signos n.º 8, 25, 37, 42, 45, 49, 53. La correspondencia entre la primera y la cuarta línea también ocurre ocasionalmente, y es favorable si una línea suave en el cuarto lugar corresponde a una línea firme en el primer lugar, ya que esto indica que un funcionario obediente está buscando ayudantes fuertes y capaces en nombre de su señor, como en los signos n.º 3, 22, 27, 41. En cambio, la correspondencia entre una línea firme en el cuarto lugar y una línea suave en el primer lugar puede ser una tentación hacia la intimidad con personas de baja condición, como en los signos n.º 28, 40, 50.

Una relación entre la tercera y la última línea rara vez ocurre, y cuando sucede, es más bien como una tentación; pues al enredarse en los asuntos mundanos, el sabio elevado, que se ha apartado del mundo, perdería su pureza, y el funcionario en el tercer lugar, si sobrepasara a su gobernante en el quinto lugar, perdería su lealtad.

En el caso de que una línea sea el señor del signo, naturalmente pueden ocurrir relaciones de correspondencia independientemente de estas consideraciones, cuyo beneficio o perjuicio se deriva del sentido temporal del signo en su conjunto.

b) Cohesión

Entre dos líneas adyacentes de diferentes características puede surgir la relación de cohesión, que desde la perspectiva de la línea inferior se llama «recepción» y desde la perspectiva de la línea superior, «apoyo». La relación de cohesión es especialmente importante entre la cuarta y la quinta línea (ministro y gobernante). En este caso, a diferencia de la relación entre la segunda y la quinta línea, es más favorable que un ministro débil se mantenga unido a un gobernante fuerte, ya que la cercanía mayor aumenta el valor de la reverencia.

Así, en 16 signos en los que se da una relación de cohesión, esta relación siempre trae beneficios, siendo muy favorable en los signos n.º 8, 9, 20, 29, 37, 42, 48, 53, 57, 59, 60, 61, y aunque algo menos, no desfavorable, en los signos n.º 3, 5, 39, 63. En cambio, cuando una línea fuerte (es decir, incorrecta) en el cuarto lugar se une a un gobernante débil, generalmente resulta desfavorable, como en los signos n.º 30, 32, 35, 50, 51, y algo menos desfavorable en los signos n.º 14, 38, 40, 54, 56, 62. Sin embargo, es favorable en los signos donde la cuarta línea fuerte es el señor del signo: n.º 16, 21, 34, 55 (señor del signo superior), 64.

Además, la cohesión también puede ocurrir entre la quinta y la última línea. En este caso, representa al gobernante que se somete al sabio; aquí, generalmente se trata de un gobernante humilde (línea débil en el quinto lugar) que honra al sabio fuerte (línea fuerte en la última posición), como en los signos n.º 14, 26, 27, 50. Esto es naturalmente muy favorable. Sin embargo, si hay una línea fuerte en el quinto lugar y una débil en la última, esto indica más bien una asociación con elementos inferiores y es indeseable, como en los signos n.º 28, 31, 43, 58. Sólo el signo n.º 17, *Sui*, La Sucesión, hace una excepción aquí, ya que el sentido general del signo implica que el fuerte descienda para colocarse bajo el débil.

Las demás combinaciones de líneas, como 1 y 2, 2 y 3, 3 y 4, no están en una relación de cohesión adecuada. Cuando ocurren, siempre significan el peligro de divisiones y deben evitarse. Para una línea débil, apoyarse en una fuerte también puede, a veces, ser causa de dificultades.

Cuando las líneas son los señores del signo en el que se encuentran, las relaciones de correspondencia y cohesión también se consideran, independientemente de las posiciones. Además de los casos mencionados, se pueden dar como ejemplos los siguientes: el signo n.º 16, *Yü*, La Exitación. La cuarta línea es el señor del signo, la línea inicial corresponde a ella, y la tercera línea se mantiene unida a ella. En el signo n.º 23, *Bo*, La Fragmentación, la línea superior es el señor, la tercera línea le corresponde, y la quinta se mantiene unida a ella. Ambas relaciones son favorables. En el signo n.º 24, *Fu*, El Retorno, la línea inicial es el señor, la segunda está unida a ella, y la cuarta le corresponde. Ambas relaciones son favorables. En el signo n.º 43, *Guai*, El Avance, la decisión, la línea superior es el señor, la tercera le corresponde, y la quinta se mantiene unida a ella. En el signo n.º 44, *Gou*, La Concesión, la línea inicial es el señor, la segunda se mantiene unida a ella, y la cuarta le corresponde. En estos casos, el resultado es 7.

Los señores del signo

Se distinguen dos tipos de señores del signo: los constitutivos y los dominantes.

El señor constitutivo del signo es la línea que le da el sentido característico al signo, sin importar su altura o calidad. Por ejemplo, en el signo n.º 43, *Guai* (El avance), la línea superior débil es la constitutiva, ya que el signo se basa en la idea de expulsar decididamente esa línea.

Los señores dominantes son siempre de buen carácter y se convierten en señores según el sentido del tiempo y su posición. Generalmente, se encuentran en el quinto lugar, aunque en ocasiones puede haber otras líneas que cumplan esta función.

Cuando el señor constitutivo es al mismo tiempo el señor dominante, se encuentra en una posición favorable y adecuada al tiempo. Si no es así, es una señal de que su carácter y posición no están alineados con las exigencias del tiempo.

Los señores del signo pueden siempre identificarse en el comentario sobre la decisión. Si el señor constitutivo y el señor dominante son el mismo, el signo tiene un único señor, de lo contrario, tiene dos. A veces, dos líneas constituyen el sentido del signo, como en el signo n.º 33, *Dun* (El Retiro), donde dos líneas débiles en avance actúan como señores al rechazar las cuatro líneas fuertes. Otras veces, el signo resulta de la interacción de las dos imágenes de los signos primarios, siendo entonces los señores las líneas características de ambos signos.

En los signos individuales, el señor constitutivo se indica con el símbolo □ y el señor dominante con el símbolo O. Si ambos coinciden, se utiliza el símbolo O. En el tercer

Sobre la consulta del oráculo.

a) El oráculo de las varillas de milenrama

El oráculo se consulta con la ayuda de varillas de milenrama. Para realizar la adivinación se utiliza un total de 50 varillas. Una de ellas se deja a un lado y no se utiliza más en el proceso. Las restantes 49 varillas se dividen en dos montones. Luego, se toma una varilla del montón derecho y se coloca entre el dedo anular y el meñique de la mano izquierda. A continuación, se toma el montón izquierdo con la mano izquierda y, con la mano derecha, se retiran pequeños grupos de varillas de cuatro en cuatro hasta que queden cuatro o menos varillas. Este resto se coloca entre el anular y el dedo medio de la mano izquierda. Luego, el montón derecho se cuenta de la misma manera y el resto se coloca entre el dedo medio y el índice de la mano izquierda.

El total de varillas que quedan entre los dedos de la mano izquierda es ahora 9 o 5 (las distintas combinaciones posibles son 1 + 4 + 4, o 1 + 3 + 1, o 1 + 2 + 2, o 1 + 1 + 3; de lo cual resulta que el número 5 es más fácil de obtener que el 9). Al contar las 49 varillas por primera vez, la primera varilla entre el meñique y el anular no se cuenta. Por lo tanto, se asigna el valor de 9 = 8 y el de 5 = 4. El número 4 representa una unidad completa, a la cual se le asigna el valor numérico de 3. El número 8, en cambio, representa una unidad doble y se le asigna el valor numérico de 2.

Si en el primer conteo quedan 9 varillas, cuentan como 2; si quedan 5 varillas, cuentan como 3. Éstas se ponen a un lado.

Luego, los dos montones restantes se vuelven a juntar y se dividen nuevamente. De nuevo, se toma una varilla de la mitad derecha y se coloca entre el meñique y el anular de la mano izquierda, y se procede a contar de la misma manera que antes. Esta vez, el total restante será 8 o 4.

$$\left.\begin{matrix} 1+4+3 \\ 1+3+4 \end{matrix}\right\} = 8$$

O

$$\left.\begin{matrix} 1+1+2 \\ 1+2+1 \end{matrix}\right\} = 4$$

...para que esta vez las probabilidades entre 8 y 4 sean las mismas. 8 cuenta como 2 y 4 cuenta como 3. Con el montón restante se procede una tercera vez como antes y se obtiene como suma del resto nuevamente 8 o 4. Ahora, a partir del valor calculado de las tres sumas restantes, se forma un elemento de trazo. Si la suma es 5 (= 4, valor 3) + 4 (valor 3) + 4 (valor 3), entonces se obtiene el número 9, es decir, el llamado antiguo Yang. Éste será un elemento de trazo positivo, que se mueve y, por lo tanto, se tiene en cuenta para la interpretación individual. Se designa con « —O— » o O. Si la suma es 9 (= 8, valor 2) + 8 (valor 2) + 8 (valor 2), se obtiene el número 6, es decir, el llamado antiguo Yin. Éste será un elemento de trazo negativo, que se mueve y, por lo tanto, se tiene en cuenta para la interpretación individual. Se designa por –x– o bien x.

Si la suma es:

$$\left.\begin{array}{l} 9\ (2) + 8\ (2) + 4\ (3) \\ 5\ (3) + 8\ (2) + 8\ (2) \\ 9\ (2) + 4\ (3) + 8\ (2) \end{array}\right\} = 7$$

se obtiene el número 7, es decir, el llamado joven Yang. Éste será un elemento de trazo positivo, que permanece en reposo, por lo tanto, no se tiene en cuenta para la interpretación individual. Se designa con ——, Si la suma es:

$$\left.\begin{array}{l} 9\ (2) + 4\ (3) + 4\ (3) \\ 5\ (3) + 4\ (3) + 8\ (2) \\ 5\ (3) + 8\ (2) + 4\ (3) \end{array}\right\} = 8$$

se obtiene el número 8, es decir, el llamado joven Yin. Éste será un elemento de trazo negativo, que permanece en reposo, por lo tanto, no se tiene en cuenta para la interpretación individual. Se designa con — —.

Al realizar este proceso un total de seis veces, se forma un signo de seis niveles. Si este signo consiste únicamente en elementos de trazo en reposo, para el oráculo solo se toma en cuenta la idea general del signo, tal como se expresa en el «Juicio» del rey Wen y en el «Comentario sobre la Decisión» de Confucio, así como la imagen del signo y las palabras de texto asociadas a la imagen.

Si en el signo obtenido hay uno o varios trazos en movimiento, también se consideran las palabras que el duque de Zhou añadió a ese trazo. Éstas llevan el encabezado: 9 en el xº lugar o 6 en el xº lugar.

Además, a través del movimiento, es decir, la transformación de los trazos, se genera un nuevo signo[1], cuyo significado también debe tenerse en cuenta. Por ejemplo, si se extrae el signo cuyo cuarto trazo se mueve, entonces, además del texto y la imagen de este signo en su conjunto, se tomará en cuenta el texto asociado al cuarto trazo y también el texto y la imagen del signo resultante; en este caso, el signo inicial sería el punto de partida, desde el cual la situación final se desarrolla a través de la posición del 9 en el 4º lugar y el consejo asociado. En el segundo signo, no se toma en cuenta el texto del trazo en movimiento.

b) El oráculo de las monedas

Además del método del oráculo de las milenramas, también se utiliza un método abreviado con monedas, para el cual se suelen emplear antiguas monedas chinas de bronce que tienen un agujero en el centro y muestran inscripciones en un lado. Se usan tres monedas, que se lanzan al mismo tiempo. Un lanzamiento da una línea. La cara con inscripción se considera Yin y cuenta como 2, mientras que la otra cara se considera Yang y cuenta como 3. De aquí se determina el carácter de la línea correspondiente.

Si las tres monedas muestran Yang, es un nueve; si las tres muestran Yin, es un seis. Dos Yin y un Yang forman un siete, mientras que dos Yang y un Yin forman un ocho. Al buscar los signos en el *Libro de los Cambios* se procede de la misma manera que con el oráculo de las milenramas.

Existe otra variante del oráculo de las monedas en la que, además de los signos del *I Ching*, también se utilizan los cinco elementos, los signos cíclicos, etc., y que es empleada por adivinos chinos. Sin embargo, este método no utiliza el texto de los signos del *I Ching*. Se dice que es una continuación del antiguo oráculo de la tortuga, que en la antigüe-

1. A través del movimiento o cambio, una línea fuerte se convierte en débil y una línea débil se convierte en fuerte.

dad era consultado junto con el oráculo de las milenramas, pero que fue gradualmente desplazado por el *I Ching*, el cual Confucio hizo más racional.

Esquema para encontrar los signos obtenidos en el *I Ching*

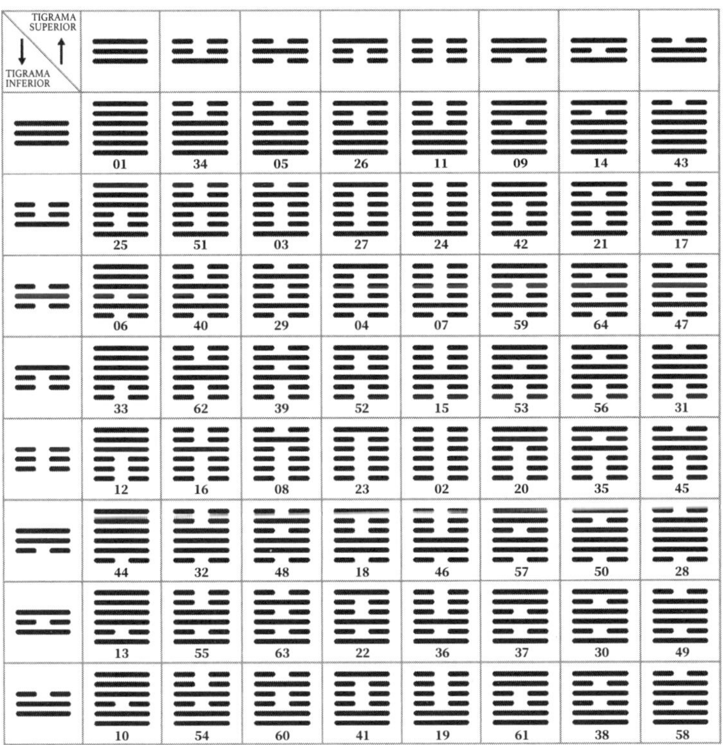

Todo lo que tiene que hacer es separar el signo que desea encontrar en sus dos componentes. El punto de encuentro de las dos columnas da el número del carácter.

	Hexagram	Page
1	1. KIËN	25
2	44. GOU	166
3	13. TUNG JEN	69
4	10. LÜ	59
5	9. SIAU TSCHU	56
6	14. DA YU	72
7	43. GUAI	162
8	33. DUN	131
9	25. WU WANG	107
10	61. DSCHUNG FU	221
11	26. DA TSCHU	109
12	34. DADSCHUANG	134
13	6. SUNG	46
14	37. GIA JEN	143
15	38. KUI	146
16	5. SÜ	43
17	57. SUN	209
18	30. LI	121
19	58. DUI	212
20	50. DING	186
21	49. GO	182
22	28. DA GO	115
23	12. PI	66
24	42. I	159
25	41. SUN	156
26	11. TAI	62
27	59. HUAN	215
28	22. BI	98
29	54. GUI ME	199
30	53. DSIËN	196
31	21. SCHÏ HO	94
32	60. DSIË	218

33	18. GU	85
34	55. FONG	203
35	56. LÜ	206
36	17. SUI	82
37	32. HONG	128
38	31. HIËN	125
39	47. KUN	176
40	48. DSING	179
41	63. GI DSI	229
42	64. WE DSI	233
43	20. GUAN	91
44	27. I	112
45	19. LIN	88
46	4. MONG	39
47	36. MING I	140
48	52. GEN	192
49	51. DSCHEN	189
50	35. DSIN	137
51	3. DSCHUN	35
52	46. SCHONG	173
53	62. SIAU GO	225
54	45. TSUI	169
55	29. KAN	118
56	39. GIËN	150
57	40. HIË	153
58	24. FU	104
59	7. SCHÏ	49
60	15. KIËN	75
61	16. YÜ	78
62	8. BI	52
63	23. BO	101
64	2. KUN	30

Listado de los signos ordenados por casas

A. Los ocho trigramas originales según su forma (para memorizar)

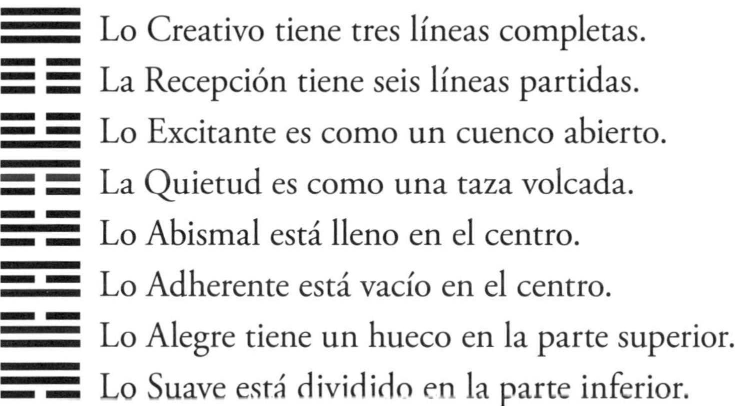

Lo Creativo tiene tres líneas completas.
La Recepción tiene seis líneas partidas.
Lo Excitante es como un cuenco abierto.
La Quietud es como una taza volcada.
Lo Abismal está lleno en el centro.
Lo Adherente está vacío en el centro.
Lo Alegre tiene un hueco en la parte superior.
Lo Suave está dividido en la parte inferior.

B. Las ocho casas

1. La casa de lo Creativo

Lo Creativo es el Cielo. N.º 1
Cielo y Viento es: La Conecsión. N.º 44
Cielo y Montaña es: El Retiro. N.º 33
Cielo y Tierra es: El Estancamiento. N.º 12
Viento y Tierra es: La Contemplación. N.º 20
Montaña y Tierra es: La Fragmentación. N.º 23

Fuego y Tierra es: El Progreso. N.º 35
Fuego y Cielo es: La Posesión de la grandeza. N.º 14

2. La casa de Lo Abismal

Lo Abismal es el Agua. N.º 29
Agua y Lago es: La Restricción. N.º 60
Agua y Trueno es: La Dificultad inicial. N.º 3
Agua y Fuego es: Después de la consumación. N.º 63
Lago y Fuego es: La Agitación. N.º 49
Trueno y Fuego es: La Plenitud. N.º 55
Tierra y Fuego es: El Oscurecimiento de la luz. N.º 36
Tierra y Agua es: El Ejército. N.º 7

3. La casa de La Quietud

La Quietud es Mantenerse quieto. N.º 52
Montaña y Fuego es: La Gracia. N.º 22
Montaña y Cielo es: El Gran poder domador. N.º 26
Montaña y Lago es: La Reducción. N.º 41
Fuego y Lago es: El Contraste. N.º 38
Cielo y Lago es: La Pisada. N.º 10
Viento y Lago es: La Verdad Interior. N.º 61
Viento y Montaña es: El Desarrollo. N.º 53

4. La casa de Lo Excitante

Lo Emocionante es el Trueno. N.º 51
Trueno y Tierra es: La Excitación. N.º 16
Trueno y Agua es: La Liberación. N.º 40
Trueno y Viento es: La Duración. N.º 32
Tierra y Viento es: La Penetración hacia arriba. N.º 46
Agua y Viento es: El Pozo. N.º 48
Lago y Viento es: El Gran sobrepeso. N.º 28
Lago y Trueno es: La Sucesión. N.º 17

5. La casa de Lo Suave

Lo Suave es el Viento. N.º 57
Viento y Cielo es: El Pequeño poder domador. N.º 9

Viento y Fuego es: El Clan. N.º 37
Viento y Trueno es: El Aumento. N.º 42
Cielo y Trueno es: La Inocencia. N.º 25
Fuego y Trueno es: La Mordedura a través. N.º 21
Montaña y Trueno es: Las Comisuras de la los labios. N.º 27
Montaña y Viento es: Trabajando en lo corrupto. N.º 18

6. La casa del responsable
El aferramiento es: El Fuego. N.º 30
Fuego y montaña es: El Errante. N.º 56
Fuego y viento es: El Crisol. N.º 50
Fuego y agua es: Antes de la finalización. N.º 64
Montaña y agua es: La Locura de la juventud. N.º 4
Viento y agua es: La Disolución. N.º 59
Cielo y agua es: La Controversia. N.º 6
Cielo y fuego es: Comunidad con las personas. N.º 13

7. La casa del que recibe
El que recibe es: la Tierra. N.º 2
Tierra y trueno es: El Retorno. N.º 24
Tierra y mar es: El Acercamiento. N.º 19
Tierra y Cielo es: Paz. N.º 11
Trueno y Cielo es: El Gran poder. N.º 34
Mar y Cielo es: El Avance. N.º 43
Agua y Cielo es: La Espera. N.º 5
Agua y Tierra es: Mantenerse juntos. N.º 8

8. La casa de la serenidad
El sereno es El lago. N.º 58
Lago y agua es: La Aflicción. N.º 47
Lago y Tierra es: La Recolección. N.º 45
Lago y montaña es: La Influencia. N.º 31
Agua y montaña es: El Obstáculo. N.º 39
Tierra y montaña es: La Modestia. N.º 15
Trueno y montaña es: El Sobrepeso del pequeño. N.º 62
Trueno y lago es: La Casadora. N.º 54

Índice

Introducción a la primera edición 7

PRIMER LIBRO. EL TEXTO 17

PRIMERA SECCIÓN:

1. *Kiën* / Lo Creativo 19
2. *Kun* / La Recepción 27
3. *Shun* / La Dificultad inicial. 35
4. *Meng* / La Locura de la juventud. 41
5. *Hsu* / La Espera (la alimentación) 47
6. *Sung* / La Controversia 53
7. *Shï* / El Ejército 57
8. *Bi* / Mantenerse juntos 61
9. *Siau Tschu* / El pequeño poder domador 65
10. *Lü* / La Pisada. 69
11. *Tai* / Paz 73
12. *Pi* / El Estancamiento 77
13. *Tung Jen* / Comunidad con las personas 81
14. *Da Yu* / La Posesión de la grandeza 85
15. *Kiën* / Modestia 89
16. *Yü* / La Excitación. 93
17. *Sui* / La Sucesión 99
18. *Gu* / Trabajando en lo corrupto. 103
19. *Lin* / El Acercamiento. 109
20. *Guan* / La Contemplación (La Vista) 113
21. *Shï Ho* / La Mordedura a través. 119
22. *Bi* / La Gracia. 125
23. *Bo* / La Fragmentación 129
24. *Fu* / El Retorno (el tiempo de giro). 133

25. *Wu Wang* / La inocencia 137
26. *Da Tschu* / El Gran poder domador 141
27. *I* / Las Comisuras de los labios (nutrición) 145
28. *Da Go* / El Gran sobrepeso 151
29. *K'an* / Lo Abismal. El Agua. 155
30. *Li* / El Extremo aferrado, el fuego 161

SEGUNDA SECCIÓN:

31. *Hiën* / La Influencia (la publicidad) 165
32. *Hong* / La Duración 171
33. *Dun* / El Retiro. 175
34. *Da Dschuang* / El Gran poder 179
35. *Dsin* / El Progreso. 183
36. *Ming* / El Oscurecimiento de la luz. 187
37. *Jia Ren* / El Clan 191
38. *Kui* / El Contraste. 197
39. *Giën* / El Obstáculo 201
40. *Hië* / La Liberación. 205
41. *Sun* / La Reducción 209
42. *I* / El Aumento 213
43. *Guai* / El Avance (La Determinación). 217
44. *Gou* / La Concesión 221
45. *Tsui* / La Recolección 225
46. *Schong* / La Penetración hacia arriba 229
47. *Kun* / La Aflicción (El Agotamiento) 233
48. *Dsing* / El Pozo 237
49. *Go* / La Agitación (La Muda) 241
50. *Ting* / El Crisol. 245
51. *Dschen* / Lo Emocionante (La Agitación, El Trueno). 249
52. *Ken* / Mantenerse quieto, (La Montaña) 253
53. *Dsien* / El Desarrollo (Progreso gradual) 257
54. *Gui Me* / La Casadera 261
55. *Fong* / La Plenitud 265
56. *Lü* / El Errante 269
57. *Sun* / Lo Suave (Lo Fuerte, El Viento) 273
58. *Dui* / Lo Sereno, El Lago 277
59. *Huan* / La Disolución. 281
60. *Dsië* / La Restricción. 285
61. *Dschung* / Verdad Interior 289
62. *Siau Go* / El Sobrepeso del pequeño 295
63. *Gi Dsi* / Después de la Consumación 301
64. *Wei Dsi* / Antes de la Finalización 307